税法前沿问题研究

邓伟　著

中山大学出版社
SUN YAT-SEN UNIVERSITY PRESS
·广州·

图书在版编目（CIP）数据

税法前沿问题研究/邓伟著 . —广州：中山大学出版社，2023. 9
ISBN 978 - 7 - 306 - 07916 - 9

Ⅰ. ①税… Ⅱ. ①邓… Ⅲ. ①税法—研究—中国 Ⅳ. ①D922. 220. 4

中国国家版本馆 CIP 数据核字（2023）第 182167 号

出 版 人：王天琪
策划编辑：熊锡源
责任编辑：赵　婷
封面设计：林绵华
责任校对：魏　维
责任技编：靳晓虹
出版发行：中山大学出版社
电　　话：编辑部 020 - 84110283，84113349，84111997，84110779，84110776
　　　　　发行部 020 - 84111998，84111981，84111160
地　　址：广州市新港西路 135 号
邮　　编：510275　传　真：020 - 84036565
网　　址：http://www. zsup. com. cn　E-mail：zdcbs@ mail. sysu. edu. cn
印 刷 者：广州市友盛彩印有限公司
规　　格：787mm×1092mm　1/16　14.5 印张　284 千字
版次印次：2023 年 9 月第 1 版　2023 年 9 月第 1 次印刷
定　　价：50. 00 元

序

　　税法与政治、经济、社会、文化等诸多系统均存在紧密关联，在一国的法律体系中居于重要地位。随着经济、社会、政治、法律等诸多影响因素的纷繁变化，税法理论和制度都要作出相应调整，由此会形成需深入研究的诸多税法前沿问题。

　　对于不同时期的税法前沿问题，学界已有大量研究。同时，对于税法前沿问题的选取，研究者的认识也不尽相同。通常，人们往往将尚缺少深入研究的具有重要价值的问题，作为前沿问题看待。在税法研究方面，值得关注的前沿问题俯拾皆是。例如，税法的规制功能问题、税收实体法和税收程序法中的各类新型问题，以及数字经济时代的税制完善问题、税制公平竞争问题，等等。对于上述前沿问题，《税法前沿问题研究》一书都进行了较为深入的探讨。

　　第一，在税法规制功能方面，我国税法理论以往主要关注收入功能、调控功能、分配功能等，尚缺少对税法规制功能的系统研究。该书试图为国内税法学界研究税法功能问题提供新的视角。由于对何为规制、规制与调控的关系等问题，学界一直存在不同理解，因此，如能厘清税法的规制功能，对于研究整体税法的结构与功能、目标与手段等问题，都具有重要意义。

　　第二，在税收实体法方面，无论是消费税、个人所得税等"老税种"，还是环境保护税等"新税种"，都存在需要关注的若干新问题。如消费税的立法逻辑、个人所得税的立法目的、环境保护税的地方税额确定权等，都与上述的税法功能相关，同时，又需要结合新时期诸多领域的新发展，作出相应的理论和制度调整，类似的问题都是在税收实体法方面需要关注的前沿问题。

　　第三，在税收程序法方面，面对日益复杂的经济活动和税收不确定性问题，实行事先裁定制度有其积极意义，但需要对相关理论作出相应调整。同时，从客观抽象的纳税义务转变为可实施的具体税额缴纳义务，涉及税收额度的确定行为，对其如何定性，并进行权义的合理配置，也是需要研究的重要问题。一旦上述制度和行为的实施存在争议，就涉及税务司法问题，而如何系统提炼税务司法专业化的层次，推进我国税务司法专业化的发展，仍是值得探讨的重要问题。上述税收程序法领域的前沿问题，同样与上述的税法功能实现密切相关。

第四，在新兴领域的税制建设方面，随着数字经济的发展，对于集成电路等新兴产业发展如何进行税法规制，如何保障和促进其健康发展，会影响国家的产业数字化，这是体现税法促进功能的重要领域；同时，数据作为数字经济时代的关键生产要素，如何在税法上定性、如何征税，是各界高度关注的新问题。要解决上述数字经济时代产生的新问题，需要人们对税法理论和制度作出相应调整，这也会影响上述税法功能的实现，它们都是税法研究需要关注的前沿问题和热点问题。

第五，在区域发展的税制完善方面，从一国国内的区域竞争，到各个国家之间的竞争，都与税制竞争相关。而税制竞争则涉及公平竞争问题，涉及统一大市场建设问题。如何通过公平竞争审查制度的有效实施，维护税制的公平竞争和基本税制的统一，促进区域的协调发展，同样与税法功能密切相关。其中涉及税法与竞争法的交叉研究，也涉及税法与区域经济法、经济宪法等问题的讨论，对于这些前沿问题，学界须予以高度关注。

《税法前沿问题研究》一书，是邓伟博士出版的第一部专著。作为其导师，我非常高兴地看到该书的出版。该书所研究的税法前沿问题，值得学界同仁进一步关注。该书的问题选取、理论探讨和制度完善建议，体现了邓伟博士的学术敏感性和研究潜力。其在数据课税、税收公平竞争审查等领域的研究具有较为明显的创新性。希望邓伟博士再接再厉，在学术研究上持续进步！

是为序。

张守文

2023 年 7 月 30 日

（张守文，北京大学法学院教授、博士生导师，教育部长江学者特聘教授，中国法学会经济法学研究会会长。）

目　　录

导　　论

一、本书的研究背景与价值

党的十八届三中全会提出，财税是国家治理的基础和重要支柱。税法越来越多地被用于社会经济治理的多个方面（如保障和规范财政收入、调节收入分配、限制环境污染行为、调节商品进出口、调节有害商品的消费等），它们都离不开税法作用的发挥。在新的经济发展阶段，税法实践领域涌现了许多新问题，如既有实体税法如何进一步优化以适应实践需要，程序税法如何构建事先裁定、税收确定程序、税务司法等新的制度，在新兴领域如何通过税收促进新兴产业进步、构建新制度以适应新的生产要素发展，在全国统一大市场背景下税法制度的作用与限度等，这些问题是税法实践研究的前沿。在实践前沿的背后，是更深层次的税法理论问题；税法理论如何统摄、解释与指引这些税法实践，属于税法理论研究的前沿。在此背景下，本书尝试以规制为中心，整合理论与实践前沿问题，选择其中比较典型的问题展开研究。

笔者希望本书的研究能够产生两方面的价值。一方面是理论价值，针对传统的税法功能理论对新实践的回应之不足，本书提出并论证税法规制功能，以期拓展税法功能理论，也为税法原则理论等与功能理论紧密关联的税法理论的拓掘奠定基础。另一方面是实践价值，本书紧密联系现实，提出新制度构建和既有制度完善的针对性建议，为优化税收制度提供有益借鉴，以更好地服务现实需要。

二、本书的研究思路与方法

本书针对税法领域的前沿问题展开研究，每一个前沿问题研究都遵循"新事物—新问题—新制度—新理论（或新理论—新制度）"的基本路径。税法之前沿存在于特定的时空维度。从时间维度看，在特定时间点、时间阶段，事物会有前沿与传统之分，从历史大视角看，所有的新都会变成旧，"太阳底下无新事"。从特定空间看，异国异域的前沿性也会有差别，同一事物在一国为传统事物，到另一国可能为前沿事物。因此，本书所谓的"前沿"，主要是

1

立足于特定时间点、就我国的理论研究与制度实践而言的。在特定时空背景下，事物有传统与前沿之分，但传统事物也并非一成不变，例如作为征税对象的消费品、收入所得，早已有之，但是社会的发展会涌现诸多新形式；新事物也会在新技术的作用下大量创造出来。有些情况下，既有税法理论可以有效解释、税法制度可以有效应对；有些情况下，既有理论需要做出部分修正、拓展，既有制度需要局部调整，这一过程中，可能制度变革在前、理论解释在后，也可能理论争鸣在前、制度调整在后。无论怎么样，事物的新发展和新事物的出现，不可避免地会带来理论与制度的联动变化。由此形成"新事物—新问题—新制度—新理论（或新理论—新制度）"环环相扣的逻辑思路。

在各个前沿问题之间，本书还秉持"从税法规制理论到多方面的实践"的总分思路。各个"前沿"问题围绕"税法规制"展开。本书以税法规制功能为起点，分析税法规制功能是什么、与税法调控功能的关系以及税法规制的主要手段（税收优惠），从而初步奠定税法规制的理论基础。后续各章分别从不同方向、不同角度分析税法规制的具体问题：第二章分析发挥规制作用的消费税、个人所得税、环境保护税等典型税种，第三章探索税法规制的程序法保障问题，第四章研究集成电路产业、数据要素等领域税法的规制作用，第五章研究在建设全国统一大市场、推动自贸区发展背景下税法的规制作用及对应税制的优化问题。全书以税法规制为中心，以税法规制理论研究为总起，再分别探讨税法规制在不同方向领域的实践，体现了总分的研究思路。

本书所采取的研究方法主要包括：

第一，规范分析方法。法学研究以法律规范为基础，所研究的法律规范是什么、怎么样是展开其他研究的基础。本书在各个部分均采用了规范分析方法，解析既有相关税法制度的内涵，揭示其功能目标和价值取向，发现其存在的问题，为相关理论探讨与制度完善奠定基础。

第二，比较分析方法。法学是一门地域性比较突出的学科，不同国家制度往往因国情差异而有不同。比较各国制度的结构、功能，发现其特色和优缺点，以为我国税法制度的完善提供经验借鉴。本书在研究税法规制功能理论、事先裁定制度、税收政策的公平竞争审查等主题时，均运用了比较分析方法。

第三，历史分析方法。制度变迁是一个历史过程，在变迁过程中有些问题得以展开并得到解决，有些问题不断变换形式而长期存在。制度的历史发展积累了一些问题应对的经验与教训，当代制度构建时可以充分吸取。本书在研究税法规制历程、个人所得税、集成电路产业税收政策等主题时都运用了该方法。

三、本书的主要内容

本书对税法领域的基础理论、实体制度、程序制度、新兴领域税制与区域视角税制相关前沿问题进行了探讨，主要内容如下。

在税法功能理论方面，本书论证了税法规制功能的新命题，并对税法促进性规制的主要形式税收优惠展开了研究。传统研究聚焦于税法的收入功能、调控功能、分配功能，在现代化经济体系建设背景下，税法越来越多地作为公共政策被用于公共经济和社会管理的实践，传统研究对此类问题的研究力有不逮，需要税法规制理论做出回应。税法规制体现为税法对不同行为的鼓励促进或限制禁止，对此可以结合传统税法理论有益成果和规制理论展开研究。学界对税收功能的认识从财政收入功能到规制功能的扩展变迁、对征税权与警察权之间存在的一定程度同质性关系的澄清，构成了税法规制的正当性理论基础。美国和中国的实践也证明了税法规制的历史合理性，同时也表明，为建设现代化经济体系，税法发挥规制功能应当以公共利益为导向，兼顾公民基本权利的保护，同时需要考量税收与规制对象的本身特征，设计合理的规制机制。学界对作为税法促进性规制的主要形式税收优惠概念的界定并未取得共识。从词源和实践的角度出发，税收优惠应当以征税对象具有可税性为前提，其本质为低于标准税收的税负待遇。税收优惠的正当性基础在于税法价值目标的二元性及相应实现工具的二元性，同时，税收优惠也是对社会发展非均衡性的现实回应。当前我国税收优惠制度面临体系形式混乱、实质评估缺位的困境，应当通过落实税收法定、建立税式支出制度以实现税收优惠的法治化治理，贯彻公平竞争审查与设立税务法院是其中必不可少的环节。

在实体税法方面，本书研究了消费税的立法逻辑、个人所得税的立法目的、环境保护税地方税额确定权。本书认为，消费税立法应当遵循"功能定位—课税原则—课税要素设计"的逻辑，然而我国学界对消费税的功能定位存在偏颇，消费税课税原则的适用面临困境，造成税制设计的合理性不足。消费税制应该按照"调节性税收—绩效课税原则—有一定负面影响则应征税—负面影响越大税负越重"的逻辑构建。具体而言，从调节性税收和收入性税收的二元分类出发，将消费税定位为调节性税收，主要发挥调节功能，其财政收入功能处于附属地位。主流的量能原则、受益原则适用于收入性税收，消费税作为调节性税收，其课征应该遵循绩效课税原则。据此，可按照特定商品或服务对社会是否存在明显的负面影响以及影响的严重程度，确定是否征收消费税以及税负轻重。当前，小汽车、酒、成品油等税目应该增加差异性税率设置，一次性用品、奢侈性商品和高档服务项目应该增加相应的消费税税目。对于个人所得税法（简称"个税法"），明确其立法目的有利于彰显个税法的合法性，指引立法的体系构造，促进个税法的正确适用；以法律条文的形式规定立法目的是立法技术发展的趋势，也是实践的需要。立法目的条款对于个税法具有重要的现实意义。立法目的条款的构建受制于诸多内在因素和外在因素，前者包括个税法制度、原则和立法历史，后者主要是税法体系、宪法和国家政策。通过对个税法内在因素的归纳分析和外在因素的演绎分析，得到两种不完全相同的立法目的要求。在平衡协调两者的基础上，可以确立个税法的立法目的：规范征税行为，依法获取税收收入，调节个人收入合理分配，保障公民基本权利，促进经济稳定和发展。对于环境保护税法，立法授予地方确定环境保护税适用税额的权力，意在通过合理配置税权实现合理保护环境的目的。当前地方在实施该权力时基本遵循了立法授权的要求，但在程序与实体方面都存在不足。为进一步完善环境保护税税额地方确定权制度，应当完善地方税额方案公开征求意见制度，完善确定税额的方法，地方定期审查本地税额方案，国家备案机关适时审查地方税额方案。

在程序税法方面，本书研究了纳税义务产生前的事先裁定制度、纳税义务确定过程中的税收确定权、税务纠纷产生后的税务司法等主题。本书认为，建立税收事先裁定制度是解决税收不确定性问题的现实需求。学界对于事先裁定制度的研究方兴未艾，然而对该制度进行研究的主要是税收学者和税务工作人员，其角度多是从税收着眼，其价值多是经济导向，其分析多是针对形而下的规则制定；同时，对于事先裁定的具体制度构建也缺乏比较研究和具体建议。本书以法学研究的权利义务思维阐述事先裁定制度，聚焦于该制度的法律本质、法律关系、与税收法定之间的关系等重大理论问题。本书提出了证成制度本质的理论框架，认为事先裁定制度本质属于税收契约，而不是具体行政行为或者税收服务。本书还分析了事先裁定法律关系的主体、客体、内容三要素。同时，本文提出税收法定续变论的观点，认为事先裁定与税收法定是内在统一的。书中还较为详细地考察了美国的事先裁定制度，归纳出了可供借鉴的实践经验。最后，在理论探讨和域外经验考察的基础上，本书提出了完善事先裁定制度的具体建议。对于税收确定权问题，本书认为，将税收定性为一项权利有比较充分的理由，税收确定权主体包括纳税人和税务机关，其效力包括确定力、约束力、执行力，该权利配置存在四种模式。税收确定权在外延上与现有制度和理论也是自洽的。依此理论，我们对我国《税收征收管理法修订草案（征求意见稿）》（简称《草案》）进行分析，发现《草案》仅将税收确定权视为税务机关的权利，且税收确认并非法定程序，如此将导致纳税申报与税收确认关系不清，并可能造成纳税人缴税的依据逻辑混乱。为此，需要根据税收确定权的基础理论，对《草案》部分条文进行修改，以实现法律内部自洽和征纳双方权利平衡。对于税务司法专业化问题，本书认为，司法专业化经过了漫长的发展历程，其内涵可以被概括为外部专业化和内部专业化。从主体角度来看，后者可以在机构、组织和人员三个层面进一步展开。司法专业化的基础是社会分工，但两者并不是完全对应的关系；人员层面的专业化是分工的必然要求，而机构和组织层面的司法专业化则要全面考虑主观条件和客观条件，其中客观条件又包括整体条件和关键条件。以此理论分析我国税务司法，可以发现，目前我国税务司法内部专业化的条件尚不成熟，设立税务法院（法庭）的整体成本高于收益，其中关键问题是税收案件不足，主要原因是税务缺口引起的民畏官现象、税务机关权力不规范行使、纳税人权利救济负担沉重等。我们可以通过税收征纳关系法治化、适当取消清税前置等方式，让扭曲的征纳关系正常化，使税务纠纷真实地涌现出来，再依据实际情况设立税务法院或法庭。

在新兴领域，本书探索了集成电路产业和数据领域的税制问题。本书认为，"中兴事件"深刻揭露了中国集成电路产业落后的现实。集成电路属于国家战略产业，严重的市场失灵需要积极的产业政策予以支持和引导，税收是其中重要的政策工具。我国税收政策促进集成电路产业发展的具体路径是：实施关税优惠以降低生产成本，实施增值税优惠以促进国内集成电路产品流通，实施所得税优惠以激励投资与技术进步。多年来，该领域税收政策的实施积累了诸多有价值的经验，比如，注重税收政策与产业发展阶段的匹配、税收逻辑与市场规律的契合、税收制度与政策目标的融合。当前，集成电路产业的税收鼓励政策较为单一和薄弱，扶持力度有待增强；优惠政策的行政控制较为严重，需要予以规范；税收政策的技术性激励乏力，应细分技术区段、协调技术与投资额度的优惠标准，进一步提高技术激励的精准性。对于数据领域的征税问题，本书认为，以数据的数量或价值计算税基的数据税理论，虽然具有一定的合理因素，但都存在较为明显的不足；以数据的收益计算税基的数据税理论，更具有合理性。在征收数据税的制度选择方面，我国可以改进现行所得税条款，对数据征收直接税；在适当的时机征收专门的数据税，实现对数据征收间接税。

最后，本书从区域视角审视了税制发展问题，讨论了全国视角下税法制度的优化与作为特殊区域的自贸区税制构建问题。本书认为，公平竞争审查是建设全国统一大市场的必要保障，税收政策应受到公平竞争审查制度规范。当前税收政策审查制度存在诸多问题，关键原因在于忽略了税收政策与公平竞争之间关系的复杂性。税收政策与公平竞争总体上存在三个维度的关系：税收政策在公平竞争之外、税收政策在公平竞争之内、税收政策在公平竞争之上。应该依据两者关系的类型设置差异化的公平竞争审查标准：对于公平竞争之内的税收政策，应该遵循税收公平原则，按照"选择性"标准进行审查；对于公平竞争之上的税收政策，应该审查是否存在竞争失灵，继而检验税收调控的有效性；对于公平竞争之外的税收政策，原则上不受公平竞争的约束。改进税收政策公平竞争审查制度，首先应建立"先合法性后合理性"的二阶审查秩序，其次是扩大规范性文件的审查范围，同时提升公平竞争审查制度立法效力层级，最后是针对税收与竞争的三维关系构建"除外适用范围＋审查范围＋审后豁免"的审查模式，并完善相应的审查标准。完善税收政策公平竞争审查的建议也将为整体改进公平竞争审查制度提供有益启示。对于作为特殊区域的自贸区的税收政策构建问题，本书通过梳理我国各个自贸区设立的总体方案，发现自贸区税收政策体系存在"沿用既有政策""试点新政策""原则上可再试点"三种构建路径，其中"原则上可再试点"路径具有不同于传统方式的法律意蕴，有助于缓解在后自贸区税收政策的立法压力，提升自贸区税收政策体系的科学性，但同时也增加了"再试点政策"范围的不确定性、降低了法律效力确认的便利性和加剧了自贸区税收政策体系的不协调性。为完善"原则上可再试点"税收政策构建路径，本书建议，短期内，应当明确初次试点的税收政策范围、原则与例外再试点的界限，并构建统一的税收政策平台；长期来看，应当以"法律法规和实施细则"的方式规定自贸区内的税收政策。

四、本书可能的创新与不足

本书针对税法前沿问题展开研究，可能的创新有以下几点。

第一，提出并初步证成税法规制功能。传统税法研究关注税法财政收入功能、分配功能、调控功能，本书从理论分析与税法实践等方面提炼出税法规制功能，界定其内涵并比较其与调控功能的关系。这有助于税法功能理论的创新。

第二，凝练个人所得税立法目的条款。个税是我国的重要税种，但是其立法目的条款一直缺位，学界也鲜有关注。本书综合个税法内外部因素凝练其立法目的，有助于完善个税立法、指引个税制度构建。

第三，探索数据课税的路径。数据参与价值创造且自身具有价值，对数据课税是大势所趋，但如何课税是疑难点。本书系统探索了以数据的数量、数据的价值、数据的收益为税基的不同课税路径，对数据课税理论有推进意义，对数据课税制度构建有借鉴意义。

第四，研究通过公平竞争审查完善税收制度。学界提出了多种完善税收制度的路径，本书提出以公平竞争审查为工具推进税收制度的完善。相对于其他完善税收制度的路径，以公平竞争促进税法完善具有独特价值。

本书研究存在以下方面的不足，有待在后续研究中继续完善。

第一，对税法规制功能的结构基础及其对税法原则的影响等基础理论尚未充分展开。本书初步研究税法规制功能的内涵并予以证成。由于结构与功能的紧密联系，研究规制功能还需要深入分析其结构基础；税法功能的界定会影响税法原则的确立，税收法定原则、量能课税原则等税法原则在税法功能拓展到规制界域时应当作出怎样的调试，也需要仔细探讨。

第二，仅选择部分典型的前沿问题展开研究。本书围绕税法规制中的部分典型前沿问题进了研究，由于研究者时间和精力有限，还有其他一些重要的前沿问题，如增值税立法、海南自贸区税收立法、税法典制定等主题未能得到针对性研究，我们在以后的研究中将继续关注。

第一章　税法功能理论新命题：
　　　税法规制功能

传统税法研究认为税法具有收入、调控与分配功能。这三种功能已经基本概括了税法功能的主要方面，但是对于将税法用于限制特定行为或活动，把税作为一种近似于惩罚性的规制工具的做法，税法学界尚未充分研究。税法规制功能与经济调控功能有一定的联系，但是经济调控以宏观经济为着眼点，即使中观层面的产业经济调整或地区经济调整能够纳入经济调控的范围，那些将税收作为非经济性活动的调整手段，面对的事务与问题更为微观，则难以囊括。我国古代有"民有二男以上不分异者，倍其赋"的做法，美国近代有对使用童工的企业的产品加税的实践，这些都是通过税收工具来实现特定的社会治理目标。从规制理论来看，其与以惩罚为后盾的命令控制型规制工具本质上是类似的，具有替代性。税法这一方面的功能在既有理论中没有恰当的位置，既有研究对此关注不够。本章在简要分析税法传统三大功能、论述税收调控机制的基础上，提出并论证"税法具有规制功能"的命题，最后就税收优惠这一主要的促进性规制形式进行论述。

第一节　传统命题：税法的收入、调控与分配功能

一、税法功能的传统划分

税法的基础理论可以概括为"一体两翼"："一体"是指税法的概念/本质，"两翼"是指税法的功能和税法的基本原则。从逻辑上看，税法的本质决定了税法的功能，税法的功能影响到税法基本原则的确立。从主题关联上看，任何税法具体问题研究，都可以上溯到税法本质、功能与原则，且这三者往往具有指引作用。从现有的税法研究看，税法本质、功能与原则多数是在专著或教科书中出现的，近些年税法期刊文章多是研究税法具体制度，专门研究这三个主题的文章鲜有发表。即使如此，研究具体制度的文章仍难以回避税法功能与原则的问题，少数发表的税法基础理论方面的力作基本上也贯穿了对"一

体两翼"的论述。① 由此可知，"一体两翼"不仅在税法理论逻辑上具有基础性，在税法研究上也有着奠基性的重要作用。

税法功能是税法基础理论的重要组成部分，既有的研究基本上形成了"税法具有多重功能"的共识，只不过对具体功能的表述存在差异，如"组织财政收入、资源配置、公平分配"或"规范理财行为、促进社会公平、保障经济发展"等，但基本上认可税法具有财政收入、经济调控、收入再分配三个方面的功能。②

组织财政收入是税法最早受到重视的功能。通过税法汲取财政收入维持国家机器的正常运行，是既往任何时代、任何国家都必须重点建设的国家制度。税收是国家存在的根基，西方所谓的"税收国家"也强调了税法汲取财政收入的重要作用。

经济调控是宏观经济学发展起来后才提炼的税收和税法的功能。所谓的经济调控，主要是指宏观经济调控，通过税收对社会需求的经济总量进行调节，维持市场经济的平稳运行。

收入再分配是现代人民主权国家发展起来后才逐步重视的税收功能。通过"免税轻税""加税重税"等区别性对待，再经由财政支出向低收入群体倾斜扶持，实现"损有余而补不足"的收入再分配目标。

对于三种功能的历史发展和相互关联，已有不少学者进行了阐述，③ 但是税法三种功能何者为主、何者为辅，进而税法的属性是宏观调控法还是公共财产法，学界存在一些争议。属性之争主要在于主观认知，而各种功能的关系更多需要客观深入的研究。对于"财政收入功能是经济调控功能的基础"的观点，本书持保留态度：从结构功能的角度看，功能是与结构相对的范畴，同一种结构同时具有不同的功能，各功能之间是平行并列关系而非基础性的构成性

---

① 搜索《中国社会科学》《法学研究》《中国法学》期刊上近年来发表的税法文章，以下11篇均以税收功能、税收原则为主要内容。张守文：《税制变迁与税收法治现代化》，载《中国社会科学》2015年第2期；刘剑文、侯卓：《发展型财税法的理念跃迁与制度构造》，载《中国社会科学》2023年第5期；刘剑文：《收入分配改革与财税法制创新》，载《中国法学》2011年第5期；许多奇：《论税法量能平等负担原则》，载《中国法学》2013年第5期；熊伟：《法治视野下清理规范税收优惠政策研究》，载《中国法学》2014年第6期；苗连营：《税收法定视域中的地方税收立法权》，载《中国法学》2016年第4期；刘剑文：《财税法功能的定位及其当代变迁》，载《中国法学》2015年第4期；张富强：《论税收国家的基础》，载《中国法学》2016年第2期；汤洁茵：《税法续造与税收法定主义的实现机制》，载《法学研究》2016年第5期；叶金育：《税收构成要件理论的反思与再造》，载《法学研究》2018年第6期；张婉苏：《从税收法定到税收法治的实践进阶——以进一步落实税收法定原则为中心》，载《法学研究》2023年第1期。

② 参见何锦前：《共同富裕导向下税法收入分配规制》，载《地方立法研究》2022年第2期。

③ 参见何锦前：《共同富裕导向下税法收入分配规制》，载《地方立法研究》2022年第2期。

关系。①

二、税法调控的机理展开②

税收是税法的实质内容，税法是税收的法律表现形式。在现代国家，税收法定成为共识，有税必有法，税收和税法是一体两面的关系。如果从不同的角度着眼，就会产生税收与税法两种称呼。就此而言，税法的宏观调控作用，也可以说是税法对税收宏观调控功能的促进与保障作用。

（一）税收调控功能

税收的调控功能，即税收配置资源的功能，是国家通过增税与减免税等手段来影响社会成员的经济利益，引导企业、个人的经济行为，从而影响投资与储蓄，影响资产结构和产业结构的调整，改变社会财富分配状况，对资源配置和社会经济发展产生影响，从而达到调控宏观经济运行的目的。对于税收调控，我们需要理解以下几点。

第一，税收是调控的工具，调控也是实现其他目的的手段。税收不是为了调控而调控，而是为了达到宏观经济目的，具体包括经济可持续发展、物价基本稳定、就业不断扩大和国际收支基本平衡。

第二，税收调控的手段具体表现为依据客观需要适当增税或减税。增税，在总量上具有紧缩效应，在结构上表现为抑制性调节；减税，在总量上具有扩张效应，在结构上则表现为鼓励性调节。

第三，按照税收调控所涉及的范围，税收调控可以分为税收总量政策与税收结构政策。前者旨在通过调节宏观税负来影响宏观经济总量，其政策作用具有全面性、整体性，主要体现在稳定经济增长方面；后者主要是为了调整和优化经济结构而对特定行业、地区予以区别性的税收待遇，其政策作用呈现出局部性、多样性的特点。税收结构政策主要通过不同的税收优惠政策来实现。

第四，调节收入分配是税收调控功能的重要体现。个体之间、企业之间、行业之间、地域之间收入差距日益加剧，地区间的差距主要通过转移支付制度弥补，前三种收入差距可以通过差异性的税收制度予以调节，按照量能原则，负担能力强者多缴税，负担能力弱者少交税，以实现提高低收入人群收入水平、扩大中等收入人群规模、调节高收入者收入这一缩小贫富差距的目标。

---

① 笔者在博士论文中已经尝试对此进行初步论证。参见邓伟：《税法的规制功能研究》，北京大学2020年博士学位论文。既有税法研究对于税法的结构与功能的关系关注不够，而从此角度进行更精细更深入的论证，有待后续完成。

② 本部分的主要内容是作者在《经济法学解析》一书中的论述。参见肖江平主编：《经济法学解析》，高等教育出版社2022年版，第141－166页。

另外，虽然税收能够发挥重要的调控功能，但是也存在局限性：第一，税收调控适用的经济周期有限。宏观经济状况时常波动，变化的现实需要较为灵活的调控手段，税收制度具有相对稳定性，因此，一般只适合中长期的调节，而不宜用于短期调节和临时调节。第二，税收调控受纳税人和政府财力的制约。如果社会整体纳税人的税收承受能力较弱，则加税抑制性调节措施最好不要实施，否则会造成较严重的民意悖违；如果政府的财政能力较弱，则减税鼓励性调节措施难以有适用的余地，否则可能影响政府的基本运行。第三，税收调控需要较好地平衡民主与科学的关系。税收事关民众切身利益，税收制度应该较好地反映民意；税收调控主要是为了实现宏观经济目标，这与纳税人的主观认知和个体利益往往存在冲突，一旦两者关系协调不好，可能使调控的目的落空，也可能造成更严重的负面影响。

因此，发挥税收调控功能时，应当选择在与税收调控功能特性相适应的经济条件下进行，同时要注意将税收政策与其他宏观经济政策进行有机配合。

（二）税法调控作用

税法的调控作用是税法对税收宏观调控功能的促进与保障作用。在法治国家，税收制度主要通过法律的形式表现出来，并以一系列税收程序法保障税收调控过程的落实。税法从税收立法、执法、违法处罚三方面保障税收调控的实现：[①]

第一，税收立法是税收调控的起点。通过税收立法，贯彻税收法定原则，保证税收涉及社会再生产的全部过程和各个环节，使税收调控有法可依。

第二，税法遵从是落实税收调控的必备条件。通过税法规范税收程序，促进征税机关依法征税，纳税人依法纳税，做到有法必依。

第三，依据税法对违反税法规定的行为予以处罚，这是保障税法遵从的有效措施，做到违法必究。

调控功能在不同类型税法中的具体体现存在差异：

第一，商品税法可根据消费需求和投资需求的不同对象，设置不同的税种、税目，在同一税种中实行差别税率，以控制需求数量和调节供求结构；开征商品税能保证财政收入的稳定，增强宏观调控力；商品税可以灵活调节课税对象，从而有针对性地对宏观经济进行精准有效调控；商品税中的关税和进口增值税可以调节从事进出口的企业和购买入境物品的个人的税负，进而影响对外贸易和外汇收支，达到促进国际收支保持平衡的宏观调控目标。

增值税是以商品在流转过程中产生的增值额为计税依据而征收的一种商品

---

① 参见《经济法学》编写组：《经济法学》，高等教育出版社2016年版，第150－151页。

税。所谓增值额，是指生产者或者经营者在一定期间的生产经营过程中新创造的价值。增值税只对增值额征税，纳税人的税负不会因生产结构的变化和流通环节的多少而不同，对生产经营决策的影响较小，不会扭曲资源的配置，因此，增值税是典型的"中性"税收。此外，增值税对商品和服务普遍征税，有利于保障财政收入的稳定增长，一般是一国财政的重要支柱。由于增值税的普遍性特征，其税率的设定对国家与国民之间的收入分配产生较大影响，税率的变动对于社会总需求与总供给有着重要影响，因此，增值税还可以发挥重要的宏观调控作用。

关税也具有重要的调控作用。经济全球化的发展背景下，一国的经济与其他国家和地区的联系日益密切，在调节外国商品进入本国或者本国商品进入国际市场的过程中，关税发挥着至关重要的作用。国家通过设定具体的进口关税税率，影响外国商品流入本国的总体水平，进而影响国内经济运行总水平；在特殊的时期，通过提高或降低特定商品的进口关税税率，实现对相关产业的调节。一般情况下，国家不征收出口关税，以鼓励商品出口，提高本国商品国际竞争力，但是有时也通过征收出口关税，调控某些重要资源的出口。关税税则是各国规范进出口秩序、筹集财政收入、保护民族经济的重要手段，但是如果片面征收高关税，实行贸易保护政策，则关税可能成为世界经济发展的障碍，此时的关税称为"关税壁垒"。具体而言，关税壁垒是指通过征收高额进口关税和各种附加关税的办法来构筑屏障，以阻止或限制外国商品流入本国的税收措施。在各种附加关税中，反倾销税和反补贴税是比较重要的形式，前者是对构成倾销的外国商品在征收一般进口税之外再附加征收的一种关税，后者是对接受不符合进口国规定的补贴的外国商品在进口时附加课征的一种关税。

第二，所得税法可以合理调节税收收入的弹性，发挥调控经济的"自动稳定器"功能；所得税法通过实施免税、减税和延期征税等优惠政策，可以有针对性地调节生产、消费和收入分配，促进经济结构、产业结构、产品结构和生产力布局的优化，促进不同行业和不同区域经济的平衡与协调发展；所得税可以定向精准调节企业之间、行业之间、地区之间、城乡之间、社会成员之间收入分配差距，缩小上述收入分配差距，形成合理的橄榄型分配格局。

在不少国家，所得税收入在财政收入中占比较大，因此，对于国家与国民分配会产生重要影响，一定的所得税税率结构在社会经济运行总水平方面也能发挥重要的调节功能。这就是所得税的总量调控方式。近年来，以美国为首的西方国家先后降低企业所得税税率，是希望通过降低企业税收成本来激发企业活力，从而促进经济总体的发展。这是所得税调控功能的重要实践。

所得税法还可以进行结构调控。在基本税率的基础上，所得税法可以有针对性地对特定产业实施税收优惠，从而扶持和促进该产业的发展。如人们熟知的"中兴事件"所反映出的我国集成电路产业落后的现实，其实从 2008 年开始，国家就先后针对集成电路行业专门制定了所得税优惠政策，这对促进该产业的发展具有重要意义。

第三，财产税法可以保护和合理利用土地、自然资源等，防止资源滥用或开发过度，保持经济的可持续发展；财产税法可以调控房地产市场，抑制或消除楼市泡沫，防范经济风险，促进经济结构协调和产业结构优化；财产税法可以增加地方财政收入，有利于发展地方经济，减少地方债务风险；通过财产税法还可以调节社会成员之间贫富差距，促进社会公平，实现社会和谐与国家稳定。

在我国，财产税税种主要是特种财产税，也就是对个别财产征收的财产税。从单个税种来看，征税对象的范围有限，一般不会对经济总水平产生较大影响；但是具体的税种综合起来，几乎囊括了国民的主要财产形式，因此可以发挥经济总量调整作用。此外，不少财产税的征税对象占据了财产的不小比重，如房产，单个税种通过对一种财产市场发挥调节功能，从而波及整个市场的资金流动，影响经济总水平。

（三）税法调控方式

税法具有明显的经济性和规制性特征，主要采取法律化的经济手段进行调控。具体而言，税法可以采取以下几类特有的调控方式：

第一，设定法定税率。税率是应纳税额与计税基数之间的数量关系或比率，它是衡量税负高低的重要指标，是税法的核心要素。设定法定税率属于税法特有的调整方法，它反映国家征税的深度和国家的经济政策，是极为重要的宏观调控手段。通过设定法定税率，直接影响税收负担，进而调节总需求与总供给的关系，其中，改变生产者的税负水平将影响总供给的水平，改变消费者的税负水平将影响总需求的水平。

第二，设定税收优惠措施。税收优惠是国家为了鼓励和扶持产业发展、地区发展等，在税收方面采取的激励和照顾措施。国家通过确定不同的税收优惠，鼓励和扶持新兴产业、基础产业和环保产业，支持和照顾老、少、边、穷地区的经济发展，鼓励外国企业和外商投资企业或在经济特区、自由贸易区内的企业等的发展。

第三，设定税收重课措施。与税收优惠方式相反，税收重课措施是以加重纳税人的税负为目标而采行的税收特别措施，如税款的加成、加倍征收等。税法通过加重税负来限制纳税人的行为，因而税收重课措施也是税法调控经济的特有方式。

以上三种方式，具体可以概括为两种类型：设定税率的方式是通过税负总水平影响社会总供给与总需求，属于总量调控；后两种方式是针对不同收入水平群体、不同产业部门予以差异化的税收待遇，从而调节产业结构或区域结构，使国民经济各部门、各地区协调发展，属于结构调控。

（四）税法调控视野下的课税原则

1. 税法调控视野下的公平原则与效率原则

在税法调控领域，公平原则与效率原则存在一定的龃龉。一方面，公平与效率本身就存在一定程度的冲突。税收调控主要有两类方式：总量调控和结构调控。通过税收进行总量调控时，以提高经济效率为目标，应当贯彻税收经济效率原则，同时需要对各产业、各阶层普遍性地征税，必须遵循公平原则。通过税收进行结构调整时，对不同产业和群体阶层采取差异化的税收政策，为了实现经济部门协调发展对幼稚产业予以税收扶持，可以作为税收经济效率原则的体现，但某些情况下税收公平可能体现不足；为了调节各群体之间的收入差距，对高收入群体高税率征税，对低收入群体低税率征税，彰显了公平原则，但可能降低高收入群体的积极性，有损效率原则。

另一方面，税收本身就不仅仅是一个经济问题，财政被定位为国家治理的基础和重要支柱，反映了税收在国家治理中的重要角色。作为税收调控的具体方式，加重征税或税收优惠很多情况下不是依据纳税人的受益多少或者自身负担能力施行的，也就是说不是为体现税收公平。同时，加重征税或税收优惠也不是税收经济效率原则能完全解释的，如对烟、酒、奢侈品、博彩业（有些国家和地区）征收特别消费税，对慈善事业予以税收优惠，有些情况是为了保护环境、保障健康，有些情况是为了体现某种社会道德要求，仅仅是通过税收的经济杠杆实现非经济的目的。此时，公平原则①和经济效率原则就不能恰当地解释这些税收调控现象。

税收应该贯彻什么原则，也在一定程度上影响税法的学科属性。税收调控可以归纳为两方面，一是通过税收优惠对有积极影响的行为、活动予以促进和扶持；二是通过加重税收对有消极影响的行为、活动予以限制和禁止，这是税收调控作为经济法的内容具有规制性的重要体现。有观点为了保持公平原则等在税收领域的普遍适用，主张将调控性的税收排除出税法，划入经济法的领域，从而实现税收理论的一致性。实际上，税收调控与经济法有着割舍不掉的联系，税法是经济法的重要内容，税收调控是税法的重要方面，也是经济法的

---

① 对于税收调控法不适用于税收公平和量能课税原则的观点，参见李刚：《论税收调控法与税法基本原则的关系》，载《厦门大学学报（哲学社会科学版）》2008 年第 3 期。

主要内容之一。调控目的的税收与财政收入目的的税收存在差异，后者是税收最传统最基础的功能，前者是税收随着时代的发展需要而演化出来的功能，对于税收的理解应该与具体的时代背景相结合。

在税法调控领域，以财产为目的的税收不能很好地解释其合理性和指引其发展。税收调控以调控对象对经济和社会是有积极益处还是消极害处为标准，采取差异性的税收措施，有人总结为"功绩原则"①。也就是说，从调控的角度看，有益处的少征税，有害处的多征税；益处越大征税越少，害处越大征税越多。这一原则可以在特定的领域指引税制设计从而实现税收调控。具体在哪些领域、机制如何设计、与其他原则如何协调，仍是值得研究的重要问题。

2. 税法调控视野下的税法法定原则

在税法调控领域，税法法定原则需要辩证认识。一方面，税收法定是一项原则，而不是规则。原则，是具有普遍性的准则，它的适用不是有与无（适用或不适用），而是多与少（适用程度高与低）。规则，是具体的行为模式，规则的适用是要么完全适用，要么完全不适用。在税收领域，一般应当遵循法定原则，但是也允许在合法范围内的例外。② 例如，对于现行税法规则无法涵盖的模糊地带或者查清事实成本巨大时，严格依法定要素征收则不现实。面对未来经济活动的风险，事先裁定制度可以为纳税人提供较大程度的税收确定性，从而鼓励纳税人积极从事经济活动；针对查明定价难的问题，预约定价制度允许纳税人事先与税务机关就其和境外关联企业之间内部交易与财务收支往来所涉及的转让定价方法达成协议；同样，对于事实难以查清的，税务机关可以核定征收。以上税收征收制度都在一定程度上偏离了依照法定要素征税的要求，但是在法律的授权范围内，这些制度提高了经济效率。

另一方面，根据调控对象本身的特性，税收法定可以有不同程度的适用。依据调控的对象稳定性不同，可以区分为结构性调控对象、周期性调控对象与临时性调控对象。③ 环境污染、过度奢侈消费、有害健康消费的限制禁止型调控，以及慈善捐赠、研发创新的鼓励促进型调控，都是长期存在的结构性问题，可以严格遵循税收法定原则。对于周期性的问题，部分可以用严格法定的税收予以调控，如对于宏观经济波动，累进税率可以发挥自动稳定调节器的作用；部分则需要相机调控，典型的失败案例是固定资产投资方向调节税，该税

---

① 参见黄茂荣：《税法总论：法学方法与现代税法》，植根法学丛书编辑室 2005 年版，第 168 页。

② 关于法律原则与法律规则关系的论述，参见李可：《原则和规则的若干问题》，载《法学研究》2001 年第 5 期。

③ 此处借鉴了叶姗教授对财政赤字的分类。参见叶姗：《基于财政赤字类型细分的财税法控制》，载《河南省政法管理干部学院学报》2011 年第 4 期。

无法依据社会总体投资状况变动税率，在投资不足时无法实现调控目的。对于临时性问题，则难以严格适用税收法定原则，反倾销税需要针对具体案件的倾销幅度确定，关税目录需要依据国内外产业发展、产品产销状况及时调整，相对法定才能适应现实的变化，实现有效率的调控。

因此，税收法定原则具有重要的理论和实践意义，应当得到遵循；但是也不能绝对化，要辩证认识税收法定原则，避免思维禁锢而无法应对变化的现实实践。

三、结语

税法的功能是基于特定税法结构而客观呈现的税法系统对其他系统的影响。一定的结构决定相应的功能，结构一旦确定，其功能将不以人的意志为转移。这一点与税法的功能定位不一样，功能定位是人们主观上对税法的期待，大体上等同于税法目的。在这个意义上，税法功能相对于税法功能定位具有一定独立性。但在税法结构确定之前，功能定位影响税法结构的设置进而影响功能的发挥；在税法结构初步确定后，也可能因为税法客观功能与预期功能定位差距较大，而促使立法者调整税法结构。因此，税法功能取决于税法结构，税法功能定位影响税法结构。在特定时间节点，税法结构是确定的，因而其客观功能也是确定的，不论人们是否发现、是否提炼相应的概念、范畴。

传统的税法研究注重税法的财政收入功能、再分配功能及经济调控功能，在特定时期这些是税法的主要功能，但这种概括并不全面，无法解释部分税法规制实践。本章希望在分析税法传统功能认知、税法调控机理的基础上，在下一节提出税法具有规制功能的命题，并从理论与实践的角度予以证成。

第二节　被忽视的税法规制：新命题的提出及其理论证成

党的十九大报告指出，要贯彻新发展理念，建设现代化经济体系。建设现代化经济体系，需要税法发挥更加积极的功能：深化供给侧结构性改革，需要税法的积极鼓励；加快建设创新型国家，需要税法积极引领；实施乡村振兴战略，需要税法积极扶持；实施区域协调发展战略，需要税法积极保障；加快完善社会主义市场经济体制，需要税法有力支撑；形成全面开放新格局，需要税法积极助推。[①] 实际上，党的十八大以来，党和国家高度重视财政的作用，税

[①]　关于现代化经济体系建设及有关重要任务，参见《中国共产党第十九次全国代表大会报告》。

收在筹集财政收入、促进公平分配分配、优化经济结构和资源配置等方面的重要功能也得到更全面的认识。① 财税制度紧密联系着国与民（国家与纳税人、政府与市场、社会保障）、民与民（收入分配、公平竞争）、国家机构之间（立法与行政、中央与地方）等多种涉及国家治理的基础性关系。在立法实践方面，税法也越来越多地用于财政收入之外的目的，如近年来不断提高烟草消费税率，进行环境保护税立法，加大对慈善捐赠、创新研发的税收优惠。这一系列关于税收、税法功能的官方表述和政策实践，对税法研究提出了新课题。

国际环境新变化也对税法研究提出了新挑战。入世协定过渡条款到期后，以美国为代表的西方国家仍拒绝承认中国市场经济国家地位，在反倾销案件中对倾销幅度的认定继续采取"替代国"做法，中国产品可能长期面临高额反倾销税的困扰；国际金融危机以来，贸易保护主义抬头，特别是特朗普提出"美国优先"原则后，关税对国际贸易的影响更加突出。2017 年 12 月美国实施的税收改革方案，实际上也是通过税收杠杆吸引资金回流、促进国内投资。而最近中美贸易摩擦中关税作为对外贸易管理和维护国家利益的工具，其重要性更加彰显。以上政策所体现的均是税法的规制功能。

保障财政资金的筹集是税法无可争辩的核心功能，贫富差距日益加剧的现实呼唤税法发挥再分配作用，现代市场经济存在的失灵也需要税法发挥调控经济的功能。当前，从公共财产法和宏观调控法的视角展开的税法研究，比较系统地回应了保护纳税人权利、规范税收宏观调控等问题。然而，税法在管理国家贸易、治理社会问题、引导微观决策等方面的重要性也日益彰显，仅仅从这两方面研究税法，并不能很好地解释这些将税法作为公共政策用于公共经济和社会管理的实践。作为公共政策的税法，实际上就是对不同行为的鼓励促进或限制禁止，本质上体现了税法的规制功能。税法的规制功能以税法的经济杠杆属性为基础，整合了税收宏观经济调控的功能，同时也使税法的功能延伸至微观市场规制、非市场问题（社会问题）治理等领域。研究税法的规制功能有利于拓展对税法功能的认识，回应和指导实践中将税法用于公共经济和社会管理面临的问题，这对于全面和深化研究税法的功能具有重要的实践和理论意

---

① 参见党的十八届三中全会审议通过的《中共中央关于全面深化改革若干重大问题的决定》：财政是"国家治理的基础和重要支柱"，科学的财税体制是"优化资源配置、维护市场统一、促进社会公平、实现国家长治久安的制度保障"。2014 年 6 月 30 日中共中央政治局会议通过《深化财税体制改革总体方案》：明确深化财税体制改革的目标是"建立统一完整、法治规范、公开透明、运行高效，有利于优化资源配置、维护市场统一、促进社会公平、实现国家长治久安的可持续的现代财政制度"。《中国共产党第十八次全国代表大会报告》指出：税收应当"有利于结构优化和社会公平"。《深化财税体制改革总体方案》指出："充分发挥税收筹集财政收入、调节分配、促进结构优化的职能作用。"

义。本节尝试借鉴现有关于税法功能的研究成果，提出税法规制功能的命题，初步论证其内涵、正当性基础，并回溯其历史实践，为当下以税规制寻找经验启示。

一、传统与新论：税法规制功能的界定

（一）税法功能研究的传统与不足

学界对于税法功能①已有较深入的研究。有学者认为，税法的功能包括：保护纳税人和约束税务机关；促进与保障税收职能的实现（保障组织财政收入、对经济运行的调节作用，促进社会再分配职能的实现，保障税收监督职能的实现）；维护国家主权与经济利益；制裁税务违法行为；等等。② 也有学者认为，税收的功能主要是：作为税收基本职能得以实现的法律保障，调整税收关系、保护主体合法权益、维护税收秩序的法律准则，作为贯彻和执行国家政策的一种重要的法律形式以及维护国家主权的法律依据。③ 有学者将税法的功能划分为两个层次，其直接目标是保障税收职能的实现，具体包括保障有效获取财政收入、保障有效实施宏观调控和保障社会与经济的稳定；在实现上述目标的基础上，税法的最高目标是调控和促进经济和社会的良性运行和协调发展。④ 也有学者对税法的功能进行另一种方式的分类，认为税法的功能是由税收的职能和法律的一般功能决定的。就法的一般功能而言，税法的功能是为征税机关进行税收征管和为纳税人保护自己的权益提供法律依据和法律保障。就税收的职能而言，税法的功能是以法律保障税收职能的充分发挥，⑤ 即保障税收的财政职能、经济职能和监督职能。⑥

传统的研究基于对税法功能的全面描述予以功能分层和分类，对于推进税法理论研究深有裨益。然而，其中存在某些问题，主要表现在：

---

① 与税法功能相关的另一个常用概念是税法作用，有学者对此明确区分，"税法的功能是税法内在固有的并且由税法本质决定的，能够对税收关系和税收行为发挥调整和保护作用的潜在能力……税法的作用，是税法的功能作用于税法的调整对象所产生的影响"。参见徐孟洲主编：《税法原理》，中国人民大学出版社2008年版，第26、27页。功能是事物的独立属性，作用强调一方事物对另一方事物的影响，但是两者联系紧密，作用的发生以功能的存在为前提，功能又是发生作用的潜在能力。基于此，很多文献对功能与作用并未严格区分，有些学者使用"作用"一词，本节统一引为"功能"；此外，还有学者使用"税法目标"一词，也就是将税法作为实现某一目标的手段，可以理解为税收具有实现某种目标的功能。在此特别说明。

② 参见徐孟洲主编：《税法原理》，中国人民大学出版社2008年版，第26－31页。

③ 参见刘剑文主编：《税法学》，北京大学出版社2017年版，30－31页。

④ 参见张守文：《财税法学》，中国人民大学出版社2016年版，第121页。

⑤ 参见张怡：《税法》，清华大学出版社2007年版，第10页。

⑥ 参见张怡：《税法》，清华大学出版社2007年版，第4页。

第一，将税法的功能局限于保障财政收入。诚然，汲取财政收入是税法得以产生的根本原因，也是现代租税国家的税法的核心功能，现代国家的财政收入占 GDP（国内生产总值）一半左右，无法想象税法财政功能缺位时国家如何运转。但是，将汲取财政收入作为税法功能的全部，则人为破坏了税法功能的整全性。"不以财政收入为目的的税收不是税收"，是该种立场的集中体现。有学者虽然并不否认财政目的之外的税收仍是税收，但将非财政功能的税法排除在税法研究之外，认为以税捐为工具推动经济政策属于经济税法的问题，属于经济法的范畴。① 牺牲量能课税、平等负担原则，以达到管制诱导之规范，学者多不承认其仍为税法，而主张依其管制诱导政策的目的，将其划归为经济法、社会法或环境法。② 这些主张较好地保持了税法理论的纯粹性，将传统的量能原则等一以贯之于税法理论，深刻而有力地研究了税法的财政功能。然而税收的实践运用是多面向的，尤其是在现代化经济体系建设中，税收发挥的作用已远远超越了汲取财政收入，单纯地以收入为目的的税收很少，越来越多的税种（如消费税、环境保护税、关税等）往往兼具多种功能。仅仅从财政收入的角度研究税法，一方面可能将某些税种排除在税法理论范围之外，另一方面对于多功能税种的研究可能有些片面。为了理论的完整性而选择性地放弃重要的税收实践事实，可能不利于理论的发展。

第二，大陆的经济法学者一般都重视税法的经济调控功能，将税法定位为宏观调控法。其逻辑并不是对税法功能同一平面的横向划分，而是从功能分层的路径将税法功能分为直接功能和间接最高功能。税法首先通过国家与国民、国民之间收入分配的财政功能，进一步实现宏观调控和增进社会福利与平等的功能，从而使得税法的直接财政功能与调控和促进经济和社会的良性运行和协调发展的间接最高功能有机协调、并行不悖。经济法视角的研究重视财政收入之外的税法功能，通过功能层次研究将财政功能和非财政功能统一于税法理论中，回应了税法多面向的实践，也进一步促进了税法理论的完整性研究。

税法功能的分层理论，以财政收入功能为基础，坚持了税收作为财政收入的本质立场。在财政收入功能之上，以经济调控功能作为对其他功能的概括，然而这一概括可能也不甚全面。经济调控功能着眼于宏观经济，对具体的微观层面的经济决策分析可能不够；在经济领域之外，税收也常常被作为社会问题的治理工具，如对奢侈消费行为、有害健康的行为、污染环境行为等的治理，

---

① 参见黄茂荣：《税法总论——法学方法与现代税法》，植根法律丛书编辑室 2005 年版，第512 页。

② Tipke, Steuerrechtsordnung Ｉ, 2 Ahfl. , 2000, S. 33. 转引自葛克昌：《行政程序与纳税人基本权》，翰芦图书出版有限公司 2012 年版，第217 页。

各国都有意识地发挥税法的功能。此外，有学者曾提出，征税应当有利于国民道德。[①] 正如马斯格雷夫所意识到的，从公共产品的角度阐释的配置职能并不全面，除了预算政策问题，还可以从管制性政策方面对财政予以研究。[②] 也就是说，税法除财政收入功能外，可以作为公共政策，既能进行宏观经济调控，也能进行微观市场问题治理，还能作为社会问题治理的工具。总之，税法具有公共经济和社会管理的功能，这是税法调控功能所不能完全覆盖的。

第三，税法功能的传统研究对税收本质的认识都立足于财政收入功能，即把税收视作强制性的、无偿的、固定的获得财政收入的手段。传统主流理论的这一认识似乎也不甚全面。该种税收理论关注的是过去以及过去得来的各种积累的分配；如果将税收的注意力从过去转向未来，那么税收就是警察权力（police power）最普遍和最特殊的运用，就是用以压制和压抑不利的事情，以促进有利的事情。[③] 也就是说，税收本质上也可以作为公共管理的工具，是国家为了实现公共目标而为的强制的、无偿的、固定的征收措施，不必然是为了获得财政收入。现实中以行政罚款来限制污染和通过征税来限制污染，本质上没有区别，都是国家公共管理权的运用，不能因为后者涉及金钱手段、使用了税的名称，就必然是财政收入意义上的税收。因此，税收的本质就是国家为了公共目标而实施的强制的、无偿的、固定的征收措施，该公共目标（主观上）可以是汲取财政收入，也可以单纯是进行公共管理，或者兼而有之。

面对传统理论对税法功能完整性的研究不足以及现代化经济体系建设中税法多面向功能的实践，本节尝试在整合有益成果的基础上，展开税法规制功能的研究。

（二）税法规制功能的内涵

税收的本质就是国家为了实现公共目标而实施的强制的、无偿的、固定的征收措施。公共目标存在二元结构：从税收汲取财政收入的目标看，税法具有财政保障功能；从税收作为公共管理工具的角度看，税法具有规制功能。理解税法的规制功能，需要认识税收在规制理论中的作用，继而对其概念进行清晰界定。

1. 规制理论中的税收

规制实践在西方国家由来已久，也有学者对政府规制进行了早期研究，然

---

① ［法］萨伊：《政治经济学概论》，赵康英等译，华夏出版社 2014 年版，第 444 页。

② ［美］理查德·A. 马斯格雷夫、佩吉·B. 马斯格雷夫：《财政理论与实践》，邓子基、邓力平译校，中国财政经济出版社 2003 年版，第 641－646 页。

③ ［美］康芒斯：《制度经济学（下）》，赵睿译，华夏出版社 2009 年版，第 868 页。

规制理论在 20 世纪中期才蓬勃发展起来。最先出现的是公共利益规制理论，到了 20 世纪 60 年代，该理论开始受到质疑，利益集团规制理论逐渐兴起。两种理论都假设规制双方均拥有完全信息，信息经济学的发展对此提出了挑战。激励性规制理论在信息不对称的条件下继续推进规制理论的发展。

在各种规制理论中，税收在某些情况下是作为重要的规制工具出现的。在公共规制理论中，外部性的市场失灵是政府进行规制的合理性基础。庇古最早认识到可以通过税收规制外部性问题。"如果各处的私人与社会净产量相一致，则未受到无知阻碍的利己主义的自由发挥，将……提升总经济福利至最大值。""边际社会和边际私人净产量价值之间出现一般性偏差的原因，是由于……资源的一个单位的产量的一部分是由某些物品所组成的，在第一阶段并不属于投资这一个单位资源的人，而是作为正的或负的项目在此阶段，则属于某些其他人。""政府……可能通过对于在此领域的投资予以'特别鼓励'或'特别限制'的方法以消除这种偏差……最为明显的形式，当然是补贴以及征税。"① 现代的环境保护税和对基础研究的税收减免即是以税收将这些活动的外部性内部化，以实现社会最优的活动水平。

在公共利益范式下的激励性规制理论中，针对信息不对称问题，有学者提出了 L－M 模型，即为了诱导规制企业真实地报告成本信息并有效率地生产，规制者授权企业把价格定在自己合意的水平上，自己保有经营利润，同时向规制者报告该价格下消费者剩余，规制机构按消费者剩余量补贴企业，即企业获取所有总剩余。这解决了规制企业的生产效率激励问题，但是分配显失公平。对此，可以拍卖垄断特许经营权，或者对企业征收一个一次性总给付税。② 实际上这相当于征收暴利税。

除了调控经济之外，对于处理非价值物品——防止和缓解在经济活动中产生的社会问题，③ 税收也可以发挥作用。正如萨伊所说的，征税应当遵循有利于国民道德的原则，也就是有利于普及对社会有用的和有益的习惯。④ 其中的缘由在于，通过对特定非价值交易征税，在供求曲线中打入一个楔子，减少该交易的所谓"福利"，该种税收所造成的"无谓损失"越大，规制越有效。⑤

① ［英］庇古：《福利经济学》，金镝译，华夏出版社 2017 年版，第 111、135、149 页。

② M. Loeb, W. A. Magat, "A Decentralized Method for Utility Regulation", 22 *Journal of Law & Economics* 399（1979），pp. 399 – 404.

③ ［日］植草益：《微观规制经济学》，朱绍文译，中国发展出版社 1992 年版，第 19 页。

④ ［法］萨伊：《政治经济学概论》，赵康英等译，华夏出版社 2014 年版，第 444 页以下。

⑤ 关于税收对市场的影响以及所产生的无谓损失，参见［美］曼昆：《经济学原理（微观经济学分册）》，梁小民、梁砾译，北京大学出版社 2012 年版，第 160 – 171 页。

反过来，在一定的税收水平之下，对于有益的活动予以税收优惠，也可以对特定行为产生激励作用。

综上，在规制理论中，税收可以作为直接的规制手段，对外部性或非价值性活动予以规制；也可以作为辅助手段，配合其他规制方式共同发挥作用。

2. 税法规制功能的概念解析

理解税法规制功能的概念，需要从税法和规制两个核心词着手。税法是调整税收关系的法律规范的总称，按照我国当前法律层级的划分，调整税收关系的规范包括税收宪法、狭义税收法律、税收行政法规、税收部门规章、地方性法规和规章。根据税收法定的要求，税收要素也应当法定，但考虑到现实变化与地方差异，法律常常授权行政部门或者地方立法机关对税收事宜进行调整。基于此，即使狭义法律之外的规范性文件不越权规定税收关系，各层次法法律法规都可能涉及税收要素的确定。因此，税法规制中的税法是指规定课税要素的各层级的规范性文件。

规制的内涵则略显复杂。诸多学者基于各自的理论建构对规制的理解并不一致。日本学者金泽良雄认为，（经济法中的）规制大致等同于国家干预，它是从国民整体经济的立场出发的，对经济生活所进行的权力性和非权力性的干预行为，包括消极的（权利限制）和积极的（促进保护）两方面。① 植草益认为，规制是依据一定的规则对构成特定社会的个人和构成特定经济的经济主体的活动进行限制的行为，并进一步概括了间接规制和直接规制两种类型。② 萨缪尔森也把政府规制限定在政府对厂商价格、销售、生产等控制上。③ 其他学者的观点与以上定义类似。

总之，从规制范围看，最广泛意义上的规制类似于国家干预，也有中观意义上的规制包括直接规制和间接规制，狭义的规制仅指针对自然垄断、外部不经济和社会非价值物品的干预。就规制目的而言，有维护市场竞争秩序基础的规制，也有追求非市场的社会价值的规制。至于规制的方法，有消极的限制禁止的规制，也有积极的鼓励促进的规制。学者们基于不同的立场和研究目标，在以上各方面各有取舍，形成了各具特色的规制理论。

税法的规制内容，既包括纠正市场失灵的规制，如外部性规制，也有市场外的价值性问题规制，如规制烟酒赌博等；既有消极的限制禁止的规制，如对

---

① 参见［日］金泽良雄：《经济法概论》，满达人译，甘肃人民出版社1985年版，第四章。

② ［日］植草益：《微观规制经济学》，朱绍文译，中国发展出版社1992年版，第1页，第18－21页。其中间接规制是处理不完全竞争和信息偏在的政策，以形成和维护竞争秩序的基础为目的；直接规制是针对自然垄断、外部不经济和社会非价值物品的政策，直接介入了经济主体的决策。

③ ［美］保罗·萨缪尔森，威廉·诺德豪斯：《经济学》，人民邮电出版社2013年版，第297页。

高档奢侈品加征消费税，也有积极的鼓励促进的规制，如对慈善捐款、生育子女（国外）的税收优惠。因此，税法的规制，是较广义、多元目的、多方式的规制。

综上，税法规制功能可以界定为：税法为了实现特定的目的，通过税收杠杆对积极的活动予以鼓励促进和对消极的活动予以限制禁止的功能。简单地说，就是税法在经济和社会方面所发挥的公共管理的职能。

（三）税法调控与税法规制的辨析

传统上，对于税法所具有的影响宏观经济运行的作用，我国学界归纳为税法的宏观调控职能。即在经济过热时期，通过税法吸收社会上过多的货币流通，缓解通胀压力；在经济萧条时期，通过减税而相对增加社会货币供给，刺激经济活动。累进税制在其中发挥了重要作用。基于税法便于调节国家与国民之间的收入进而维持宏观经济平稳运行的功能，学界认为税法是经济法中宏观调控法的主要组成部分，大量经济法、宏观调控法著作中都有专章论述税法（财税法）调控功能①。

税法调控是有其特定意义的，经济法语境下特指税法的宏观调控职能。"宏观调控"并非法学和经济法学原创，因此必须尊重其源头——经济学和"宏观经济政策"的既有分析框架，将"宏观"及其对各主体作用的间接性作为宏观调控的基本内涵，又要承认宏观调控实践及相关通俗认识的合理性。② 经济学中的宏观经济主要研究经济总量之间的关系，③ 经济法中的宏观调控法与宏观经济学有千丝万缕的关系，在经济法的理论框架下，微观市场失灵和宏观经济结构失衡是市场规制法与宏观调控法的产生根源。④ 既然宏观调控是政府为实现社会总需求与社会总供给之间的平衡而采取的手段，⑤ 那么作为宏观调控法的税法也就是对社会总需求与总供给进行经济调节和控制的法律。因此，税法宏观调控职能的本质在于调节对象的宏观性与总量性。

---

① 代表性的有张守文：《经济法原理》，北京大学出版社 2013 年版，第十三章"公平分配与税收调控"。漆多俊：《宏观调控法研究》，中国方正出版社 2002 年版，第七章"税法与宏观调控"主要从税收功能的历史转变视角论述了税收调控的正当性，并分析了税收（税法）调控的目标、各税种的调控机制。

② 参见史际春、肖竹：《论分权、法治的宏观调控》，载《中国法学》2006 年第 4 期。

③ 以总量分析的方法，考察社会的总供给、总需求、总价格、总就业量以及它们之间关系，以国民生产总值和国民收入的变动及其与就业、经济周期波动、通货膨胀、财政与金融、经济增长等等之间的关系作为研究对象。参见厉以宁：《宏观经济学的对象和方法》，载《教学与研究》1980 年第 1 卷。

④ 参见张守文：《经济法原理》，北京大学出版社 2013 年版，第 41 – 43 页。

⑤ 参见刘文华主编：《经济法》，中国人民大学出版社 2012 年版，第 250 页。

规制的内涵具有不同的层次。在主流经济法的宏观调控法与市场规制法的理论结构下，①市场规制法是与宏观调控相对，是维护、保障和规范微观市场运行的法律方式。如果从广义上讲，政府的规制包括八大领域，不仅包含了微观市场失灵的规制，也包括了宏观调控和超越市场的社会问题和价值问题规制。②因此，调控属于广义上的规制，这一点在经济法上已经有深入的阐释。③

至此，税法调控与税法规制的关系就容易辨析了。税法调控是对社会总需求与总供给进行经济调节和控制，其特征是宏观性和总量性。税法规制，是指税法通过税收杠杆对积极的活动予以鼓励促进和对消极的活动予以限制禁止，也就是税法在经济和社会方面所发挥的公共管理职能。税法规制的范围既包括宏观经济问题，也包括微观经济问题，还涉及非市场问题。税法调控则只针对宏观经济问题，很明显，前者的范围大于后者。虽然调整对象的范围和性质存在差异，但两者在调整方式上都是运用税收杠杆发挥作用。因此，两者的区别是明显的，联系也是紧密的。

至于为何不继续沿用税法调控的概念，而另辟蹊径研究税法规制，主要基于以下考量：第一，税法调控理论解释和运用的范围有限。现代税法广泛用于调整市场和非市场问题、宏观市场问题和微观市场问题，税收调控立足于宏观市场问题，忽略了其他领域的问题。纵使可以通过宏观调控机制的分析"下沉"到微观，也存在间接解释力折扣问题，更不用说那些非市场问题。第二，税法规制可以很好地对接当代蓬勃发展的规制理论，同时也可以与现有的理论逻辑自洽。现代法律调整不仅需要形式规范，更需要实质机理分析。运用税法进行经济和社会的公共管理，离不开规制理论的支持。因此，本节在已有学术成果的基础上，选择税法规制功能研究，以上因素也是本选题的重要意义之所在。

---

① 参见马克思主义理论研究和建设工程重点教材经济法组：《经济法学》，高等教育出版社2016年版，第一、二章。

② 这八大领域包括：（1）主要是以保证分配公平、经济增长和稳定为目的的政策——财政、税收、金融政策；（2）提供公共物（包括公共设施、公共服务）的政策——公共事业投资、社会公共服务的提供、福利政策等；（3）主要是处理不完全竞争的政策——反垄断法、商法、依据民法产生的规制企业活动的政策；（4）主要以处理自然垄断为目的的政策——公益事业等领域的进入、退出、价格、投资等规制政策；（5）处理非价值物品和外部不经济的政策——防止和缓解在经济活动中产生的社会问题的规制政策；（6）处理信息偏在的政策——保护消费者利益、信息公开、对广告和说明制约、知识产权赋予等；（7）与多样化的市场失灵相关的政策——产业政策（新生产业政策、产业结构调整、中小企业政策）、科学技术振兴政策；（8）其他政策——特别是劳动政策、土地、自然资源。参见〔日〕植草益：《微观规制经济学》，朱绍文译，中国发展出版社1992年版，第19页。

③ 如张守文教授把经济法的特征概括为现代性和规制性，也就是说宏观调控法也有明显的规制性。当然这主要是从目标和手段方面而言的，但是范围方面也同样可以做此类理解。参见张守文：《经济法总论》，中国人民大学出版社2009年版，第49－51页。

二、争议与回应：以税规制的正当性基础

税法作为公共政策用于公共经济和社会管理，已经不完全同于主流的税法认识。早期的税收主要是作为汲取财政收入的手段，后来发展出的公共财政理论把税收作为公共服务的对价；公共经济学的发展在一定程度上为宏观财税政策正名。税法的规制功能与税法调控功能有别，与财政收入功能差异更显著，因此，其正当性的基础也不相同。税法规制功能正当性的客观基础是税收性质的实践理性，主观基础则在于对税法和税收的理论认识。前者在历史的发展中得以铺陈，本节第三部分将对此进行叙述；对于后者，从经济学发展之初已有以税规制的观念萌芽，学界从权力的角度也进行了深入思考。实际上，不仅需要从税收功能传统和权力正当性的角度思考以税规制的正当性，而且由于法律服务于现实，也应该以实用主义的态度来看待税法规制的正当性。

（一）税收功能的经济学演变

以税规制的观念与人们对税收功能的认识紧密联系。从经济理论的发展历程可以发现，以税规制的思想从涓涓细流逐渐融汇成滔滔大势。

斯密认为税收是国防费、司法费、公共事业费和公共设施费以及维持君主尊严的费用等国家经费的来源，将税作为非生产性支出，政府应当发挥尽可能小的作用。① 李嘉图明显意识到了税收的两面性。一方面，如果税收来自人民的收入，则对增加生产不会有影响；另一方面，如果税收来源于人民的资本，势必损害维持劳动的基金，减少国家未来的生产。因此，政府的赋税政策应当鼓励人民增加生产。②

对税收的功能区分做出重要贡献的是李斯特。他将关税分为一般性和保护性两类。一般性关税应当适度，不要使进口和消费受到影响，否则，国内生产能力将受到削弱，从而无法实现增加税收的目的。保护性关税旨在促进和保护国内制造业的能力，保护性关税税率多少，不能由理论决定，而取决于与国外竞争者的相对状况。③ 虽然只是就关税功能做出的类型划分，但无疑深化了对赋税功能的认识。李斯特从民族主义立场出发，正确分析了德国和英国所处的不同经济发展阶段和所需要的不同经济理论与政策，从而将斯密、李嘉图所倡导的自由贸易原则转向了符合德国现实的保护原则。李斯特的理论深化了对政

---

① ［英］斯密：《国富论》，郭大力、王亚南译，商务印书馆 2015 年版，第五篇。
② ［英］李嘉图：《政治经济学以及赋税原理》，郭大力、王亚南译，商务印书馆 1972 年版，第 78－80 页。
③ ［德］李斯特：《政治经济学的国民体系》，邱伟立译，华夏出版社 2013 年版，第 225－233 页。

府职能的认识，侧面突出了赋税所具有的潜在规制职能。

萨伊认为，课税是一部分国民产品，经个人的手转到政府手上，用以支付公共费用或供公共消费。① 萨伊将赋税的影响拓展到经济之外的领域，特别提出征税应当遵循有利于国民道德的原则，也就是有利于普及对社会有用的和有益的习惯。对游乐场所应当征税而不是免税，博彩业也是如此。② 也就是说，税收除了财政收入的基本职能之外，可以发挥社会管理的作用。这一经典的阐述，在后来诸多运用税收规制特定产品的产销和消费的实践中得到体现。

瓦格涅对税收的功能拓展做出了突出的贡献。他认为，所谓租税，从财政意义上讲，就是公共团体为满足其财政上的需要，凭借其主权，作为对公共团体的事务性设施的一般报偿，依据一般原则和准则，以公共团体单方面所决定的方法及数额，强制性地征自个人的赋课物；再从社会政策的意义上说，所谓赋税，就是满足财政上的必要的同时，或不管财政上有无必要，以纠正国民收入的分配及国民财富的分配，借以矫正个人所得与个人财产的消费为目的所征收的赋课物。③ 瓦格涅是德国社会政策学派的代表人物，他从社会政策的角度开辟了税收功能的新认识，如果将其对分配以及消费的调节作用再扩展到社会其他诸如生产等方面，那么税收完全可以作为实现社会政策的普遍性手段。这也是研究税法规制功能的基础。

对财政功能的经典阐述当属马斯格雷夫。马斯格雷夫将财政功能概括为配置职能、分配职能和稳定职能。④ 马斯格雷夫已经注意到从公共产品角度阐释的配置职能并不全面，除了预算政策问题，还可以从管制性政策方面对财政予以研究，他也简要讨论了税收对产业、地区、就业、资本等的激励作用及其对经济发展的影响。⑤ 因此，这位财政大家对税收的规制性功能也有认识，只是基于理论体系而选择性放弃。

经济学者对于税收功能的认识随着时代的变迁而拓展。基于不同时代的国家职能定位，相应的税收功能也发生变化：最初的守夜国家时代，税收仅仅发挥组织财政收入的职能；到资本主义高速发展时期，国际竞争激烈、社会矛盾频发，税收也担负着保护国内经济发展、实施社会保障政策的职能；20 世纪

---

① ［法］萨伊：《政治经济学概论》，赵康英等译，华夏出版社 2014 年版，第 440 页。

② ［法］萨伊：《政治经济学概论》，赵康英等译，华夏出版社 2014 年版，第 444 页以下。

③ 童蒙正编：《瓦格涅财政学提要》，世界书馆 1931 年版，第 68～71 页。

④ ［美］理查德·A. 马斯格雷夫、佩吉·B. 马斯格雷夫：《财政理论与实践》，邓子基、邓力平译校，中国财政经济出版社 2003 年版，第一章。本书第一版写于 20 世纪 70 年代，但是相关论述最早见于 R. A. Musgrave, *The Theory of Public Finance*, McGraw Hill, 1959, Chapters 1 and 2。

⑤ ［美］理查德·A. 马斯格雷夫、佩吉·B. 马斯格雷夫：《财政理论与实践》，邓子基、邓力平译校，中国财政经济出版社 2003 年版，第 6 页，第 641－646 页。

以来，税收的财政作用、经济作用、社会作用已经理论化。经济学史的变迁清晰地反映了税收规制功能的萌芽与发展，以税规制在观念方面和机制方面具有充分的经济理论基础。

（二）权力视野下的税收规制

税收能够影响私人行为、经济发展，这是一个事实问题；但是政府是否应当、是否有权通过税法介入经济发展，则属于规范问题，这与价值和法律传统相关。美国历史上关于警察权与征税权、政府与市场关系的争论和流变细致地展现了税法规制功能可能引起的张力以及应当注意的问题。

塞利格曼认为税收权与警察权本质一致。他认为从财政的角度看，区分警察权与税收权是幻想，这将引起美国宪法上的难题，同时也使得某些判决缺乏经济分析。塞利格曼否定"警察权是规制的权力而税收权是组织财政收入的权力"的观点。他区分了税和征税权、税与费，如果税收以规制或者破坏为目的就不称之为税，那么以收费的名义进行规制而产生同样多的财政收入，是否就不是费了？问题不在于警察权和税收权的区别，而是费与税的区别；重点不是支付是否以规制为目的，而是看支付是为了特殊利益还是普遍利益。[1]

康芒斯认可从警察权的角度课税的合理性。[2] 他认为，警察权力是指挥个人行动趋向一个方向而不是另外一个方向的权力。警察权力或课税权力可以在合理的范围内决定有利于公众的方向，个人可以在这个有利于公众的方向谋取自己的投机性利润，相反则要承受税收负担。所有的税赋或多或少地都通过抑制一个方向来诱导在另一个方向上的扩张，单纯地获得财政收入不是它们唯一的目的。警察权力关注的是未来，课税权力关注的是过去以及过去得来的各种积累。课税实际上是一种通过按比例分配获得的利润来获得财政收入的过程。课税多少与支付能力成正比，与贡献能力成反比。[3] 康芒斯的贡献在于，他突出了税收对经济活动的影响，并从该角度对税收进行了重新定义，同时在课税原则中补充了贡献能力因素。这是传统经济学所忽视的。他充分论证了对有利于社会财富增加的活动的轻税基础，这一点与外部性理论密切相关。给予具有正外部性活动以税收优惠，实际上是进一步将社会收益内部化集中到私人，因而私人的积极性将提高。虽然实践中贡献能力在所有活动中都有一定程度的体现，这增加了各个利益集团以此为由争夺税收利益的可能性，但是这也无法否

---

① Edwin R. A. Seligman, *Essays in Taxation*, Macmillan, 1921, pp. 400 – 406.

② ［美］康芒斯：《制度经济学（下）》，赵睿译，华夏出版社 2009 年版，第 853 – 889 页。

③ 其中，贡献能力是与共同财富增加成正比例变化的能力，它直接贡献于私人财富和共同财富的增加；支付能力是与共同财富增加成反比例变化的能力，它所获得的财富不过是攫取了共同财富中的一部分。

认康芒斯的理论贡献。

对于税收能否用于规制，法学界也不例外地存在争议。学界的分歧并没有在立法部门初试以税规制立法后停滞，由此引起的现实利益博弈自然将问题导向司法部门。正如美国传统，所有的政治问题和利益问题，最后都会转化为法律问题。Cooley 法官①论述了税收权力与警察权力的区别，但并未反对政府通过税收实现财政收入以外的目的。有一些支付是在税法的规定下征收的，但是它们更应当被视为国家主权之下的其他权力而不是公共收入权力。因为这种征收不是以财政收入为目标，而是为了规制个人之间的权利、特权、职责，维持社会秩序、鼓励工业发展、缓解失业问题。这也就是所谓的警察权力。警察权和税收权所要求的金钱支付在本质上存在区别，各自的主要目的是不一样的。政府有权征税并采取适当的征收方式，也有权对相关事务予以规制，但是没有理由要求政府在行使一种权力时严格区分与其他权力的界限。"对于政府不能通过其他手段实现的目标，可以针对特定对象增加金钱支付的方式予以实现，这并不一定符合税的定义，但是这种征收不是为了财政收入而是有利于满足政府的需要，虽然有一定破坏性，但是仍是有用的。"②

D. A. Wells 也区分了税收权力与警察权力，但强烈反对政府通过税收权力实现财政收入以外的目的。③ 人们不仅有权要求良善的统治，更有权要求低成本的统治。政府如果想要干预贸易的运行、人们的偏好，鼓励、限制或禁止某些产业，这些职能完全不同于组织财政收入，因而也应当遵循不同的原则，这些属于警察权而不是税收权。政府在必要的财政收入之外征税，让人们承担不必要的公共负担，就是不公正的，就是专制。税收不能用来实现财政收入之外的目的，这是对财产的严重侵害。如果一个产业需要扶持，那就直接补助，不能为了扶持它而动用征税的主权权力追求私人利益。警察权是为了公共秩序而在内部进行规制的权力，人们可能犯错，但不能用税收权力来规制，以税收权力来实现公共秩序的目标是不必要、不合适、也是不合法的。④ 对有害活动征税而不是禁止，相当于认可该活动的合法性，同时也意味着政府合伙参与了有

---

① M. I. Cooley, *A Treatise on the Law of Taxation*, *Including the Law of Local Assessments*, Callaghan, 1903, Chapter XIX. (pp. 1125 – 1152). 本书首次出版于 1876 年，1886 年出版第二版，之后作者着手修订，却在 1898 年去世，1903 年第三版终于出版。Cooley 法官在自己上千页的税法著作当中对于那些有关追求组织财政收入之外的目的的税收的性质及其合宪性的案件予以详细地评述。

② M. I. Cooley, *A Treatise on the Law of Taxation*, *Including the Law of Local Assessments*, Callaghan, 1903, p. 75.

③ David Ames Wells, *The Theory and Practice of Taxation*, D. Appleton, 1900, pp. 247 – 268.

④ David Ames Wells, *The Theory and Practice of Taxation*, D. Appleton, 1900, pp. 251, 253, 254.

害活动。如果活动绝对有害，应当直接禁止。① 如果是为了财政收入，这样征税实际上是抑制了该活动而减少了财政收入。实际上这造成了两难：既不能禁止，也没有实现收入目的。通过征税进行规制不是基于平等原则而是基于人们应该如何衣食住行等任意的观念，这不符合自由政府的理念。②

当代美国税法名家 Avi-yonah 将税收功能概括为收入、再分配和规制，明确提出税收的规制属性，这明显区别于经济学或财政学所概括的资源配置属性，具有鲜明的法律色彩。③ 税收具有规制因素，即是税收可以用来激励私人部门按照政府的意图进行活动。Avi-yonah 是在所得税的背景下讨论税收规制功能的，他认为，公司所得税出现之初就是以规制公司为目的的，用以监督公司防止其滥用势力。20 世纪 60 年代之后美国税法典中加入了诸多条款来引导个人和公司的投资与支出决策。规制功能与收入和再分配功能存在一定冲突，税式支出主要有利于富人，同时规制条款也使税法复杂化。（Avi-yonah 把规制条款等同于税式支出条款。）实际上，并不存在先验的理由支持税式支出为什么比直接补贴的效果更好或更差。有时税收规制比直接规制更有效。（如禁止与征税，对于饮酒而言后者明显好。）总之，规制是对可欲的活动予以减免抵扣的奖励，对不需要的活动予以加税抑制。目前大部分税法条款是用以满足这个目标的。Avi-yonah 甚至建议，让每一种税只实现一种目标，如此可以大大简化税制。④

（三）以实用主义看待税法功能

经济学与税法学虽学科归属不同，但在市场与政府、自由与干预的关系上却有相当程度的内在共通性。肇始于斯密的经济学分析奠定了税收的财政收入功能的传统理念，这与斯密时代面临的社会问题是分不开的。在资本主义初期的英国，工业革命尚未完成，政府往往是束缚而不是促进经济发展。因此，这一时期的经典著作多认为，税收是用来支付政府运作的非生产性财富开支，政府职能越少越好，税收越不干预生产越好。斯密提出了公平、确定、普遍、便

---

① 一百多年前的论述在当前不少文献中仍在重复：如果忘记学科历史，则很容易在低水准重复兜圈子。有学者指出，一个学科的大家，必须是本学科的历史学家，也是本学科的哲学家。（［美］道格拉斯·C. 诺思：《经济史中的结构与变迁》，陈郁、罗华平等译，上海三联书店 1994 年版，译者的话。）深以为然，而且不仅大家名家应该如此，就是一般的学者也应该秉持这一追求。

② David Ames Wells, *The Theory and Practice of Taxation*, D. Appleton, 1900, pp. 255 – 256.

③ R. S. Avi-yonah, *The Three Goals of Taxation*, 60 *Tax Law Review* 1 (2006), pp. 1 – 28.

④ R. S. Avi-yonah, Y. Biondi, et al, "Taxation as Regulation: Carbon Tax, Health Care Tax, Bank Tax and Other Regulatory Taxes", 1 *Accounting Economics & Law A Convivium* xii (2011), pp. xii – xiii.

利四大税收原则，本质上是为了限制政府的恣意，而不是实现所谓的公平分配。① 现实的发展突破了对税收的经典定位，庇古认识到私人边际净收益和社会边际净收益之差额限制了社会财富的发展，因此创造性地提出以税规制经济活动的外部性。瓦格纳时代的社会分配问题凸显，财政税收不能囿于教条而对现实无动于衷；康芒斯时代被社会生产的协调问题笼罩，以税引导产业生产成为必要；20世纪二三十年代的经济危机彻底攻破了经济自由主义的堡垒，以凯恩斯主义为理论基础的税收规制大行其道。

自由、平等的理念是法律的灵魂。霍布斯、洛克的政治哲学的自由主张与配第、斯密的经济哲学思想相得益彰，浸染于此等背景的法律思想与法律实践必然打上时代烙印。美国宪法的缔造者们深谙此道，将联邦税收目的、税负分担方式、税收权力严格限定：税收只能用于偿还国债、筹划国防及全民福利，税收应当按照各州人数分配，② 其中税收以财政收入为目的、平等负税原则一目了然。政府的警察权（规制权）与征税权泾渭分明。但现实却是税收发挥着规制功能，以税规制也许是不得已，因为直接禁止某些产品贸易可能违宪；另外，对于那些认为不道德、不公平的活动，不是通过几个州分别实施警察权，而是由联邦统一行使税收权进行抑制，因为这可能更有效率。然而反对者的出发点仍是防范政府侵犯财产权利和个人自由，这种观念也根植于美国传统。人们总是以过去的社会秩序的图画来解释目前的制度③、设定新时代的规则，以已知道理来应付未知的新事物，这常常会碰壁。当碰壁积累渐多，突破原则的例外越多，一种新的范式就要出现，也就是库恩所说的反常—危机—革命的范式转换过程。④

总之，税法的功能认识是应时而变的。社会新问题不断涌现，人们有意识地使用税收工具规制社会问题；只要税收能够有效解决问题，只要税收方式相对于其他手段更有效率，就不应该局限于传统税收功能认识而对以税规制的制度畏葸不前。当前，我国正面临建设现代化经济体系的重任，实现"更高质量、更有效率、更加公平、更可持续的发展"，更需要税法在财政功能之外发

---

① Henk Vording, "The Concept of Instrumentalism in Tax Law", 18 *Gepubliceerd in Coventry Law Journal* (2013), pp. 41 – 60.

② 参见美国《宪法》第1条第8款。

③ 参见［美］庞德：《通过法律的社会控制》，沈宗灵译，商务印书馆1984年版，第62 – 65页。

④ ［美］托马斯·库恩：《科学革命的结构》，金吾伦、胡新和译，北京大学出版社2012年版，第66 – 95页。至于税收功能的立法界定，有些国家已经发生了范式转变。1913年，美国《宪法》第十六修正案改变了第1条第8款规定，移除了税收只能用于财政目的、平等分配的限制。无独有偶，德国对税收的基本态度也发生了转变，《德国税收基本法》对税收的定义加入"收入得为附属目的"的表述。

挥规制功能。基于这种实用主义态度而不是"收入功能教条主义"，就应当正确对待以上经济学界和法学界对税收规制功能新范式的认识。此外，各国立法和司法实践也从侧面证明了以税规制的历史正当性，其中更蕴含了以税规制的深刻经验。下文对此将详细论述。

三、经验与教训：税法史中的规制实践

一切历史都是当代史。历史变迁过程中出现的制度是当下税法制度剪不断的渊源；税法发展的历史所记录的以税规制的成败得失，也可以为当下发挥税法的规制功能提供有益启示。溯源税法史中的规制实践对于研究税法规制的历史实践正当性，发掘其中承载的经验和教训，有着重要意义。

（一）美国法的经验：典型判例中的理念变迁

税收的规制功能在美国早已实践。19 世纪以来美国资本主义发展的过程绘就了波澜壮阔的规制性税收的历史画卷，从联邦政府宪法权力的视角展现了税收用以规制的正当性及其边界。有学者对该过程有精炼的概括：第一阶段，从开端到进步运动时期，国会尝试性地扩张这种公共政策，当联邦最高法院维持了该政策的合宪性之后，税收很快成为国会应对其他社会问题的常用措施。第二阶段，从"一战"到联邦最高法院内部革命前夕，大部分法官主张宪法第十修正案的限权作用。同时基于 1937 年联邦最高法院对商业规制权力做出的扩张解释，国会迅速通过商业权力扩大了联邦警察权，而规制性税收的使用则减少。最后，自由主义者主导的沃伦法院强调个人权利的保护，规制性税收的主要适用领域受到限制。[①] 下文将通过美国联邦最高法院针对税收立法的典型判例，梳理美国税法规制的理念变迁。

1. 银行纸币税收案

美国内战期间，国会引入了国家银行钞票（货币），但是当时许多其他银行发行的货币也在流通，货币市场混乱。1866 年国会通过法案，要求对全国银行和州立银行发行的流通纸币按照面额的 10% 征税。Veazie Bank 是缅因州特许设立的能够发行流通货币的银行，因缴税问题提起了诉讼。联邦最高法院把问题归纳为三点：

第一，该案中税收是否是直接税。法院判决书指出本案所争议的立法不过是之前对银行票据征税立法的延续，只是征税的幅度高于以前立法。宪法条文的目的就是赋予新的联邦可以通过对人和财产征税，摆脱过度依赖州收入的窘境。宪法所使用的是最概括性的语词，以至于仅把对出口征税排除在外。而针

---

① 具体参见 B. R. A. Lee, *A History of Regulatory Taxation*, University Press of Kentucky, 1973, pp. x - xi.

对宪法上税收依据人口比例征收、普遍征收的要求，法院认为"这仅仅是对征税权形式的指引，而不是严格限制。至于条文个别概念的界定，由于宪法的目的就是要授予征税的完全权力，对于概念的严格界定就不重要了"。法院继续分析了直接税的概念，并回到那些与政府有密切联系的权威人士和文件那里以探索直接税的历史含义。法官基本一致认为，"直接税是人口税、土地税，以及对个别州个人财产（主要指奴隶）征税。本案中对流通的纸币征税，因而它不是直接税"。①

第二，该税是否损害州的特许权。法院认为，某些州所保留的权利确实不应被联邦征税。本案中，征税的对象不是银行的特许权，而是基于特许权（发行银行纸币的权力）而创设的合同或财产。如果可以对一个享有特许权的铁路公司所发行的运输单、票据征税，为什么不可以对银行发行的纸币征税？②

第三，本案的税收如此之重，以至于会毁灭银行的特许权，这是否超越了国会的权力。法院认为，司法部门不能规定立法部门合法权力的界限。如果税收过重，立法责任不在于法院，而在于人民自己，正是人民选举了立法机构的成员。因此，不能因为税收过重就宣称违宪。此外，宪法把提供货币流通的权力授予了国会，为了建立全国统一的货币体系，国会可以限制那些不是它授权发行的票据的流通。如果没有这种权力，建立合理与统一的货币体系的目标就会落空。③

2. 童工税收案

1919年通过的童工税法规定，采矿和采石场雇佣的职工不得低于一定的年龄，工作时间也不得长于法律规定。如有违反，不管雇用了多少童工，雇主都应该按照当年净所得的10%征税。但是如果不知道童工的年龄而过失雇用，则可以不支付；如果是故意，则需要纳税。④

联邦最高法院认为，本法的禁止性和规制性效果和目的是如此明显，法院对此不能视而不见。法院应该审查本法是否涉及国会超越宪法的授权侵犯州的权利范围，尽管应该避免对国会立法追求良善目的进行干预。但是通过违宪的立法追求善，是非常危险的，因为它突破了神圣的宪法契约，害及公认的准则。正是因为在地方自治权和联邦权力的平衡之中，美国才坚持到现在，蓬勃

---

① Veazie Bank v. Fenno, 75 U. S. 533 (8). pp. 39 – 41, 46.
② Veazie Bank v. Fenno, 75 U. S. 533 (8). p. 547.
③ Veazie Bank v. Fenno, 75 U. S. 533 (8). p. 548.
④ The Child Labor Act, February 24, 1919.

发展。① 而本税就可能毁灭这一目标。如果赋予本税合法性，那么以后国会就可以对任何关于公共利益的事务进行规制，而后者可能是州所保留的权利范围。称此措施为税，将摧毁宪法对国会权力的限制，毁灭州的主权。

国会享有的规制商业的权力和征税的权力都是完整的、不受限制的。但是如果国会威胁制止常见和必要的商品的州际流通，否认州的权力，以迫使人们遵守国会对州属事务的规制，那么法院便认为这不是规制州际贸易，而是干涉州内事务，因而无效。本案中所谓的税收就是迫使州内的人们按照国会的意愿从事完全属于州管辖的事务。② 法院认为，本案中征税不区分雇佣童工的人数以及违法程度，而且区分过失和故意，明显就是以高税实现规制目的，而规制雇佣属于州权管辖范围。因此，联邦最高法院判决，该法因违宪而无效。

3. 枪支税收案

1934 年的《全国枪支法案》要求枪支经销商、生产商、进口商进行登记，并每年缴纳 200 美元、500 美元不等的税收。③ 在 1937 年的一起枪支案件中，斯通大法官阐述了法院的意见：根据宪法行使征税权力，国会可以选择征税的对象，对某些对象征收，而对另一些不征。该案上诉人认为，目前的征收并不是真正意义上的税收，仅仅是施加的一种惩罚，以实现抑制某些有害的枪支交易的目的，而这属于州保留权力范围内的规制事务，并没有授权给国会。法院认为，本法的条款，除了注册登记条款外，并不包括其他任何规制的规定，本法的条款明显是为了帮助实现税收收入。表面上看，这就是一种征税措施。每一种税或多或少都有规制性，相对于没有课税的对象，对某种对象征税就是施加了经济障碍。但是任何一种税，并不会因为其规制效果而减损其税收的本质。审查国会行使宪法权力时的动机，已经超越了法院的能力。法院不会通过附带审查税收规制效果的程度判断国会试图通过税收来实施宪法所禁止的权力。④

但是在另一起发生于 1968 年的枪支案中，联邦最高法院则对要求非法持枪进行登记并征税的主张给予了否定意见。《全国枪支法案》要求对持有某些类型的枪支进行登记，犯有重罪的 Haynes 被指控违反法案所要求的枪支登记义务。Haynes 认为自己作为一个罪犯，是禁止持枪的，如果要求自己登记持枪，就是向政府坦白自己的违法行为，违反了禁止自证其罪的宪法要求。⑤ 法

---

① Bailey v. Drexel Furniture Co. 259 U. S. 20 (1922). p. 450.
② Bailey v. Drexel Furniture Co. 259 U. S. 20 (1922). p. 451.
③ National Firearms Act of 1934, Section 2, 3, 4.
④ Sonzinsky v. United States, 300 U. S. 506 (1937). pp. 5011 –514.
⑤ Haynes v. United States, 390 U. S. 85 (1968). p. 95.

院否定了被上诉人所主张的认为登记义务是行使税收权力的结果、是为了保证财政部能够收集所有可税枪支的信息的观点。法院认为，履行登记义务会迫使上诉人提供信息证明自己犯罪；禁止自证其罪的宪法权利主张完全可以抗辩对于违反法案中规定的枪支登记义务的指控。①

4．小结

美国关于税法规制功能的纷争主要是围绕国会权力范围以及公民基本权利保护展开，最终都是以联邦最高法院司法判决的方式了结。银行货币税收案的背景是：内战前后，美国各州经济上各自为政，内战加剧了金融的混乱；加之有 10 年前的 Scott v. Sandford 案激化南北矛盾引发内战且使最高法院声誉扫地的前车之鉴，联邦最高法院认定了联邦立法的合宪性，因为通过税收规制混乱的货币市场是建立全国统一金融体系的必要手段，而后者属于宪法赋予国会的权力。童工税收案处于进步时代后期，联邦的权力愈发膨胀，国会立法对故意雇用童工的企业跨州流通征税。法院罕见地明确指出该税的目的就是规制，但是法院否定该税的合宪性并不是因为税收不是以收入为目的，而是因为规制童工的目的超越了联邦的权力范围。这两个案件一正一反，表明了美国以税规制的合法界限：税收可以用于收入之外的规制目的，只要该规制的目标属于公共利益且处于联邦的宪法权力范围内。

两个枪支案件进一步完善税法规制理论。1937 年枪支案提出了类似于童工案的主张，声称联邦以税收规制生产和流通超越了联邦的宪法权力。案件发生在罗斯福新政中期，经历了"宪法革命"的联邦最高法院支持了国会立法。法院认为任何一种税都不会因为其规制效果而减损其税收的本质，况且法院没有权力审查国会行使宪法所赋予的权力时的动机。其实这与童工案中的法院意见相左的：童工案就是通过确定该税收的规定目的违反了联邦的宪法权力而认定为违宪的。法院的难言之隐可能是政治思潮的转向和社会的期待。1968 年枪支案法院以禁止自证其罪的宪法权利否认了某些涉税条款的合法性，明确传达了这一理念：国会的征税权无可置疑，但是为了实现征税而设置的辅助措施不得侵犯公民的基本权利。

因此，美国税法规制理论的基本逻辑是：为追求公共利益，联邦可以通过税收立法实现规制目的，但是受到联邦权力范围和公民基本权利保护的制约。对于规制性税收的负担轻重，不属于司法审查的范围而应该通过政治过程

---

① Haynes v. United States, 390 U. S. 85 (1968). pp. 97, 99, 100. 需要说明的是，法院并没有直接判定枪支案中的登记义务条款违宪，只是明确了根据禁止自证其罪原则，非法持有枪支的人未进行登记不能视为违法。实际上是限缩了需要登记纳税的持枪人的范围。此后，国会修改《全国枪支法案》，只有合法持有枪支的人才需要登记。

解决。

（二）中国法的实践：以烟草税和固定资产投资调节税为例

近代以来，中国运用税法规制社会经济问题整体上后发于西方国家。经济发展相对落后时，税收之于国家主要是用于汲取财政收入，国家治理也倾向于使用刚性、快速的行政手段；在经济发展到一定阶段后，制度设施建设基本能够承担多元功能时，国家对社会问题的规制手段也会有多元选择。在中华人民共和国 70 多年的税制历史中，有些税收的功能从财政收入扩展到规制，有些税收一开始就以规制为目的。前者以烟叶税为代表，后者以固定资产投资调节税为代表。两种税的变迁史，也折射了中国以税规制的经验和教训。

1. 烟草税[①]：从收入到规制

中华人民共和国成立后，陆续对烟叶征收农业税和工商统一税、产品税、农业特产农业税。废止农业税后，2006 年开征烟叶税，2017 年施行新的烟叶税法。对烟叶征税的税率持续下降：1958 年的工商统一税对烟叶的征收税率为 40%～69%，卷烟多数是 60% 以上；1966 年工商税率统一降低为 40%；1984 年将农林特产税中烟叶的税率调整为 38%；1994 年进一步调整为 31%，1998 年将农业特产中烟叶的税率降至 20%；[②] 2006 年的烟叶税条例和 2017 年的烟叶税法维持 20% 的税率。

烟叶税的税率调整更多的是考虑财政收入和烟草产业发展。1994 年依据《国务院关于农业特产征收农业税的规定》开征农业特产税，第一条明确该税的目的仍是财政收入和行业收入公平；同时，"为了减轻地方政府对高税率产品的过分扶持，将税率降低到 31%"，仍然注重产业发展的协调性；1998 年再降税率是因为"烟叶收购价格上涨过快，烟叶生产出现失控势头"。[③] 因此，烟叶税演变不是主要为了规制吸烟问题。

烟草消费税则是另外一种情形。在 1994 年税制改革中，在普遍征收增值税的基础上，对特定商品再征一道消费税，烟制品包含于其中。此后烟草消费税的税率经过三次调整，烟草消费税税负整体上呈加重趋势（见表 1-1），这也与该税立法抑制特定消费行为的目标一致。

---

① 在我国税收体系中，烟草行业几乎涉及目前所有税种。烟草税中除烟叶税和消费税对烟草制品的生产和消费能够产生直接影响外，其他税种的针对性不强，影响相对间接。本节烟草税也是指以上两种税收。

② 参见陈文东：《中国烟草的税收历史沿革》，载胡德伟主编：《中国烟草税收——历史沿革、现状及改革》，中国税务出版社 2009 年版，第 5-10 页。

③ 参见费茂清、石坚：《烟叶税探析》，载《税务研究》2017 年第 9 期。

表1-1 烟草消费税征税情况

征税环节	税目	1993 年	2008 年	2009 年	2015 年
生产环节	甲类卷烟	45%	45% 加 0.003 元/支	调拨价格在 70 元以上(含70元)的卷烟,56%;加 0.003 元/支	—
	乙类卷烟	40%	30% 加 0.003 元/支	70 元以下的卷烟,36%;加 0.003 元/支	—
	雪茄烟	40%	25%	36%	—
	烟丝	30%	30%	30%	—
卷烟批发环节	—	—	—	加征一道从价税:5%	11%, 0.005 元/支

我国针对烟草的特种税并不完全能够发挥规制吸烟问题的作用,其立法目的并不是抑制烟草产业发展,政策调整过程降税率更与抑制烟草生产的逻辑相反。原因在于,烟叶税属地方收入,在生产环节向烟叶收购单位征收,虽我国烟叶税收入所占比重很小,但地区分布很不均匀,[1] 对应的地方政府有动力鼓励甚至强制烟叶种植。基于此,避免一步到位造成某些地方财政收入骤降,可行的政策选择是逐步降低烟叶税税率,直至最后取消。[2]

相反,烟草消费税税率逐步提高。"一升一降""一轻一重"似乎存在各税种法的立法理念冲突的现象。[3] 但其中现实原因也是明显的。提高卷烟的税率和价格是控烟最重要的标尺,[4] 消费税收入归中央,不会激励地方政府鼓励烟草种植;同时也可以实现提高烟价、抑制吸烟的功能。道理如此,但是提税与烟草提价之间还受一系列因素影响。2009 年烟草消费税提高后,烟草专卖局已将上调的烟草消费税转嫁到烟草公司的一部分利润上,因此税改并没有影响烟草制品的零售价格。[5] 而且,如果购烟的成本不是吸烟者自己承担,而是

---

① 有统计表明,2016 年该税收入约 130 亿元,主要分布在云南、贵州、四川、湖南、河南、福建等省区市,而这些省份又集中在个别乡镇。参见费茂清、石坚:《烟叶税探析》,载《税务研究》2017 年第 9 期。

② 参见陈文东:《中国烟草的税收历史沿革》,载胡德伟主编:《中国烟草税收——历史沿革、现状及改革》,中国税务出版社 2009 年版,第 12-14 页。

③ 参见熊伟:《体系化视角下税法总则的结构安排与法际协调》,载《交大法学》2023 年第 3 期。

④ 参见毛正中、胡德伟:《控烟不能进三步退两步》,载石坚、胡德伟主编《提高烟叶消费税政策研究》,中国税务出版社 2013 年版,第 54-57 页。

⑤ 参见尹唯佳、王燕、高尧:《烟草价税联动对实现控烟目标的影响研究》,载《财政研究》2012 年第 9 期;龚文武:《征烟叶税不影响烟价》,载《中国财经报》2006 年 5 月 16 日,第 7 版。

通过公款消费、请客送礼的方式转嫁，① 规制目标同样会落空。

2. 固定资产投资方向调节税

固定资产投资方向调节税是专门为了调节固定资产投资规模和方向所开征的税种。

1982 年我国出现了改革开放后的第一次大规模投资，于是 1983 年开征了建筑税，税率只有 10% 一档，对各种类型的建设项目区分度不大，因而建设投资规制的方向或目的并不明显，可以推断该税的开征隐藏着财政收入目的。1985 年固定资产投资再度膨胀，建筑税于 1987 年修订，根据计划内、外有别，鼓励、限制有别的原则设置了三档差别税率。1988 年的投资膨胀再次反映了建筑税的不合理处；1991 年以新的固定资产投资方向调节税取代建筑税，将征税对象从自筹投资扩展到所有投资，进一步根据产业政策完善差别税率。② 亚洲金融危机发生后，为了鼓励社会投资、拉动经济增长，减轻金融危机的不利影响，国务院决定自 2000 年 1 月 1 日起暂停征收固定资产投资方向调节税，③ 2012 年废止该税。

固定资产投资方向调节税被暂停征收乃至最后废止，根源在于该税长期存续与立法目的存在根本的冲突。该税开征的目的是抑制投资过快增长与控制投资规模，引导投资方向与优化投资结构。投资规模的调节需要逆周期措施，该税只能在投资过热时发挥作用，而对于投资不足的问题则无济于事，而且会进一步抑制投资。所以，随着社会经济运行周期性波动，该税的弊端越来越明显。投资不足时，暂停征收乃是意料之中。因此，以该税作为长期规制固定资产投资问题的手段，注定会失败。在社会需求不足时，呼吁停征或取消该税的意见比较多，④ 而在经济发展过热时，又有人旧事重提恢复该税。⑤

固定资产投资方向调节税存在的另一个重要问题是中央与地方激励不相

---

① 参见南征吉：《以税控烟在中国为何不给力》，载《健康时报》2013 年 9 月 16 日，第 1 版。

② 参见赵新先、郭再：《对固定资产投资方向调节税的几点认识》，载《大庆社会科学》1992 年增刊。

③ 参见《取消投资税有利于规范税制、鼓励投资———财政部税政司有关负责人解读废止〈中华人民共和国固定资产投资方向调节税暂行条例〉》，中央人民政府门户网站：http://www.gov.cn/gzdt/2012 – 11/20/content_2270902.htm，最后访问时间：2018 年 1 月 31 日。

④ 参见吴盖：《停征固定资产投资方向调节税的原因分析》，载《经济研究参考》2000 年 15 期；郑卫、韩乃华：《停征固定资产投资方向调节税之我见》，载《福建税务》1999 年 04 期；谢清法、陈春宜：《建议暂停征收固定资产投资方向调节税》，载《财政研究》1998 年第 10 期；沈东革：《固定资产投资方向调节税问题研究》，载《广西财政高等专科学校学报》1999 年第 6 期。

⑤ 参见王婷：《住房和城乡建设部官员建议：恢复征收固定资产投资方向调节税》，载《中国证券报》2008 年 4 月 18 日，第 A06 版；李军杰：《应对"双过剩"需左右开弓———可以考虑提高存款准备金率和开征固定资产投资方向调节税》，载《21 世纪经济报道》2006 年 6 月 16 日，第 3 版。

容。中央政府希望通过该税抑制全国性的过热投资、引导投资方向。但调节税需要向所有建设建筑征收，地方需要搞建设，抑制投资的宏观调控不符合地方的预期，地方没有动力执行。① 地方政府基于当地经济增长和政绩的考虑，有巨大动力鼓励和促进当地投资，而且税收由地方政府征收，它可以通过减收、免收或者即征即退等方式规避调节税。因此，曾有人建议将固定资产投资方向调节税划为中央税。②

3. 小结

中国以烟草税规制吸烟，有得有失。烟叶税立法未曾以规制吸烟为目的，该税收入归属于地方的规则反向激励地方政府鼓励烟草业发展，虽然客观上通过生产、批发、零售的传递而加重吸烟成本，但是就规制吸烟来说整体上是失败的。烟草消费税以规制吸烟为目标，不断提高的税率趋势，也持续向烟草消费加压，整体上有助于吸烟问题的规制。但其中的问题是，税收杠杆与烟草价格联动机制存在龃龉，烟草消费的成本可能通过公款、送礼而转嫁给吸烟者之外的人。

固定资产投资方向调节税产生于投资过热之际，对于一时的问题可以发挥积极作用，但是基于其内在的调节机制而难以发挥长期规制的作用。其中存在的中央与地方激励不相容的问题，进一步加剧了该税目标的落空。

（三）以税规制的启示

发挥税法的规制功能，建设现代化经济体系，可以从历史实践中寻找有益启示。阳光下无新事，现实中的事物往往可以在过去的经验中找到某种程度类似的案例。对待一种观点和理论，首先需要回归历史资料，寻求过去的经验与教训，同时结合当前事物的性质与特征，采取合理的态度与应对方法。以史为鉴，可以明得失。从美国和中国的税法规制历史可以得到以下重要启示：

需要理性和全面地认识税法的功能。税法可以追求收入之外的规制目的。国家享有征税的权力，也负有管理社会公共事务的职责，可以通过征税实现公共管理。传统的"税法应该以收入为目的并且税负应该公平分配"的观念在历史经验和理论逻辑面前应该偃旗息鼓了，"不以收入为目的的税本质上不是税"的论调显得苍白无力。税收客观上具有规制的效果，主观上也可以设计用来规制社会经济问题。那些认为税法研究的经济法路径使得理论发展陷入困境的观点是没有道理的，主张将税法完全摆脱经济法体系而固守财产法的堡垒是脱离现实的。

---

① 参见黄茂翠：《对固定资产投资方向调节税若干问题的思考》，载《福建税务》1996 年第 1 期；沈东革：《固定资产投资方向调节税问题研究》，载《广西财政高等专科学校学报》1999 年第 6 期。

② 参见朱达成、刘海涛：《对征收固定资产投资方向调节税的两点建议》，载《财会研究》1996 年第 12 期。

应当以宽容和理性的态度正确对待税法的规制功能和以税规制理论。

以税规制应当遵循基本的原则——以公共利益为导向，不得侵犯公民的基本权利。政府可以通过征税实现规制的目的，但规制需要有足够的公共利益基础。美国以税收规制来建立统一的货币体系、限制枪支，都是公共利益之所在。公民的基本权利包括政治权利、人身权利、财产权利等，基本权利保障并不反对过重的规制性税收对公民财产权利的限制，没有一个国家的宪法限制了税率的设计幅度——这不是一个法律问题而是政治过程问题。国家所享有的权力包括征税权、公共管理权等，并不能抽象地给各种权力/权利的重要性排序，需要结合具体的背景判断权利的优位次序。因此，规制性税法不可以在具体的情境下不合理地限制公民基本权利。

税法规制应当结合规制对象的性质与特征设计合理的税法制度。规制性税法需要立足于税收的内在特征，加强规制主体、规制对象的激励机制设计。法律的重要特征是稳定性，面对长期性的社会问题，如环境保护、吸烟抑制、创新促进，应当通过狭义的税法来规制；对于周期性的问题如建设投资、对外贸易顺逆差等，则难以一以贯之地发挥规制作用，需要行政法规、部门规章层级的广义的税法灵活规制。此外，规制主体是多层结构的，需要设计能够产生多元规制者之间的同向激励的机制，否则规制主体内部的目标和行为南辕北辙会导致规制目标落空。最后，税收规制应该保证税收的经济杠杆能够有效传导至规制的对象，而且规制对象应该对特定行为或产品具有较强需求弹性。这需要谨慎选择与税收工具相适应的规制对象，同时完善价格传导机制体制。

四、结语

税法规制功能的提出是对税法功能的再认识，这一研究在建设现代化经济体系的背景下具有突出的理论价值和实践意义。将非财政收入功能排除在税法的研究之外，虽能聚焦于税法的财政收入功能，以取得局部领域理论的自给，但以理论的统一性割裂了现实的完整性，自然不可取。主流观点认为税收具有资源配置、再分配和稳定经济的三大功能。规制功能与经济稳定功能具有密切联系，但是后者源于财政学的概念范畴，尚未转化为法学语言，未能与法学理论融汇。经济法一般将税法置于宏观调控法的位置，对税法的宏观经济影响有着深刻的认识，然而没有体现出对税法微观规制功能的关怀，超越经济之外的社会问题更难以归于宏观调控的话语体系。税法规制功能在以上成果的基础上，促进了对税法功能的全面和深化认识。税法规制理论以法学语言替代经济学概念，将税法作用的宏观经济领域与微观经济领域、经济领域与社会领域结合，具有重要的理论和实践意义。

税法规制理论也面临巨大挑战。一方面，来源于法学内部的挑战。税法的财政收入功能研究源远流长，当前税法理论体系主要立足于该功能而建立，如税收法定、量能课税、税收公平、纳税人权利保护、税收之债无不是服务于规范政府的税收收入行为、保护纳税人权利。而税法的规制功能难容于以收入功能为主干的理论体系，如以规制进出口贸易为目标的反倾销税（关税）难容于严格的税收法定原则，量能原则或受益原则对促进创新、抑制环境污染的税收条款和税种的解释、指引也束手无策。另一方面，规制理论的发展方兴未艾，税收规制的分支研究仍任重道远。因此，应该立足于税收规制的实践，借鉴已有的税法理论和规制理论，迎难而上，逐步建立和完善税法规制理论。

第三节　税法促进性规制的主要形式：税收优惠①

税法规制功能是税法为了实现特定的目的，通过税收杠杆对积极的活动予以鼓励促进和对消极的活动予以限制禁止的功能。简单地说，就是税法在经济和社会方面所发挥的公共管理的职能。其中对于积极的活动予以鼓励促进，就是税法的促进性规制功能，而税法实现促进性规制的方式，主要是对欲促进的目标予以税收优惠。本节聚焦于税收优惠的基础理论，关注税收优惠的法律概念界定、正当性基础、制度困境及法治化路径。

一、税收优惠研究的背景

法学领域对于税收优惠的研究颇多，有学者从特定角度研究了税收优惠的正当性基础，[②] 更多的学者研究了税收优惠存在的问题及完善的路径[③]。既有

---

① 本节主体内容曾发表于《税务与经济》。详见邓伟：《税收优惠的理论解析及其法治化路径》，载《税务与经济》2023 年第 1 期。

② 如对高新技术企业税收优惠正当性的研究，参见刘郁葱、周俊琪：《高新技术企业税收优惠正当性的理论论证》，载《税务研究》2019 年第 2 期；如以捐赠税前扣除为例研究税收优惠的正当性，参见侯卓：《税收优惠的正当性基础——以公益捐赠税前扣除为例》，载《广东社会科学》2020 年第 1 期。

③ 如关于税收优惠的中央与地方分权存在的问题及其完善，参见蒋悟真：《税收优惠分权的法治化：标准、困境与出路》，载《广东社会科学》2020 年第 1 期。有学者从统一立法权的角度研究税收优惠制度的完善，参见叶金育：《税收优惠统一立法的证成与展开——以税收优惠生成模式为分析起点》，载《江西财经大学学报》2016 年第 2 期。有学者从预算控制的角度研究如何规范税收优惠制定权，参见叶姗：《税收优惠政策制定权的预算规制》，载《广东社会科学》2020 年第 1 期；叶姗：《税收优惠政策制定权的法律保留》，载《税务研究》2014 年第 3 期。有学者主张通过清理规范完善税收优惠体系，参见邢会强：《税收优惠政策之法律编纂——清理规范税收优惠政策的法律解读》，载《税务研究》2014 年第 3 期；熊伟：《法治视野下清理规范税收优惠政策研究》，载《中国法学》2014 年第 6 期。

研究对于税收优惠多方面内容均有涉及，为税收制度的完善提供了有益参考。然而，既有研究忽略了作为逻辑起点的税收优惠的概念内涵，对其正当性的研究也是基于特定对象的分析，且多是着眼于税收优惠特定方面的问题，系统性相对不足。本节将从法学的角度深入探析税收优惠的概念，一般性地阐释其正当性基础，并较为系统地论述税收优惠的制度困境和完善路径。

税收优惠并不是一个严格的法律概念，更多是在经济学意义上使用。事实上，税收优惠的概念在法律文本中较为少见，主要在非制度化的、一般性的鼓励或照顾语句中出现，① 或者作为对减征、免征、加计扣除等具体制度的概括。② 税收优惠的概念在法律上缺乏精准性，是多种因素作用的结果。一方面，税收学（经济学）对税收优惠没有统一的概念界定，③ 由于税法建构尤其是语词运用方面具有深厚的税收学渊源，税收学界对税收优惠的差异性认识也影响了其在法律中的精准性；另一方面，税收优惠在法律中是作为概括性的类型概念出现的，本身不是一项具体制度，很少在税法的执法、司法中直接适用，而税法研究的实践导向明显，以致未对税收优惠的概念构造进行深入探讨。毕竟，概念是司法推理的工具，没有（精确的）概念司法活动就不能得到准确的实施；④ 反过来，没有推理的运用需求，也就鲜见对概念的精确研究。

但是，法学概念具有自身的属性，经济学的税收优惠概念遁入法学领域后，即具备相对独立的地位，其在法学领域的内涵不必与经济学内涵对应，虽然内容上会有千丝万缕的联系，但应当突出其法学属性。因此，税收优惠在经济学界多元认识并不必然引起法学学者的争议，税收优惠的法学概念不精确，更多是因为法学本身对其缺乏深入研究。此外，虽然税收优惠没有作为具体的

---

① 如《民办教育促进法》第四十七条规定，民办学校享受国家规定的税收优惠政策；其中，非营利性民办学校享受与公办学校同等的税收优惠政策。

② 如《企业所得税法》第四章以税收优惠为标题，概括后文的免税、减税、抵扣等各项制度。

③ 有观点强调税收优惠对特定纳税人所实施的优惠之特征，认为"税收优惠是指政府利用税收制度、按预定目的，以减轻某些纳税人应该履行的纳税义务来补贴纳税人的某些活动或相应的纳税人"。参见金人庆主编：《领导干部税收知识读本》，中国财经出版社2000年版，第148页。有观点突出了税收优惠的目的以及作为调控工具的属性，认为"税收优惠是政府根据一定时期政治、经济和社会发展的总目标，给予特定的课税对象、纳税人或地区的税收激励和照顾措施，是政府调控经济的重要手段"。参见朱承斌：《税收优惠的经济分析》，经济科学出版社2005年版，第1页。也有观点着眼于税收优惠之所以成为优惠的法定基准之基础，认为"从一般意义上说，税收优惠是政府为实现特定的政策目标，在法定基准纳税义务的基础上，对一部分负有纳税义务的组织与个人免除或减少一部分税收"。参见马国强：《中国现行税收优惠：问题与建议》，载《税务研究》2003年第3期。

④ 参见［美］E. 博登海默：《法理学——法律哲学与法律方法》，邓正来译，中国政法大学出版社2004年版，第508-509页。

制度予以适用，但是作为立法语言的运用以及作为类型概念的使用，首先就是一个立法问题，法律的确定性需要概念的准确性。其次，对于税收优惠的授权立法①及其他有关税收优惠规定的实施，对税收法定原则及相关权力、责任、权利、义务的配置，都有着重要影响，因此法学领域本身也需要准确的税收优惠概念。由于当前法学领域对税收优惠的研究相对不足，因此探索税收优惠的法治化自概念始。

二、税收优惠概念的法学解析

税收优惠的法学概念可以解构为"税收"和"优惠"，存在"税收"是税收优惠的前提，享受优惠待遇是税收优惠的本质。税收优惠可以在这两个维度予以解析。

（一）前提：对象具有可税性

税法按照"是否课税——如何课税"的事实逻辑展开。是否课税关注对象是否应该负担纳税义务，如何课税解决税收如何实现，诸如税率、纳税时间、程序等问题。税收优惠处于第二个环节，意在确定纳税人需要缴纳税款的数额。只有在需要纳税的前提下，才有必要讨论纳税数额，因此，税收优惠的存在前提是需要纳税，也就是财税法学可税性理论研究的内容。

可税性问题是税法理论中的基本问题，许多学者对其进行了研究。可税性理论重点研究如何在立法上有效界定征税范围，确保国家征税具有可行性和合法性，其核心是对各类收益可否征税作出取舍。② 具体而言，征税要考虑经济上的可能性与可行性，这可称之为"经济上的可税性"；征税还必须考虑其法律上的合理性与合法性，也就是"法律上的可税性"。征税是否合理，不应仅看经济上的承受力，还应看征税是否平等，是否普遍等方面；征税是否合法，不应仅看是否符合狭义上的制定法，而且更应看是否合宪，是否符合民意，是否符合公平正义的法律精神。其中，收益性与非公益性是确定可税性的最基本因素。③ 也有学者进一步指出可税性的具体标准包括收益性、营利性和公平性，④ 还有人提出了可税性的六项标准。⑤ 可税性理论最大的贡献在于为税收

---

① 如《企业所得税法》第三十五条规定，本法规定的税收优惠的具体办法，由国务院规定。

② 参见张守文：《收益的可税性》，载《法学评论》2001 年第 6 期。

③ 参见张守文：《论税法上的"可税性"》，载《法学家》2000 年第 5 期。

④ 参见陈少英：《税法基本理论专题研究》，北京大学出版社 2009 年版，第 201 页。

⑤ 具体包括量能原则与受益原则、征税合法标准、契合税种功能标准、经济效应标准、征管成本标准、税收程序正义标准。参见刘富君：《论财产的可税性》，载《财税法论丛》2005 年卷（总第 6 卷）。

立法确定征税对象指明了需要考量的因素，有利于防止征税范围任意扩大或者不当限缩。已有的研究较为全面地考察了可税性涉及的因素，但是在逻辑方面可以进一步厘清。

从广义的角度理解，可税性可以指应然层面上有理由能够课税、适合课税，主要是作为立法基础，辨析是否对某种对象予以立法课税；也可以指在实然的层面有依据可以课税，主要是为了在税法执行阶段有法可依，与税收法定联系。狭义上的可税性仅仅指应然层面的可税性，它可以从两个角度展开，一是对象的可税性，二是主体的可税性。对象的可税性要求课税对象具有收益性，现实的收益也就是纳税人所享有的直观经济利益，这使得纳税人具有了税收负担能力，没有收益就不能征税，否则法律就强人所难了。更进一步而言，可税收益应该是超过基本生存需求之上的部分收益，生存所需的部分收益不意味着纳税人具备税收负担能力。需要特别指出的是，收益是现实的利益，既包括存量利益（一定周期内始末数额没有变动也属于存量情形），也包括增量利益；收益既可能刨除了成本，也可能把成本计算在内，因此，可税性的收益性考量的是现实的负担能力，并不保证不伤及税本。主体的可税性要求排除对财政性经费的征税，原因在于"征税者不对自己征税"，排除纳税主体要符合收益纳入财政管理、收益主体具有公共性（从事部分事务具有公共性也可）的条件，① 这就是学者们所倡导的可税性的公益性收入不征税。但是使用公益性收入不征税的表达，有扩大不征税范围之嫌，例如，社会非营利性的公益组织其收入可能具有公益性，但是由于不具有财政性质，因而还是具有可税性，税法赋予其税收优惠则是基于对其他政策的考量。而财政性不仅要求收益本身来源于财政或者具有同等的财政管理性质，而且收益主体所得收益的原因在于公益性业务。因此，从严格的意义上讲，可税性的最狭义的标准就是收益性和非财政性。

原则上而言，收入具有收益性且纳税主体非征税人自己，那么理论上就可以立法征税。但是法律的生命在于执行，缺乏可执行性的法律最终的命运是被废除、修改或者束之高阁。因此，立法征税还需要考虑可行性，不能执行或者执行成本过高的税收，本身可以认为缺乏可税性，也就是不应该立法征税。例如，广大农村集市的小摊小贩进行的销售货物行为，由于极度分散、销售额较小、征税难度大、成本高，因此增值税法律将其排除在可税范围之外。②

---

① 如《企业所得税法》第七条规定，收入总额中的下列收入为不征税收入：（一）财政拨款，（二）依法收取并纳入财政管理的行政事业性收费、政府性基金，（三）国务院规定的其他不征税收入。

② 参见《增值税暂行条例实施细则》第 37 条。

至于将公平或者平等作为可税性的考量因素，已经脱离了就对象进行独立考察的情况，进入了一个比较的视野。公平最直观的含义是同等情况同等对待、不同情况差别对待。如果两个对象情况基本相同，对其中一个不征税，也可以根据公平原则推导出另一个对象也不具有可税性；或者如果两个对象不同，要"出税"则"举重以明轻"，要"入税"则"举轻以明重"①。由于公平原则是建立在比较的基础上，要保证比较的对象的可税性论证的正确性，必须确保作为标准的被比较对象可税性判断的正确性。由此推论，运用公平原则判断可税性时，必须已经有一个可税性的标准对象，所以，在初始判断可税性时，公平原则并不具有适用空间。

因此，狭义的可税性最基本的因素是收益性和非财政性，在此基础上继续考察可行性，进而由针对特定对象的独立考察过渡到对象之间公平性的比较考察。从狭义的可税性出发，在应然层面判断是否有理由能够课税、适合课税，以此决定是否对某种对象予以立法课税；再到实然层面，需要有法律依据才可以课税。如此构建起完整的可税性逻辑链。

（二）本质：低于标准的税收待遇

享有税收优惠意味着不仅具有应然层面的可税性，也具有实然层面的可税性，在此基础上，给予其优惠待遇。税收优惠的本质在于"优惠"。

"优惠"就是优待，给予好处，引申为比"一般的"优厚。优惠是一个比较词，在比较中才能体现优惠。比较的两者中，一方作为被比较的对象，即标准税收；另一方作为比较的对象，即优惠税收。在比较的场域，公平是最基本的原则，相同情况相同税收待遇，不同情况合理差别待遇。一般性税收条款根据某些因素考量，认为某些对象情况基本相同，因此统一规定了这一类对象的税收待遇，也就是说，如果没有其他情况，这些税目都适用一般性的条款。然而，如果在一般性税收条款所考量的某些因素基础上再将另外一些因素纳入考察范围，就会发现原本无差异的税目中有部分税目具有特殊性，此时就出现了基于差异性而给予差异对待的情况：如果这些特殊税目需要抑制，则可能在原来的一般性条款基础上加重课税，如果需要扶持、鼓励、促进，则减轻课税。与一般性条款所确定的税收相比，减轻课税就是税收优惠，前者也就是标准税收，后者就是优惠税收。两者课税对象的分离，是因为考量的因素出现了变

---

① 如对于非法所得是否要征税的问题，有观点认为，如果通过合法方式辛勤劳动获得的需要课税，那么对于非法获得的不义之财更应该课税，否则对守法之人不公平。不法或不当的行为，较合法正当的行为享有租税利益，违反平等课税原则。参见陈敏：《租税课征与经济事实之掌握——经济考察方法》，载《政大法学评论》1982 年第 1 期（总第 26 期）。这是"举轻以明重""入税"的方式。

动，使得某些税目从同类变成了异类，因而差异对待。

存在争议的是，以上所述因新因素的考察而使得部分税目呈现特殊性，对这些特殊税目加重或减轻课税，究竟是因为其与前述的一般性税目存在质的不同而根据公平原则不同情况不同对待的要求，予以区别对待，还是仅仅由于考量特殊因素而对特殊项目进行特殊对待，但两者本质是一样的？在前一种情况中，由于质的不同，导致负税能力改变而区别课税；在后一种情况中，特殊税目的负税能力没有改变。有学者认为，只有违反量能课税原则，为诱导纳税人从事或不从事特别行为而对负担能力相同者给予差别待遇，才属于税收优惠；[1] 类似的阐释还有，税收优惠的主要问题在于牺牲量能原则，以达到经济或社会政策目的。[2] 因此，只有后一种情况下的区别对待是真正的税收优惠。在上述观点看来，标准税收，是基于特定负税能力而确定的、普遍实施的税收，同等负税能力情况下而减轻税负，才是税收优惠。这种观点是从实质的意义上判断税收优惠，有助于从学理上区别相同负税能力的税收优惠与负税能力低的少缴。但是这与实践脱离较为明显。本节主张，在可税性判断基础上，在形式上低于标准税收的负税待遇就是税收优惠，而不考虑其实质负税能力；"标准税收"就是普遍实施的承担一定税负水平的税收，低于该税负水平就是税收优惠，不管是因为税负负担能力低还是因为特殊政策因素。这种形式化的认定税收优惠的方式，简单易行，也符合普通人的观念认识；更重要的是，为了加强税收优惠管理，必须将基于负税能力的税收区别待遇（负税能力及其动态变化）与基于经济或社会目的的税收区别待遇（成本收益），一同纳入实质审查范围。因此，从形式的层面认识税收优惠的本质，更有助于认识和解决实践问题。

相对于标准税收，可能形成加重和优惠两种方向相反的税收。但是无论如何，标准税收在数量上仍然要占主体部分，特殊税收只能是小部分税目，否则"特殊"就变成了"普遍"，"标准"就应该变更，毕竟成为"标准"的最优选项莫过于最常见最普遍的对象了。立法实践中，加重课税的规定非常少，加重意味着抑制，带有歧视的色彩，从逻辑上而言，消费税就是在普遍征收增值税的基础上对特定消费品加重征税；相对于加重课税，优惠税收的对象更多，一方面，既能够让某些人受益又不会直接侵犯另一些人的利益，因而不容易引起特定群体的抵制；另一方面，现代国家的职能更多在于建设而不是守成，税

---

① 参见黄茂荣：《税法总论》，植根法律丛书编辑室 2008 年版，第 341 - 342 页。

② 参见葛克昌：《税捐行政法——纳税人基本权视野下之税捐稽征法》，厦门大学出版社 2016 年版，第 140 页。

收优惠能够发挥引导、激励纳税人积极行为的作用，因而更常使用。

优惠的分类有很多种，按照政策目标不同，有经济性、政治性、社会性税收优惠；按照政策手段不同，有税基优惠、税额优惠、税率优惠、时间优惠；按照执行程序不同，有自然享受的优惠、经批准享受的优惠；按照优惠对象不同，有特定产业优惠、特定区域优惠、特定性质优惠；按照法律地位不同，有法定优惠、特定优惠、临时优惠；按照政策作用不同，有鼓励性优惠、照顾性优惠。① 优惠的具体形式包括：盈亏互抵、税收豁免、纳税扣除（以上属于税基优惠）、优惠税率（即税率优惠）、税额减免、优惠退税（以上属于应纳税额优惠）、税收递延、加速折旧、准备金制（以上属于税收时间优惠）。②

综上，结合前提和本质两方面内容，税法的税收优惠概念可以定义如下：所谓税收优惠，是指那些赋予具有可税性的征税对象以低于标准税收的税负的制度。

三、税收优惠的正当性基础

在统一的税法制度中嵌入税收优惠规定，具有逻辑和现实的正当性基础。从逻辑方面看，税法本身具有二元结构，税法目标二元性及其引起的实现方式二元性必然要求税收优惠制度的存在，而现实中社会发展的非均衡性也要求税法做出回应。

（一）税法"目标—工具"的二元结构

在现代民主与法治社会，有税必有法，税收必须由税法规定，也就是税收法定。但税法并不只是税收的法律表现形式，作为法律，税法有其自身的内容结构。税收优惠制度得以嵌入税法，其逻辑合理性在于税法的二元结构。

从目标上而言，不管是官方③还是学者，都认识到税法/税收功能的多维性。有学者将财税法功能概括为规范理财行为、促进社会公平、保障经济发展三大功能。④ 也有学者将税收的功能概括为财政收入功能、再分配功能、规制

---

① 参见刘海峰、陈占锋：《中国税收优惠制度改革研究》，西南交通大学出版社 2007 年版，第 30 – 32 页。

② 参见李艳：《我国税式支出制度研究》，2005 年西南林业大学博士论文。

③ 充分发挥税收筹集财政收入、调节分配、促进结构优化的职能作用。参见《深化财税体制改革总体方案》。税收是财政收入的主要来源、是调控经济运行的重要手段、是调节收入分配的重要工具，税收还具有监督经济活动的作用。参见《税收的职能作用》，国家税务总局网站：http://www.chinatax. gov. cn/n810351/n810901/n848183/c1161491/content. html，最后访问时间：2017 年 11 月。

④ 参见刘剑文：《财税法功能的定位及其当代变迁》，载《中国法学》2015 年第 4 期。

功能。① 还有学者把税收的主要功能详细总结为 10 种。② 税收及相关税收减免的实施如同警察权（police power），在组织财政收入之外，常常以调节产业、道德和福利为目标。即使税收没有追求调节的目的，但实际上也会产生调节的效果，因为它们像保护性关税一样，通过决定人们不可以致富的方向，从而决定人们可以致富的方向。③ 总之，税法目标不仅仅在于组织财政收入，也包括调节社会和经济运行。因此，税法的目标呈现二元性，既有收入政策的追求，也有非税政策的考量。税收的产生源于国家机器的建立，现代国家机构职能的发挥也需要足够的物质条件。自近代以来，"自产国家"纷纷进化到"税收国家"，④ 税法的首要功能也是最基本的功能是组织国家运转所需要的财政资金。此外，由于税收是国家与公民之间直接的财富再分配、公民之间的间接再分配，对公民的财富持有以及经济行为选择具有重大影响，因此，税收立法另外的重要目标是调节社会分配和整体经济运行。

而就实现方式而言，两种不同的目标需要不同的实现工具。组织财政收入的目标需要稳定的、普遍的税收工具，经常变动的税收影响财政收入的稳定性进而危及国家机构的平稳运行，非普遍性的税收容易导致税负的畸轻畸重，因此自 20 世纪 80 年代以来，宽税基、低税率一直成为税制改革的方向。基于可税性判断，将所有具有可税性的对象纳入征税范围，但整体上降低税率，以实现降低特定纳税人税负同时保持财政收入基本稳定的目标，这种标准的税收方式构成了财政收入的基础。而调节社会分配和经济运行，则离不开具有针对性、能够相机调节的税收工具：一方面，对于收入分配的调节，针对中高收入群体与低收入群体应当适用不同的税收负担，前者适用标准税负，而对于低收入群体不具有可税性的收入，应尽量通过技术手段排除在征税范围之外，对于其具有可税性的收入，也应当尽量实施税收优惠，以减轻其税收负担，缩小分配差距；另一方面，对于经济调节，在市场经济条件下，行政命令基本没有适用的余地，国家主要靠经济利益来引导公民的经济行为，除了财政补贴之外，对特定活动予以税收优惠，从而诱导市场主体从事有益于经济结构改善、市场平稳运行的活动。因此，不管是调控经济，还是调节社会分配，都必须具有积极鼓励、扶持、引导、促进作用的税收优惠工具。

---

① See Reuven S. Avi-yonah, "The Three Goals of Taxation", 60 *Tax Law Review* 1（2006—2007），pp. 1 - 28.

② See T. F. Haygood, "Taxation for Non-fiscal Purposes", 4 *Bulletin of the National Tax Association*（1947），pp. 97 - 101.

③ 参见［美］康芒斯：《制度经济学（下）》，赵睿译，华夏出版社 2017 年版，第 869 页。

④ 参见葛克昌：《租税国的危机》，厦门大学出版社 2016 年版，第 108 - 114 页。

因此，税法目标的实现工具包括标准税收方式、非标准方式（优惠税收和加重税收）。总而言之，税法目标的二元性、进而引起的实现工具的二元性是税收优惠制度存在的逻辑基础。

（二）社会发展非均衡性的现实需求

税收优惠的现实根源在于社会发展的非均衡性。如果市场能够自发实现资源有效配置，就不需要（包括税收在内的）经济调控手段。实际上，即使是纯粹的竞争性市场机制支配着整个市场领域，公正分配、经济的稳定性、非价值性物品等问题仍然会存在；[①] 如果社会发展协调均衡，那么就应该实施全面平等的中性税收制度。社会发展的非均衡性是实施税收优惠的现实基础。

改革开放之初，基于经济落后的现实，考虑到平均发展的困境，国家制定了"让一部分人先富起来，先富带动后富，逐步实现共同富裕"的方针。税收政策差异成为落实"先富"的重要手段。当前，我国的社会矛盾已经发生深刻变化，新时代社会主要矛盾已经转化为人民日益增长的美好生活需要和不平衡不充分的发展之间的矛盾。通过税收优惠帮助"后富"也是势在必行。当前的社会发展的非均衡性体现在以下方面：第一，产业发展的非均衡性。经过40多年的改革发展，我国已经建立了比较全面的产业体系，但是产业结构合理性不足、产业技术创新性不足、产业布局平衡性不足仍然是经济新常态下经济转型换代的重要制约瓶颈，近年发生的"中兴事件"就是我国集成电路产业落后的明证。[②] 第二，地区发展的非均衡性。东中西部自然人文条件不同，加上改革开放之初实施的优先发展战略，三个地区出现了较为严峻的发展差距；此外，老少边穷地区也是发展短板。[③] 第三，收入分配的非均衡性。"二八定律"不幸地支配着收入分配，偏袒富人的政策并没有如"水涨船高"所预言的那般"向下渗透"从而使其他群体受益，[④] 数字高企的基尼系数折射

---

① 参见［日］植草益：《微观规制经济学》，朱绍文、胡欣欣等译校，中国发展出版社1992年版，第6-7页。

② 税收政策是促进集成电路产业发展的重要方式，但所实施的优惠政策仍有完善的必要。参见邓伟：《集成电路产业发展促进的财税法路径研究》，载《大连海事大学学报（社会科学版）》2019年第5期。

③ 作为宏观调控工具的税收，有助于促进落后地区的发展，是经济法促进区域协调发展的重要方式。参见丁庭威：《促进区域协调发展的经济法路径》，载《地方立法研究》2021年第4期。区域性税收优惠曾风靡一时，由于这些"税收洼地"导致区域间税负不均，严重影响了国家税制规范和市场公平竞争，逐渐退出政策工具箱。参见《财政部部长谈财税体制改革，原则上不再出台新的区域税收优惠政策》，载《京华时报》2013年11月23日，第8版。

④ 参见［美］斯蒂格利茨：《不平等与经济增长》，周建军、张晔译，《社会经济体制比较研究》2017年第1期。

着收入分配差距巨大的现实。如果没有落实再分配的社会政策，平民百姓就会没有希望感，[1] 社会也容易出现不稳定因素。

经济发展的非均衡性需要国家积极干预，在共同富裕目标的指引下，税法功能的侧重点也将发生变化，强化收入分配功能将是大势所趋。[2] 税收优惠制度便是国家积极干预的有效工具之一。非均衡的问题需要非均衡的手段予以调节，标准税负和税收优惠构成一对非均衡工具。针对发展优势对象征收标准税负，而对于后进者、发展不足者、分配弱势者赋予享受税收优惠的权利，国家通过"直接少取"的方式消极增加其自身收入；对于高科技创新朝阳产业、关系公共利益的基础产业，国家通过税收优惠制度鼓励扶持，以"间接多予"的方式促进其发展。因此，缓解发展非均衡性问题，需要发挥税收优惠的积极作用，这也是税收优惠的现实正当性基础。

四、税收优惠的制度困境

税收优惠制度在现实中产生了预期的积极效果，如有研究发现税收优惠比财政补贴对企业研发投资具有更强的激励作用，[3] 间接税税收优惠具有改善民生、促进经济发展方式转变、稳定物价、刺激市场交易等正面效益。[4] 但是该制度也存在诸多问题，有学者将其总结为结构缺陷、立法模式缺陷、立法技术缺陷、利益平衡缺陷。[5] 实际上，税收优惠的制度问题集中起来可以概括为两点：第一，形式上的立法问题；第二，实质上的合理管理问题。

（一）立法权限模糊、立法体系混乱

从法律规范上看，税收优惠的立法权限是有明确规定的。《立法法》第8条规定税种的设立、税率的确定和税收征收管理等税收基本制度只能制定法律，第9条允许全国人民代表大会及其常务委员会授权国务院可以根据实际需要对其制定行政法规。由此，有学者明确表示税收优惠属于法律相对保留的范围。[6] 如果说立法法只明确提及课税要素中的税种、税率，而对税收优惠是否属于法律保留范围未做说明的话，那么，《税收征收管理法》第3条则进一步

---

① 参见高全喜：《试论国家与社会关系中的宪法中介机制》，载《师大法学》2017 年第 1 期。

② 参见何锦前：《共同富裕导向下税法收入分配规制》，载《地方立法研究》2022 年第 2 期。

③ 参见戴晨、刘怡：《税收优惠与财政补贴对企业 R&D 影响的比较分析》，载《经济科学》2008 年第 3 期。

④ 参见高培勇、毛捷：《间接税税收优惠的规模、结构和效益：来自全国税收调查的经验证据》，载《中国工业经济》2013 年 12 月。

⑤ 参见王霞：《税收优惠法律制度研究——以法律的规范性及正当性为视角》，法律出版社 2012 年版，第 27 - 42 页。

⑥ 参见叶姗：《税收优惠政策制定权的法律保留》，载《税务研究》2014 年第 3 期。

对此问题进行了澄清。该条规定，税收的开征、停征以及减税、免税、退税、补税，依照法律的规定执行；法律授权国务院规定的，依照国务院制定的行政法规的规定执行。因此，从规范意义上讲，税收优惠的立法权属于全国人大及其常委会，国务院经授权亦可制定相应的行政法规。

可仔细想来，这一结论仍有斟酌的余地。立法法没有提及税收优惠一词，税收征收管理法的规定也只针对减税、免税、退税、补税等，并没有完全覆盖税收优惠的所有形式。因此，严格来讲，从以上法律中只能得出这样的结论：减税、免税、退税（即对应纳税额的优惠）——部分税收优惠的立法权专属于全国人大及其常委会和国务院。从上文对优惠概念的阐述可知，优惠还包括税率优惠、税基优惠、税收时间优惠，实际上，有规范性文件也认可了税基扣除、加速折旧等作为优惠的具体形式，[1] 立法法已经明确规定税率优惠属于法律保留范围，但对于税基优惠与时间优惠是否属于法律保留的范围就不得而知了。

实际上，除了法律和行政法规规定的税收优惠外，国务院财税主管部门的部门规范性文件也大量规定税收优惠。通过北大法宝检索发现，至 2021 年 8 月 4 日，由国务院财税部门发布、目前仍有效的规范性文件，有 1571 件涉及免税，1297 件涉及减税，973 件涉及退税，[2] 经过 2014 年规范清理后[3]关于税收优惠的规范性文件数量还有如此之多。其中部分是为具体实施法律或行政法规中的税收优惠规定而制定的，也有部分是得到上位法授权，而为数不少的规范性文件却是在上位法之外另行规定了税收优惠。例如，财政部、国家税务总局发布了财税〔2009〕155 号、财税〔2011〕78 号、财税〔2013〕83 号三个名为《关于经营高校学生公寓和食堂有关税收政策的通知》的税收规范性文件，有效期分别是 2009 年 1 月 1 日至 2010 年 12 月 31 日，2011 年 1 月 1 日至 2012 年 12 月 31 日，2013 年 1 月 1 日至 2015 年 12 月 31 日，其中作出了免征房产税、印花税、营业税的规定。除了《房产税暂行条例》授权财政部门可以批准免除房产税外，《印花税暂行条例》并没有关于免税的规定，特别是《营业税暂行条例》（现已失效）还明确要求营业税的免税、减税项目由国务院规定，任何地区、部门均不得规定免税、减税项目。然财税部门仍颁布了这样的税收优惠的规章（虽然冠之以"经国务院同意"）。

此外，地方政府也大量运用税收政策作为发展经济的工具。一些地方政府

---

① 如财政部、国家税务总局：《关于企业所得税若干优惠政策的通知》（财税〔2008〕1 号）。

② 此处仅统计北大法宝能检索到的税收优惠规范性文件，对于未纳入该检索系统的地方性税收优惠文件以及一些变相的优惠文件等未能统计。

③ 《国务院关于清理规范税收等优惠政策的通知》（国发〔2014〕62 号）。

为促进当地经济发展，采取了一系列推进改革开放、加快地方经济发展的措施，但存在着忽视税法的统一性和严肃性的现象，有些政策措施违背了《税收征收管理法》的规定，造成了税收的流失。一些地方政府强调优化投资环境，超越税收管理权限，擅自制定减免税优惠政策。① 因此，地方政府实际上也充当了税收优惠的"立法主体"。

税收优惠的立法权限模糊，各种主体合法或不合法地制定了诸多优惠规定。庞大的优惠文件数量，种类繁多的优惠形式，并没有撑起一个完美的税收优惠法律体系，其中不仅实质合理性缺乏，就连形式合理性也无建立的征兆。② 税收优惠立法权限模糊、体系混乱的问题既削减了立法的权威，也增加了执行的成本。

（二）长效管理不足、实质评估缺位

税收优惠立法体系上模糊混乱，实质内容方面也缺乏有效的评估和管理。税收优惠是为了特殊的目的而对可税性对象予以低于标准税收的优惠待遇，如果对优惠的目标缺乏清晰定位、对优惠方式的效率评估不准，则会动摇税收优惠的正当性基础。不管是照顾性优惠还是鼓励性优惠，都存在这样的问题。

照顾性优惠是给予弱势群体的特殊待遇。所谓的弱势，不是没有税收负担能力，而是负担能力较弱，标准课税对其生活边际效用负面影响较大。如果缺乏负税能力，那么就不具有可税性，因而不应当课税，而不是所谓的给予税收优惠。目前我国照顾性税收优惠在各税种的基本立法（法律或暂行条例）中都有规定，由于基本立法的稳定性，这些规定长期有效，也就是所谓的"制度性优惠"。"一次立法、长期有效"的制度性的照顾优惠面临以下因素的考验：优惠的对象应当长期处于弱势状况，如果对象经过一定时期后经济状况有显著的提升，其享受的优惠就应当相应地减少或者取消。因此，长期有效的优惠只能赋予那些弱势状况基本难以改善的对象。这需要对制度性优惠的对象进行阶段性的评估，如果优惠的对象已经摆脱弱势状况，则应当修改立法取消相应优惠税目。我国目前尚缺乏阶段性评估制度。

鼓励性优惠是国家以低于标准税收的待遇扶持、引导、促进特定的活动。在税种基本立法中有许多此类规定。由于临时性税收优惠具有灵活性、应急性和针对性等特征，财税部门结合特定的经济形势更是以规章的形式制定了大量

---

① 参见全国人大常委会《税收征收管理法》执法检查组副组长郭振乾1998年8月26日在第九届全国人民代表大会常务委员会第四次会议上做的《全国人大常委会执法检查组关于检查〈中华人民共和国税收征收管理法〉实施情况的报告》。

② 参见熊伟：《法治视野下清理规范税收优惠政策研究》，载《中国法学》2014年第6期。

的临时性的鼓励性优惠。制度性的鼓励性优惠同样面临着优惠对象长期状况评估问题，此外，所有的鼓励性优惠均面临成本收益的考验。鼓励性优惠是国家以牺牲财政收入为代价，"换取"某些产业的进步、某些产品的增加、某种活动的增多。如果税收优惠对这些对象不能发生促进作用，也就是优惠的手段并不能实现鼓励发展的目标，那么，这种优惠就应该取消；如果优惠所减少的收入过多，而鼓励性对象所产生的收益过少，那么税收优惠也要考虑调整。（譬如，以税收优惠的方式鼓励某些公共产品的提供，但是实际上税收减少的数量远大于增加的公共物品价值，则可以考虑取消优惠而将汲取的对应税收用于公共物品开支。）①

五、税收优惠的法治化路径

税收优惠不管是形式上的问题，还是实质上的问题，归根结底都是法治化建设滞后的结果。法治要求法律得到普遍的遵守，且所遵守的法律是良法，②法治意味着规则之治、良法善治。在深化财税体制改革、建设中国社会主义法治国家的背景下，税收优惠所面临的制度困境必须通过法治化方式解决。

（一）立法形式体系化：落实税收法定原则

税收法定原则是税法中最基本的原则，具体内容包括课税要素法定、课税要素明确、稽征合法，③ 税收优惠的法治化首先要求落实税收法定，按照该原则的要求逐项实现税收优惠的法治化。

第一，税收优惠应当"法定"。根据税收法定的内涵，确定课税要素之法应该是狭义的法律，也就是严格的法律保留，这是理想的状况；鉴于我国处于法治建设过程中，对于某些非基本的课税要素应当允许立法授权国务院以行政法规的形式确定，即法律相对保留。税收优惠一般遵循后者的要求。如上文所述，税收优惠是否属于立法法明确要求的法律保留范围并不明确。全国人大及其常委会、国务院行使优惠立法权没有疑问，地方政府基本没有税收优惠立法权。但是国务院财税部门的规定则比较混乱，在某些税种立法中它被授予了优惠立法权，但是对于多数没有授权的税种，财税部门仍然自主制定优惠规章。

---

① 有观点把前者视为税收优惠的缺乏有效性，把后者视为税收优惠违反狭义比例原则。参见叶金育、顾德瑞：《税收优惠的规范审查与实施评估——以比例原则为分析工具》，载《现代法学》2013 年第 6 期。比例原则为考察税收优惠提供了另一种视角，但是应当区分照顾性优惠和鼓励性优惠，前者（如对残疾人的税收优惠）常常是出于道义扶持、价值判断，很难从所谓的成本收益（狭义的比例原则）的角度分析。

② 参见亚里士多德：《政治学》，吴寿彭译，商务印书馆 1997 年版，第 199 页。

③ 参见张守文：《论税收法定主义》，载《法学研究》1996 年第 6 期。

规定分散，权限界分模糊，其根本的原因在于缺乏统一的税收优惠权限立法。应当按照法律相对保留的原则确定优惠立法权，一般允许国务院制定税收优惠，而国务院财税部门只有对个别税种且有法律明确授权的情况下才可以制定税收优惠政策，严禁国务院将税收优惠具体办法和专项税收优惠政策的制定权转授权给财税机关①。

第二，税收优惠应当"明确"。一方面，应当明确税收优惠的内涵。目前在各税种的立法中，涉及的税收优惠主要是减税和免税，也就是税额优惠，但是对于税基优惠、时间优惠是否属于法律上的税收优惠范畴并不清楚，这可能影响到税收优惠的授权及其管理。② 另一方面，应当将税收优惠体系化。目前税收优惠规定零散，立法层级参差不一，国家的顶层设计已经注意到这个问题，提出税收优惠政策统一由专门税收法律法规规定，清理规范税收优惠政策，③ 这不仅仅是简单的税收优惠政策汇编，而是法律编纂。④ 提升税收优惠政策的"明确性"，应当将所有的税收优惠编纂为一部体系性的法律，以减少优惠之间的冲突，也使得税收优惠政策清晰明了，便于遵守执行。

第三，税收优惠应当"依法执行"。税收法定要求税收稽征合法，税收优惠的执行也应当依法执行，不偏不倚。法治需要法律得到普遍的执行，变相的扩大或缩小法定优惠是法治精神的失落，是对法治运行的破坏。尤其要防止地方政府利用税收优惠进行经济竞争的违法行为，税务机关也应严格执行税收优惠立法规定。

（二）实质内容合理化：建立税式支出制度

落实税收法定意在解决税收优惠立法权限不清、立法体系混乱、执行缺位越位的问题，真正涉及税收优惠实质内容的合理性问题，需要引入税式支出这一重要的技术性制度。

税式支出的概念最早于 1954 年在德国提出，并在 1959 年的预算中体现了

① 郭昌盛：《我国个人所得税税收优惠法律制度设计初探》，载《税务与经济》2018 年第 2 期。

② 概念不清晰可能导致授权履责不到位，如《企业所得税法》第 36 条授权国务院根据国民经济和社会发展的需要，或者由于突发事件等原因对企业经营活动产生重大影响的，制定企业所得税专项优惠政策。如果税收优惠的概念不清晰，可能导致被授权者越权或者怠于履行职责，也可能影响税收优惠的管理。如《关于企业所得税若干优惠政策的通知财税》（〔2008〕1 号）规定，除……外，2008 年 1 月 1 日之前实施的其他企业所得税优惠政策一律废止。如果优惠的概念不明确，所废止的文件范围也会出现差错，影响税收优惠的规范管理。

③ 参见《中共中央关于全面深化改革若干重大问题的决定》。

④ 参见邢会强：《税收优惠政策之法律编纂——清理规范税收优惠政策的法律解读》，载《税务研究》2014 年第 3 期。

税式支出。1967 年传入美国，但是实际上美国学者在 1953 年就有过类似的思想。① 税式支出的经典解释是，税式支出的概念假设所得税由两种成分组成。第一种成分包括实施标准的所得税所必需的结构性条款，如对净所得的定义、会计规则、征税主体的确定、税率的确定。第二种成分包括所有所得税中的特殊优惠，这些条款一般称为税收激励或税收补贴，它们偏离了标准税收结构，用以支持特定行业、活动或者特定阶层的人。它们的形式多种多样，如所得的永久豁免，税收义务的扣除、迟延，税额的减免或特别税率。无论是什么形式，它们偏离了标准的税收结构，代表了政府对某些活动或群体的支出，通过税收体制而不是直接拨款、贷款或其他形式的政府资助形式发挥作用。② 虽然对于税式支出的反对声音一直不断，但是多数观点认为，这一制度有重大积极作用，它既是负担能力原则、税收政策中性的必然逻辑，也是它们的实施工具。税式支出的重要作用在于它是对税法条款进行强制性审查和成本收益分析的启动装置；③ 同时税式支出在民主社会进行民主监督的过程中能够发挥信息供给作用，有利于加强对预算资源的控制，同样也可以增加收入，提高纳税人之间的公平度。④

完整的税式支出制度的建立包含一系列子制度规范。首先，需要确定税收基准，包括税基基准、税率基准、税额基准等，以此作为一般性的标准税收，从反面界定特殊性的优惠税收的范围，也就确定了税式支出的项目范围；其次，编制税式支出预算，将所有支出项目体系化；最后，实质评估各项支出项目，按照一定的标准增减支出项目。在国外，税式支出有两个目的，一是把隐藏的支出凸显出来，二是限制支出。⑤ 对于我国当前税收优惠面临的长效管理不足、实质评估缺位问题，建立税式支出制度具有突出的实践意义。

第一，以税式支出制度启动对税收优惠的实质评估。税收优惠与直接财政支出没有本质区别，因此需要同等对待。将税式支出与直接支出一同纳入预算，对于提升预算效率和税收公平具有重要意义。每一项税收优惠纳入税式支

---

① See Daniel N. Shaviro, "Rethinking Tax Expenditures and Fiscal Language", 57 *Tax Law Review.* 187 (2003—2004), pp. 199 – 201.

② See Stanley S. Surrey, *Pathways to Tax Reform*, Harvard University Press, 1973, pp. 1 – 6.

③ See J. Clifton Fleming, Jr. and Robert J. Peron, "Reinvigorating Tax Expenditure Analysis and Its International Dimension", 27 *Virginia Tax Review* 437 (2008), pp. 444 – 445.

④ See Lotfi Maktouf, Stanley S. Surrey, "Tax Expenditure Analysis and Budgetary Reform in Less Developed countries", 15 *Law & Policy International Business* 739 (1983), pp. 739 – 740.

⑤ Edward A. Zelinsky, "Do Tax Expenditures Create Framing Effects? Volunteer Firefighters, Property Tax Exemption, and the Paradox of Tax Expenditures Analysis", 24 *Virginia Tax Review* 797 (2004—2005), p. 798.

出预算；对于照顾性优惠，逐次考察其合目的性和实际影响；对于政策性优惠，一一进行成本收益分析。若税式支出所增进的利益大于所减少的财政收益，则该类税收优惠可以保留；否则，应当改进或者取消该类税收优惠。

第二，以税式支出制度实现对税收优惠的定期管理。制度性的税收优惠"一次立法、长期有效"，忽略了受惠对象现实情况的变化，可能导致税收优惠脱离实际。既可能导致不再需要优惠的对象继续不正当地享受优惠，也可能引起需要优惠的对象不合理地被排除在优惠范围之外。在税式支出制度下，任何对象与优惠之间的关系不再是一劳永逸。按照税式支出的要求，对所有"支出"项目进行年度预算、决算，评估支出项目的合理性，科学地增加或减少特定支出项目。另外，由于税收优惠制度的效用可能需要较长时间才能充分体现，在年度管理之外，还应当建立阶段管理制度，在税收优惠制定 3 年或 5 年后进行阶段性综合考察，以更科学地观察税收优惠的效用。由此，对税收优惠定期管理，确保优惠项目具有长期合理性。

（三）完善规范审查：贯彻公平竞争审查与设立税务法院

通过审查制度提升税收优惠的法治化水平，包括制定机关的自我审查与外部机关的审查。

自我审查应当是对形式合法性与实质合理性的全面审查。政策制定机关在出台税收优惠政策前，应自我审查政策是否符合税收法定与税式支出审查的要求，同时在当前更加强调公平竞争的背景下，应当贯彻落实税收政策公平竞争审查。依据《公平竞争审查实施细则》，"没有专门的税收法律、法规和国务院规定依据，给予特定经营者税收优惠政策"，则属于"违法给予特定经营者优惠政策"，就违反了"影响生产经营成本标准"的公平竞争审查标准。虽然针对税收政策的公平竞争审查制度还存在改进的空间，[①] 至少依据当前审查标准可进一步夯实合法性与合理性水平。

行政机关自我审查存在局限性，难以保证有权机关积极行使审查权，而且审查权威性不足。这就需要通过司法机关实施对税收优惠规定的权威性和终局性审查，即通过税务司法完善税收优惠规范的审查制度。

税务司法可以在人员、组织、机构三个层面展开，[②] 但是最有效的方式应该是设立税务法院。官方已经认识到在人员、组织层面落实税务司法专业化的

---

① 邓伟：《税收政策公平竞争审查制度的问题及其对策》，载《法商研究》2021 年第 6 期。
② 参见邓伟：《论我国税务司法专业化》，载《人大法律评论》2017 年卷第 1 辑。

必要性，① 我国学界对税务司法专业化已经进行了比较深入的研究。财税法学界基本形成了建立税务法院的共识。有学者提出了设立税务法院三步走的观点，有学者论证了建立税务法院的必要性并分析了其具体运作方式。税务法院不仅对征税收纳纠纷予以专业化裁判，而且对税收抽象行政行为甚至一定级别的规章、法规进行审查，具体可以通过纳税人诉讼制度进行，还可以通过建立纳税人协会构建纳税人代理诉讼制度。②

具体而言，如果行政机关违反法律授权制定税收优惠，或者立法机关和行政机关制定的税收优惠不合理，或者税收优惠规定过时却没有及时修改、废止，纳税人或纳税人代理机构可以以负责机关为被告向法院提起诉讼。由法院审查税收优惠规定是否符合税收法定要求，内容是否合理。当然，为防止滥诉，可以设置合理的起诉门槛。针对不当优惠规定，法院可以建议或者要求负责机关修改、废止相关规定。

六、结语

税法可以用于促进性规制与抑制性规制，税收优惠是税法实现促进性规制的重要方式。税法规制功能是一定的税法结构对外界系统的影响，税收优惠是赋予具有可税性的征税对象以低于标准税收的税负的制度结构，在形成"高下相倾"的税负结构的背景下，资源、人员就往税负低的领域流动，因而该种税法结构对低税负的领域客观上就发挥了促进、扶持的规制作用。从客观现实而言，实施税收优惠具有必要性，但是不当的税收优惠也会扰乱市场配置资源的效率。因此，需要通过各种方式约束、规范、完善税收优惠制度，既要关注税收优惠形式方面的问题，也要注重实质方面的内容，通过各种方式实现税法合法、合理地规制。

---

① 2015 年印发的《深化国税、地税征管体制改革方案》提出要健全税收司法保障机制，加强涉税案件审判队伍专业化建设，由相对固定的审判人员、合议庭审理涉税案件。

② 相关观点，参见王平：《第九届中国财税法前沿问题高端论坛在京举办》，载《国际税收》2015 年第 7 期。即"税务合议庭—税务法庭—税务法院"，见财会信报：《刘剑文：税务法院的设立可分三步走》，载 http://www.dooland.com/magazine/article_685375.html，最后访问时间：2020 年 11 月 12 日。朱大旗、何遐祥：《论我国税务法院的设立》，载《当代法学》2007 年第 3 期。施正文：《我国建立纳税人诉讼的几个问题》，载《中国法学》2006 年第 5 期。杨淑霞、山文岑：《论我国纳税人诉讼制度的构建》，载《河南大学学报（社会科学版）》2008 第 6 期。张富强、吴燕婷：《论纳税人用税监督权与诉讼代理制度的完善》，载《经济法研究》2017 年第 1 期。

第二章　实体税法的规范优化

近些年来，我国落实税收法定原则取得重要进展，多个税种暂行条例上升为法律，环境保护税也是以全国人大常委会立法的形式开征。但正如许多论述所提到的那样，目前税收法定的落实主要是以税制平移的方式，这有利于减少立法阻碍，但对税收的实体制度优化不多。税种以法律的形式规定，有助于提升法律的权威性，这固然可喜；但更进一步的工作应当是推进税收制度尤其是实体法制度不断完善。一种路径是利用制定税法典的契机，全面完善各类税法制度，另一种路径是单项推进，逐次促进单一税法完善。前者更为系统，但是周期长、难度大；后者任务较为简单，更具有可行性。本章专注于实体税法规范的优化问题，选取消费税、个人所得税、环境保护税三个税种中相关的实体法问题作为研究对象；其中消费税立法正在推进中，以恰当的立法逻辑引领税制完善具有基础性意义，个人所得税与环境保护税虽然已有立法，但是制度优化完善也有现实必要性。本章对三个税种立法的不同方面进行研究，为相应税制完善提供有益借鉴。

第一节　消费税立法的完善：立法逻辑的澄清[①]

消费税[②]改革的呼声一直不断，官方也多次阐释了改革的意图。"十二五"规划提出，要合理调整消费税征收范围、税率结构和征税环节，[③] 党的十八届三中全会明确指出要调整消费税征收范围、环节、税率，把高耗能、高污染产品及部分高档消费品纳入征收范围。[④] 在立法机关的工作规划中，消费税被列

---

① 本节主体内容曾发表于《河南财经政法大学学报》。参见邓伟：《消费税的立法逻辑及其展开》，载《河南财经政法大学学报》2021 年第 5 期。

② 广义的消费税包括一般消费税和特种消费税，本节所使用的消费税是指狭义消费税，即特种消费税。

③ 参见《中华人民共和国国民经济和社会发展第十二个五年规划纲要（2011—2015 年）》。

④ 参见 2013 年十八届三中全会审议通过的《中共中央关于全面深化改革若干重大问题的决定》。

为第一类项目。① 2019 年 12 月 3 日，财政部与国家税务总局联合发布了《中华人民共和国消费税法（征求意见稿）》（以下简称《征求意见稿》），延续了消费税基本制度框架，对于消费税税率、税目未有明显调整。

制定消费税法是完善消费税法律制度的重要环节。消费税目前存在诸多问题，"把某些生活必需品和少数生产资料列入了征税范围，存在'越位'问题，未把一些高档商品、高档消费娱乐纳入征税范围，存在'缺位'问题"。②《征求意见稿》并未能有效解决前述问题。不少学者提出了相应的政策建议，如有学者认为消费税的征税范围应该"有进有出""有增有减、以增为主"，③同时明确了哪些商品（服务）应该征收消费税、哪些商品不应该再征税。这些研究对消费税改革具有重要参考价值，但是很少从理论的高度抽象出消费税立法的应然逻辑，致使其理论脉络混乱。税种的功能定位决定了所应遵循的课税原则，课税原则决定了特定对象是否征税以及如何征税。本节试图厘清消费税的理论逻辑，从消费税的功能定位出发，深入探讨被忽略的消费税课税原则，并以课税原则为依据回应消费税税率、税目的完善问题。

一、消费税功能的历史演进与发展趋势

（一）我国消费税功能的历史演进

我国消费税制度经历了几次重大变革，它"随着我国消费政策转型而确立和变化"④。新中国的消费税肇始于 1950 年开征的特种消费行为税，其征税对象为筵席、娱乐、冷食和旅店四种消费行为。⑤ 1993 年，我国颁布《消费税暂行条例》，对烟、酒及酒精、化妆品、护肤护发品、贵重首饰、鞭炮焰火、汽油、柴油、汽车轮胎、摩托车、小汽车等十一种商品征收消费税。2006 年，新增五个消费税税目，即高尔夫球及球具、高档手表、游艇、木制一次性筷子、实木地板，在原来对柴油、汽油征税的基础上，成品油税目扩展到石脑油、溶剂油、润滑油、燃料油、航空煤油，同时取消护肤护发品税目。⑥ 2015 年，对电池和涂料开征消费税，但是对于锂原电池、太阳能电池等免征消费

---

① 参见《十三届全国人大常委会立法规划》，中国人大网：http://www.npc.gov.cn/npc/xinwen/2018－09/10/content_2061041.htm，最后访问时间：2020 年 9 月 20 日。
② 参见安体富、樊勇：《对我国消费税改革的评析与展望》，载《税务研究》2006 年第 12 期。
③ 李晶：《与增值税改革联动的消费税制度创新》，载《税务研究》2014 年第 5 期。
④ 李玉虎：《消费政策变迁与消费税征收范围调整》，载《兰州学刊》2013 年第 9 期。
⑤ 参见 1950 年 1 月中央人民政府政务院发布的《全国税政实施要则》。
⑥ 参见《财政部、国家税务总局关于调整和完善消费税政策的通知》（财税〔2006〕33 号）。

税。① 目前，我国消费税的征税对象有十五类，分别是，烟、酒、高档化妆品、贵重首饰及珠宝玉石、鞭炮焰火、成品油、摩托车、小汽车、高尔夫球及球具、高档手表、游艇、木制一次性筷子、实地木板、电池、涂料。

消费税客观上一直发挥着重要的财政收入功能，20 年间消费税收入从 1997 年的 820.66 亿元上升到 2020 年的 12028.10 亿元，近 10 年消费税收入占各项税收收入的比例保持在 8% 左右，消费税收入是税收收入的重要组成部分（见表 2 − 1）②。从主观上来看，1993 年制定消费税条例的初衷就在于，原来的产品税统一改征增值税之后，为了弥补税收收入的减少，在普遍征收增值税的基础上，选择部分商品征收消费税，作为重要的税收增收手段。③ 可以说，从我国消费税的开征目的以及客观上的收入效果来看，消费税具有重要的财政收入功能。

表 2 − 1　我国消费税收入情况

年份	2020	2019	2017	2015	2013	2011
税收总收入（亿元）	154310.06	158000.46	144369.87	124922.2	110530.7	89738.39
国内消费税收入（亿元）	12028.10	12564.44	10225.09	10542.16	8231.32	6936.21
占比（%）	7.79	7.95	7.08	8.44	7.45	8.29
年份	2009	2007	2005	2003	2001	1999
税收总收入（亿元）	59521.59	45621.97	28778.54	20017.31	15301.38	10682.58
国内消费税收入（亿元）	4761.22	2206.83	1633.81	1182.26	929.99	820.66
占比（%）	4.74	4.84	5.68	5.91	6.08	7.68

但是，从消费税选择的税目来看，也可以发现另一个规律：消费税是对主观或客观有消极影响的对象征税。1993 年消费税税目主要是奢侈品和对环境有害的物品，2006 年与 2015 年所增加的税目也同样具备这一性质。从所减少

---

① 参见《财政部、国家税务总局关于对电池、涂料征收消费税的通知》（财税〔2015〕16 号）。

② 数据来源：由国家统计局网站整理得到，https://data.stats.gov.cn/easyquery.htm? cn = C01，最后访问时间：2021 年 4 月 20 日。

③ 参见《关于确保完成消费税、增值税增收任务的紧急通知》（国发明电〔1994〕26 号）。

的税目来看，也符合这一规律：护肤护发品原属于消费税的征税对象，在经过调低税率后，对香皂、其他普通化妆品的征税最终从消费税税目中取消，[①] 其原因在于，这些产品在 20 世纪 90 年代初还具有一定奢侈性，随着经济的发展和生活水平的提升，这些产品日益大众化、普遍化，对其征税也就失去了调节奢侈消费的意义。此外，目前消费税也呈现出"污染重则税负重"的趋势，如对于小汽车，排量越大则税率越高，对于电池，污染较轻的太阳能电池、锂电池等免征消费税。"为促进环境治理和节能减排""为促进节能环保""为了引导合理消费"等表述在财税部门所发布的诸多消费税文件中越来越频繁出现，环境保护与调节消费成为消费税政策重要的主观目标。更为明显的是，2019 年的《征求意见稿》第 2 条明确赋予消费税"宏观调控"的功能定位，《关于〈中华人民共和国消费税法（征求意见稿）〉的说明》直接表示"消费税是调节税种"，具有"调控特点"。[②]

（二）世界范围的消费税功能发展趋势

世界范围内，消费税的发展也呈现出类似的趋势。一方面，消费税财政收入功能有所减弱。1975 年以来，消费税收入占一国或地区的 GDP 比例与占税收总收入的比例均呈现下降态势，前者在 1975 年平均占比 2.9%，到 2015 年下降为 2.6%，后者在 1975 年占比 10.5%，到 2015 年下降为 7.8%（见表 2-2[③]）。另一方面，将消费税作为调节消费的工具之实践日益增多。原来消费税的征税对象很多，包括诸如糖、食盐、咖啡、火柴、果汁等，但随着一般消费税征税范围的扩大，特别消费税的征税范围日益缩减，且越来越集中于某些被认为有害于健康的消费品，或者不利于公共利益如环保的消费品。纵观国际消费税的征税范围，酒、烟草、成品油、机动车成为各国普遍的征税对象，四者也是消费税收入的支柱，而消费税的环境保护作用日益突出，能源产品和机动车等主要的环境污染产品，以及电池、农药、洗涤用品、塑料袋等不利于环保的污染性产品，开始成为消费税的重要征收对象，"部分国家还对奢侈物品、特种消费行为（如博彩、娱乐等）等征税"。[④]

---

① 参见《财政部、国家税务总局关于调整护肤护发品消费税税率的通知》（财税字〔1999〕23 号），《财政部、国家税务总局关于香皂和汽车轮胎消费税政策的通知》（财税〔2000〕145 号），《财政部、国家税务总局关于调整和完善消费税政策的通知》（财税〔2006〕33 号）。

② 参见《关于〈中华人民共和国消费税法（征求意见稿）〉的说明》，财政部官网：http://tfs. mof. gov. cn/zhengcefabu/201912/t20191203_3434188. htm，最后访问时间：2020 年 12 月 13 日。

③ 表 2-2 数据，参见 OECD (2018), *Consumption Tax Trends* 2018: *VAT/GST and Excise Rates, Trends and Policy Issues*, OECD Publishing, Paris, p. 164: https://doi. org/10. 1787/ctt - 2018 - en，最后访问时间：2020 年 4 月 18 日。

④ 龚辉文：《消费税征收范围的国际比较与启示》，载《国际税收》2010 年第 5 期。

2008 年金融危机以后，"不少国家通过扩大消费税的范围以增加财政收入，匈牙利在 2009 年将煤炭纳入具有消费税性质的能源税征收范围，澳大利亚扩大了啤酒和葡萄酒消费税的征收范围，希腊对特定类型的产品开征奢侈品税等"。[①] 这一过程强化了消费税的收入功能，但是从其所扩大的对象范围看，也是针对能源、酒类、奢侈品等征税，这也可以说明消费税调节消费、保护环境和保障健康的功能得到强化。

表 2-2　OECD 部分国家消费税收入情况

项目	消费税收入占 GDP 百分比（％）			消费税收入占税收总收入百分比（％）		
年份	1975	2005	2015	1975	2005	2015
丹麦	5.1	4.9	3.9	13.8	10.3	8.5
法国	2.3	2.4	2.6	6.5	5.7	5.7
德国	3.0	2.8	2.1	8.8	8.4	5.8
希腊	2.5	2.6	3.9	13.6	8.2	10.7
日本	2.3	1.8	1.6	11.3	6.9	5.1
韩国	3.3	2.7	2.0	22.0	12.0	8.1
英国	4.3	2.8	2.5	12.7	8.7	7.8
美国	1.9	1.0	0.9	7.6	3.9	3.3
OECD 国家平均数	2.9	2.8	2.6	10.5	8.6	7.8

由此可见，不管是在我国还是世界其他国家，消费税一直发挥着收入与调节等多重功能。消费税收入的比重有所下降，但仍是税收收入中的重要组成部分，特别是从其数额来看更是不可忽略的财政收入来源；消费税也越来越多地被用于调节消费行为以保护健康、保护生态环境。可以说，筹集财政收入与抑制有害健康、有害环境的物品消费是消费税功能实践的经验，而且前一功能日益弱化，后一功能日益加强。

---

① 龚辉文：《消费税征收范围和税率的国际变化趋势与国内政策选择》，载《国际税收》2014 年第 3 期。

二、消费税功能的理论分析：以税收功能分类为基础

（一）当前观点：理论重述及其评析

学界对于消费税的功能定位主要有四类观点：一是认为消费税兼具组织税收收入、调节消费结构、纠正外部性的功能；① 二是认为消费税兼具组织财政收入、调控经济和调节收入分配的功能；② 三是认为消费税的主要功能是调节经济③；四是认为消费税的主要功能是筹集财政收入，其次才是调节经济④。实际上，调节消费结构是通过对不同消费品的差异性课税实现的，最后的结果必然是对产业经济运行的调节，所以，调节消费结构、调节消费行为、调节经济本质上具有相似性，只是着眼的视角不同。消费税具有纠正外部性的功能，其基本逻辑是某些消费品具有负外部性，通过消费税内化为成本，可以理解是为筹集财政收入以解决其造成的负外部性问题。调节分配与调节消费行为，可以归纳为调节功能。因此，消费税的功能，可以简化为两类，即收入功能与调节功能。学界的观点可以进行另一种划分：消费税兼具收入功能与调节功能；消费税主要是调节功能；消费税主要是收入功能。对于调节功能，可以进一步分为直接调节功能和间接调节功能，前者包括对不良消费行为的矫正功能、对环境与资源的保护功能、对收入分配的平衡功能，后者包括对社会总需求的控制功能、对社会生产的引导功能。⑤

目前的观点都是描述性的而非论证性的，对消费税功能的研究主要是从实证出发，根据消费税实际所能发挥的作用以及消费税征税的具体范围来阐释消费税的功能，此研究路径贴近现实，可以解释现实，但是难以指引现实，甚至解释也只能是从现实解释现实。其对于征税范围应该如何调整，缺乏足够的说服力，只能泛泛地建议说，世界趋势是对哪些对象征税，因而建议我国也进行相应的税目改进。根本的原因是没有从消费税的本质及其正当性基础的高度理

① 参见贾康、张晓云：《中国消费税的三大功能：效果评价与政策调整》，载《当代财经》2014年第4期。

② 参见郑涵、汤贡亮：《从消费税职能定位看营改增全面实施后的消费税改革》，载《税务研究》2017年第1期；叶姗：《消费税法的解释与解释性规则》，载《社会科学辑刊》2019第1期。

③ 参见李万甫：《消费税的经济分析与政策取向》，载《税务研究》1996年第9期；李升、宁超、盛雅彬：《消费税改革研析》，载《税务研究》2017年第5期；王霞：《宏观调控税的法理问题研析》，载《税务研究》2013年第11期。

④ 参见蒋震：《中国消费税改革研究》，中国税务出版社2015年版，第14页；熊伟：《税收法定视阈下消费税调控权的研究径路》，载《社会科学辑刊》2019年第1期。后者将财政功能作为消费税的本体性、基础性功能。

⑤ 尹南飞、吴秋菊：《试析消费税的经济调节功能》，载《税务研究》2007年第9期。

解消费税的应然逻辑。

主张消费税兼具多种功能而不分主次的观点，不妥之处也很明显。"多种定位将导致消费税在功能上互相冲突或功能作用上互相消解。"① 诚然，从不同的角度看，消费税所发挥的功能确有不同；但是功能应该有主次之分，当多种功能不能兼顾时，哪种功能优先舍弃就可以明确。现实就是一个妥协的过程，应该如何妥协取决于功能主次的理论论证，以收入功能还是调节功能为主导功能，对消费税立法影响深远，学术研究要为制度构建提供有力的理论支撑。

（二）理论溯源：税收本质的再理解

传统研究对于税收本质的认识都立足于财政收入功能，即把税收视为强制的、无偿的、固定的获得财政收入的手段，把税收的全部目的（至少是主要目的）界定为汲取财政收入，税负分配过程中对其他方面的影响是次要目的或附带目的。这在相关税收定义中可以找到验证，"租税者，国家或地方政府，为充给一般支出，与实施经济或社会政策，依一般标准，定期继续的赋予所统治者之强制负担，且恒以各负担者之各自经济能力为限度，而依货币额表示之者也"。② 税收是国家或其他公法团体为财政收入或其他附带目的，对于满足法定构成要件的人强制课予的、无对价的金钱给付义务。③

传统主流理论认识有失偏颇。这些税收理论关注的是过去以及过去得来的各种积累的分配："如果将税收的注意力从过去转向未来，那么，税收就是警察权力（police power）最普遍和最特殊的运用，就是被用来压制和压抑不利的事情，以促进有利的事情。"④ 凯恩斯从经济学理论上论证了财政税收作为经济调控的必要性与有效性，斯蒂格利茨将征税权视为"政府矫正市场失灵的一大优势"，⑤ 马斯格雷夫把税的财政功能概括为配置职能、分配职能和稳定职能，⑥ 当代美国税法名家 Avi-yonah 将税收功能概括为收入、再分配和调节，税收的调节功能就是对可欲的活动予以减免抵扣的奖励、对不需要的活动予以加税抑制⑦。

---

① 蒲方合：《再论我国消费税的功能定位及其制度重构》，载《税务与经济》2015 年第 6 期。

② 尹文敬：《财政学》，商务印书馆 1935 年版，第 231 页。

③ 刘剑文、熊伟：《税法基础理论》，北京大学出版社 2004 年版，第 4 - 9 页。

④ ［美］康芒斯：《制度经济学（下）》，赵睿译，华夏出版社 2009 年版，第 868 页。

⑤ ［美］斯蒂格利茨：《政府为什么干预经济：政府在市场经济中的角色》，郑秉文译，中国物资出版社 1998 年版，第 74 页。

⑥ ［美］理查德·A. 马斯格雷夫、［美］佩吉·B. 马斯格雷夫：《财政理论与实践》，邓子基、邓力平译，中国财政经济出版社 2003 年版，第 3 - 14 页。

⑦ 参见 R. S. Avi-yonah, "The Three Goals of Taxation", 60 *Tax Law Review* 1 (2006), pp. 1 - 28. 原文用 regulation，一般译为规制，也可译为调节。

很明显，税收本质上是国家进行的强制的、无偿的、固定的征收措施，但是其目的不必然是获得财政收入。现实中以行政罚款来限制污染和通过征税来限制污染，本质上没有区别，都是国家公共管理权的运用，不能因为后者涉及的金钱手段使用了"税"的名称，就必然是财政收入意义上的税收。因此，税收的本质就是国家为了公共目标而实施的强制的、无偿的、固定的征收措施，该公共目标（主观上）可以是汲取财政收入，也可以单纯是进行社会调节，或者兼而有之。据此，以税收目的为标准，可以将税收划分为收入性税收和调节性税收（或者"财政税和调控税"①）。调节性税收是将税收作为调节的手段，出发点是发挥调节功能，资金收入只不过是副产品；收入性税收将税收作为筹集公共物品资金的手段，出发点是筹集收入，只是附带地影响了经济和社会的其他方面。②

（三）消费税功能定位：调节而非收入

在收入性税收和调节性税收的分类中，消费税应当归属于调节性税收，这样才符合消费税的本质，也更能说明消费税的正当性基础。

第一，消费税与收入性税收的主要特征不符。消费税是对部分或者少数消费品所征收的税收。从筹集财政收入的目标来看，宽税基、低税率的税种设计最有利于实现税收征收效率，因为低税率可以降低纳税人的避税激励，提高税收遵从度，宽税基又可以尽可能将更多对象纳入征税范围，扩展收入来源。但是消费税的设计却与此不同：消费税税目集中于特定少数商品，狭窄的税基决定了消费税不可能作为税收收入的主要支柱；此外，消费税的税率设计一般比较高，高税率不仅加剧了税收不遵从而导致税收流失，更主要的是通过消费税提高了消费成本而抑制了该种消费，造成课税对象消费量进一步萎缩。消费税具有明显的"自我消减"的特征，因此，消费税不是收入性税收的理想税种。从本质上看，消费税是以减少或者抑制征税对象的消费量为目的，是典型的调节性税收。

第二，收入性税收可以更好地论证消费税的正当性。消费税的正当性需要置于整个税制体系中来考察。古代也曾经对少数商品如盐、铁等征商品税，而且这些税收成为政府的主要收入来源，但这是因为商品经济不发达且税收征管能力有限，缺乏普遍征税的基础，只能选择部分容易征管且价值较高的商品征税。但现代国家税收征管能力提高，而且在我国以及其他不少国家存在一般商

---

① 张守文：《财税法学》，中国人民大学出版社 2010 年版，第 154 页。

② 税收不以财政收入为唯一目标或主要目标，在立法上已有认可。《德国租税通则》第三条关于税收的定义：税捐乃是金钱给付，其并不构成一项对于特定给付的对待给付，而且是由一个公法的共同团体，为获得收入之目的，对于一切满足法律所定给付义务的构成要件的人，所加以课征；其获得收入得为附随目的。立法上已经承认不以财政收入为目的的税收的合法性。

品税（也叫一般消费税，主要是增值税、货劳税）的情况下，特种消费税的正当性就需要特别证成。在现代税收体制中，增值税征税范围广，且环环课征、前后抵扣、税不重征，是汲取财政收入的主要手段，是典型的收入性税收；而消费税是在增值税征税对象的范围内再选择部分商品征税，如果消费税也是以财政收入为目的，就会面临重复征税的问题：同一商品为何需要征收两次性质相同、目的一致的商品税？而且更棘手的问题是：既然都是承担财政收入负担，为什么是选择一些商品而不是另外一些商品征收消费税？各种商品之间所接受的公共服务有什么不同吗？——如果将消费税定性为调节性税收，那么问题就迎刃而解，因为增值税与消费税是不同性质的税种，不存在重复征税的问题；消费税以调节消费行为为目的，实质上是国家行使公共经济与社会管理的权力，其着眼点主要不是为了从征税对象上获取收入，而是矫正对征税对象的消费行为，使之符合社会公共利益。消费税的"选择性征税"的原因也是在于，消费该种商品具有突出的消极影响。总之，只有从调节性税收的角度才能使消费税在当代税制结构下摆脱"重复征税"与"选择性征税"的责难，从而夯实其正当性基础。

三、消费税的课税原则：基于调节性税收的考察

税收的课税原则是对功能定位的具体落实，是解释课税正当性的重要基础，也是指导税收制度完善的基本原则。特定商品是否需要征收消费税以及征收税率的高低，需要正确的课税原则指引。

（一）主流原则的难题：消费税的解释困境

消费税的税目可以划分为四种类型。第一，对消费者健康有害的消费品，过度消费此类物品会产生负效用，不利于消费者自身的健康，同时也不利于他人的身体健康和整个社会的稳定。第二，对外部环境有害的消费品，如一次性筷子、铅蓄电池、涂料等。对这些生产行为（产品）和消费行为（消费品）征收消费税，其目的是使生产者或消费者通过缴纳消费税来承担其所产生的外部成本，从而达到减少消费和环境保护的目的，同时也可以取得可观的税收收入，用于环境的治理。第三，存在收费困难的混合产品。许多消费品是兼有私人消费品和公共消费品双重性质的混合消费品。政府如果能通过收费的方式弥补具有排他性的混合性消费品的提供成本，就不需要对混合性消费品的消费征税，但若排他收费的成本较高或效率损失过大，则可以考虑对该混合性消费品的消费行为征税。如对四通八达的公路设卡收费十分困难，且会产生巨大的效率损失，此时就可选择征收燃油消费税，为公路的建设和维护提供资金。第四，奢侈性物品。对奢侈品征收消费税，使富人的消费成本增加，可以达到矫

正社会收入分配不公的政策目标，如对高档化妆品、游艇、贵重首饰等征收消费税。①

主流的课税原则包括受益原则和量能原则。受益原则主张，人们应当按照各自从政府活动中的受益数量确定各自应当缴纳的税收数量。量能原则从另一个层面提出了税收的分配原则：按照纳税人的负担能力分配税收。但是两者对于消费税解释都存在困境：

受益原则仅能解释少部分消费税税目。对存在收费困难的混合产品征收消费税，本质而言是为享受特定产品而支出的费用，谁受益谁纳税，与受益原则的内涵一致。有害环境的消费品，可以理解为人们通过消费环境这一公共物品而使自己受益，因而应当支付环境产品的成本，对其征税也符合受益原则的要求。但是对劣质有害物品，人们不仅客观上没能享受到政府支出的好处，自己还直接遭受损害，对该种消费品征税与受益原则并无直接联系。如果把个人健康受损后享受到的医疗保险支出视为从政府处受益，则显得勉强造作。至于对奢侈品征税，消费者也没有从政府的活动中受益。如果按照新受益原则的观点，消费奢侈品意味着良好的经济状况，而个人良好的经济状况源于政府所提供的条件、所营造的环境，因而需要缴纳较多税收，但是这与一般的受益原则存在逻辑断裂。从以上分析可以看出，受益原则真正能够解释的是第二、三类消费税税目，对于第一、四类税目，受益原则在逻辑上难以一以贯之地适用。

量能原则能解释的消费税税目更少。第四类奢侈性物品的消费，体现了消费者较强的税收负担能力，因而承担较多的税收，符合量能原则。第一类有害健康的物品消费与负担能力无关，而且危害较大的烟酒物品的消费群体往往是中低收入阶层。第二类有害环境的消费品的消费，也往往是收入较低的群体，高收入群体更强调健康、自然，常常会选择更环保、更高品质的产品。第三类物品收税，与消费者的负担能力毫无关系。

综上所说，受益原则和量能原则对于解释消费税税目设置存在较大的局限性，不能以统一的逻辑适用于各类税目。因此，消费税课税原则的选择应当另辟蹊径。

（二）消费税课税原则的重构：从调节性税收的本质出发

1. 主流课税原则对于消费税解释存在困境，其根源在于主流原则的适用范围仅限于收入性税收

当理论难以解释实践时，可能是由于实践偏离了理论范式，也可能是理论

---

① 有学者将第一、第二类概括为限制性消费税，第三类称为受益消费税，第四类称为奢侈品消费税。参见李万甫：《消费税的经济分析与政策取向》，载《税务研究》1996 年第 9 期。

落后于实践要求。两种原因本质上也许是统一的：当传统理论不能解释个别实践时，一般认为实践偏离理论；而当大量足够多的偏离案例出现时，就是理论落后于实践了，就该实现理论的范式转变。主流课税原则对于消费税的解释力和指引力失灵了，如果这还不足以断定是理论落后于实践，那么证券交易税、关税以及各种税收优惠等现象在适用主流课税原则时存在的局限性，则足以说明主流理论跟不上实践的发展。对此，应当反思主流理论问题之所在，提出更合适的解释范式。

实际上，主流的受益原则和量能原则，都是税收公平原则的具体表现形式。追根溯源，公平也只是正义的一种具体化，税收公平是税收正义的重要组成部分，但是二者并不等同。传统上，公平可以进一步划分为横向公平和纵向公平，前者要求同等情况同等对待，后者要求不同情况不同对待。具体到税收领域，既包括国家与国民之间的公平，也包括国民与国民之间的公平；受益原则要求公民的纳税与从政府活动中的受益存在公平的关系，量能原则要求考量公民各自的负担能力以区别对待。所以，受益原则与量能原则从税收公平的角度看，并不存在逻辑断裂。

问题在于税收公平本身。并不是说税收公平不值得追求，只是税收公平所针对的问题仅仅是对税收负担如何分配，其中的逻辑展开是：①政府履行公共职能需要财政收入；②财政收入主要通过向公民征税实现；③税收在公民之间的分配应当遵循公平原则；④公平原则可以具体化为受益原则或量能原则。从①至④的每一步都环环相扣，逻辑严谨。但是为什么会出现对于某些税收难以适用的困境呢？因为逻辑起点出现了问题。前述逻辑链条将税收作为筹集财政收入的手段（这也是主流财政理论中对税收本质的认识），税收指向享受政府公共服务的公民财产，因而需要公平分配。正是因为理论将税收的本质界定为财政收入手段，所以，任何税收问题首先从税负分配入手，次而考虑对经济、对社会政策的影响。因此，受益原则和量能原则只是适用于收入性税收，而消费税属于调节性税收，自然会出现解释困境。

2. 调节性税收的课税原则应当是绩效原则

收入性税收强调在纳税人之间公平分配政府为提供公共物品所需要的财政资金，而调节性税收的目的是有效调节消费行为，其逻辑如下：①特定消费具有消极影响；②对该消费对象选择性征收消费税；③该消费受到抑制；④消极影响减弱。消费税的逻辑起点是特定消费对社会具有消极影响，这种消极影响可以是物质层面的，也可以是精神层面的；可以是对物质环境的，也可以是对人身健康的。消费税的目的是减弱该种消极影响。消费税的逻辑明显不同于前述收入性税收的逻辑。有学者已经认识到量能课税在消费税领域的局限，认为

"凡是无法运用量益课税原则加以解释但又确有必要运用税收工具加以诱导的税目，应当划入消费税范畴"。①

为什么不直接禁止该种消费呢？第一，禁止可能引发更多问题。只要存在这种社会需求，一刀切地禁止并不能解决问题，反而会催生各种地下生产消费，滋生大量违法行为，影响社会稳定。征税加重了消费的成本，适当的税负并不会将消费转移到地下，也能缩小消费的规模。第二，征税附带地筹集解决相关问题的资金。简单地禁止，并不会消除该种消极消费，消费依然会存在，所引起的消极问题依然发生，政府还是需要财政支出解决相应的问题。将其合法化征税，并建立消费税收支关联体制，② 虽不能完全解决该类消极问题，但可以筹集一笔资金。比较而言，征税比禁止成本更低。

因此，根据逻辑起点和目的，消费税征收与否以及税率设置高低所应当遵循的原则是：有消极影响的消费可以征税，无消极影响的消费不征税；消极影响严重的多征税，消极作用小的少征税。有些学者总结为"功绩原则"：对于公共利益有功的经济活动，给予优惠；有过的，则课以特别负担。实际上，这也是经济法激励性报偿的表现形式③，符合经济法调制绩效原则的要求，④ 即消费税是因为对象绩效表现不佳而课税，"负绩效"越大，税收越重。当然，"负面影响"的认定是相对的，是在特定情况下依据一般社会认知与专家知识所形成的法律共识。

绩效原则可以很好地解释和适用于有害健康、有害环境的消费品。当贫富悬殊时，奢侈性消费也可以理解为有害消费。⑤ 一方面，勤俭节约是传统美德，奢侈消费害及节俭的品德和社会风尚，因而需要抑制；另一方面，奢侈消费占用了投资和有益消费的资金，有害于社会经济的良性循环，因而需要节制。如果将对奢侈性消费征税理解为调节贫富差距，或者按照量能原则分配财政负担，也未尝不可（但是从奢侈性消费的弹性角度而言，它并不适合作为汲取财政收入的对象），不排除消费税税目在调节的目的之中渗入其他目的（如收入目的）。无可置疑，奢侈性消费可以适用绩效原则。至于对难以收费的混合产品征收消费税，换个角度也可以解释：就我国目前的消费税结构而

① 叶金育：《污染产品课税：从消费税到环境税》，载《中国政法大学学报》2017 年第 5 期。
② 参见朱为群、刘林林：《重构我国特别消费税制度的理论探讨》，载《税务研究》2020 年第 6 期；程国琴：《从量能课税视角看消费税的立法完善》，载《税务研究》2020 年第 6 期。
③ 刘水林：《论民法的"惩罚性赔偿"与经济法的"激励性报偿"》，载《上海财经大学学报》2009 年第 4 期。
④ 张守文：《经济法原理》，北京大学出版社 2013 年版，第 71 – 72 页。
⑤ 熊伟：《税收法定视阈下消费税调控权的研究径路》，载《社会科学辑刊》2019 年第 1 期。

言，此类消费税对应的税目是成品油，虽然其设立初衷是筹集"费改税"后的各类公路、水路、航运线路的维护资金，这种特定目的税以收入为出发点，主要适用受益原则；然而，大量成品油的消费也会破坏环境，需要适当节制该种消费，绩效原则也有适用的余地。如果交通线路维护资金等从一般财政收入中划拨，成品油课税的受益原则色彩将进一步减弱，主要适用绩效原则也就顺理成章了。

四、消费税课税要素的立法完善

消费税的功能定位为调节功能，税目的调整以及各税目的税率的设置应当遵循绩效原则。按照这一逻辑，我国现行消费税税目对应的税率设置存在不足，既有税目的范围也不符合绩效原则的要求，消费税立法应当对此予以完善。

（一）现行消费税税率设置的不足与完善

第一，小汽车税率的不足与完善。现行小汽车消费税，有乘用车、中轻型商用客车以及在这两个基础上加征的超豪华小汽车三个子税目。汽车消耗了大量化石原料，产生多种大气污染物，对环境具有较大负面影响，应当征收消费税；而且气缸越大、燃料耗费相对更多，危害更大，因而征收的税率更高。同时，由于电动车无污染，因此被排除在征税范围之外。这些都是符合消费税绩效原则的。但是，目前的小汽车消费税并没有很好地区分动力的类型，给予相关对象差别化的税收待遇。我国政府大力推广的新能源汽车，除了电动车之外，还包括插电式（含增程式）混合动力汽车和燃料电池汽车。[①] 近年来国家非常重视提升"三电"核心技术，强调纯电动、混合动力（插电/增程式）和燃料电池动力的协调发展。[②] 目前，对纯电动汽车不征消费税[③]，但是混合动力汽车仍要征消费税。从长期来看，包括纯电动、燃料电池技术在内的纯电驱动将是未来新能源汽车的主要技术方向，短期则以普混、插电式混合动力车型作为过渡。[④] "在能够方便充电的城市，插电式混动车其实也是电动车，如果

---

① 参见《国务院办公厅关于加快新能源汽车推广应用的指导意见》（国办发〔2014〕35 号）。

② 万钢：《促进新能源汽车产业健康发展》，载《人民日报》2018 年 12 月 15 日第 6 版。

③ 参见《财政部 国家税务总局关于调整和完善消费税政策的通知》（财税〔2006〕33 号）的附件《消费税新增和调整税目征收范围注释》第七条。

④ 参见《2017 年中国混合动力汽车行业发展现状产业链分析》，产业信息网：http://www.chyxx.com/industry/201803/620962.html，最后访问时间：2020 年 7 月 16 日。

像燃油车一样收取消费税是不公平的。"① 所以，在小汽车消费税的设计方面，应当适当降低混合动力小汽车的消费税，具体应该考虑混动汽车清洁动力的使用占比情况。

第二，酒类税率的不足与完善。从绩效原则的角度看，对酒类征收消费税，主要原因是因为饮酒对人体健康有负面影响，但是随着消费观的变化，某些酒品也逐渐成为奢侈性消费的对象，如数千元一瓶的茅台酒。白酒不区分价格层级统一从价征收 20% 的税率（从量征收的税负很低，在此暂不讨论），未能体现绩效原则的调节要求。一方面，高价白酒与普通白酒相比，除了有害健康外，也具有奢侈性，所以应承当的税负更重；另一方面，卷烟类与白酒类似，部分具有奢侈消费性质的卷烟依据价格类别规定了不同的税率，而且与白酒同属于酒类的啤酒也区分为甲乙类征税。因此，具有奢侈性的白酒应当比一般的白酒征收更高的消费税，可以依据价格将白酒分为甲类、乙类，对价高的甲类规定更高的税率。另外，葡萄酒被纳入"其他酒"项目，统一从价征收 10% 的消费税，也不妥当。葡萄酒酒精含量（度数）一般比白酒低，对人体的危害小，然而葡萄酒也越来越呈现出奢侈性质，以至于一些高档葡萄酒还被用于投资。因此，单一的 10% 的税率并不足以体现葡萄酒的多重消极影响，也应当根据价格级别，设定不同的税率。

第三，成品油税率的不足与完善。不同品级的成品油所造成的污染危害是不一样的。目前我国市场上有 92 号、95 号、98 号等不同种类的汽油，品级越高，意味着辛烷值越高，"高辛烷值汽油能够不同程度地改善汽车 CO 和 NOx 的排放，这种改善效果在热机状态下更为显著"②，因而 98 号汽油的污染比 92 号汽油的污染程度低，根据绩效原则，98 号汽油相应地就应该承受相对更轻的消费税。因此，应该对成品油税率细化，对不同品级的成品油按不同的税率征税，这有利于"健全成品油消费税对环境友好行为的激励机制"。③ 此外，目前对航空煤油暂缓征收消费税④，也不恰当。据研究，飞机每消耗 1 吨航油，就将产生 3.14 吨二氧化碳；有测算表明，航空运输所产生的二氧化碳量

① 参见《比亚迪王传福：建议免除插电混动车消费税》，每经网：http://www.nbd.com.cn/articles/2018-01-21/1185381.html，最后访问时间：2020 年 7 月 16 日。

② 帅石金、李昕晏、王银辉：《辛烷值对现代汽油车油耗与排放影响的整车试验》，载《汽车安全与节能学报》2014 年第 2 期。

③ 白彦锋、唐盟、郭焦锋：《绿色税收体系下的成品油消费税改革再思考》，载《税务研究》2018 年第 11 期。

④ 参见《财政部 国家税务总局关于提高成品油消费税的通知》（财税〔2014〕94 号）。

超过铁路，与水运基本持平。[1] 因此，航空煤油的使用对环境的消极影响不容忽视，而且由于航空煤油不征消费税所形成的成本洼地，可能诱使部分企业以航空煤油的名义购买但实际又通过某些手段转换为其他用途的成品油，导致税收流失。同时，航空煤油不征收消费税，也可能让公众误以为航空运输绿色环保，传递错误的政策信息；而且，航空煤油消费税会传导到乘客或托运人，由于使用航空工具的人群收入能力相对较高，承担一定的消费税也属合理。因此，应该取消航空煤油暂缓征收的规定，以更好地发挥消费税调节功能。

（二）现行消费税税目设置的不足与完善

按照功绩原则，消极作用较为明显的商品与服务应当纳入消费税征税范围，目前消费税税目未能体现这一原则，消费税立法应当适当扩展消费税税目范围。

第一，增加一次性消费品税目。一次性消费品消耗了大量资源，日常使用较多的除了一次性筷子，还有一次性塑料包装物。虽然国家已经发布"限塑令"，[2] 但效果不显著。国家邮政局发布的《中国快递领域绿色包装发展现状及趋势报告》显示，2008 年至 2016 年，我国快递业消耗塑料袋从 82.68 亿个增至约 147 亿个。主要原因在于，政策中的要求不得免费提供塑料袋的规定只能在规范的超市、店面得到执行，在其他非规范的场所，尤其是广大农村，一次性塑料包装物还是免费提供。因此，为了增加塑料袋等一次性商品的使用成本，降低该类制品的使用量，减少对环境的污染，可以将其纳入消费税征税范围。同时为了较少征税成本，可以在此类产品的生产环节征税。

第二，增加奢侈品税目。奢侈品的范围随着时代发展而变化。当前奢侈品的种类很多，例如高档皮草，其中不少是来源于名贵动物的皮毛。貂皮大衣、鳄鱼皮制品等高档皮草制品的过度消费加剧了对自然动物的猎杀，破坏了自然生态，不利于保护生态环境平衡，不利于人与自然的和谐相处；同时高档皮草具有一定的奢侈性，征收消费税有利于调节奢侈消费行为。对于奢侈品的征税，应该把握适当的标准，特别是时间变异因素。由于人们生活水平的提高，以前具有奢侈性的商品可能会变成大众产品，奢侈性商品的认定应该结合具体的经济发展状况和社会普遍观念。不过，地区差异却不在考虑的范围内；由于商品生产和消费流动性大，如果各地税率不一，容易导致各地消费扭曲，也不

---

[1] 蔡博峰、曹东、刘兰翠等：《中国交通二氧化碳排放研究》，载《气候变化研究进展》2011 年第 3 期。

[2] 参见《国务院办公厅关于限制生产销售使用塑料购物袋的通知》（国办发〔2007〕72 号）。

利于全国统一市场的建设，"实行地区差别的幅度比例税率"①的主张不可行。

第三，增加服务业税目。目前消费税只是针对实物产品征税，服务尚未纳入征税范围。消费税调控功能的发挥还有赖于其税基的完整性。以前我国服务业发展较为滞后，征收消费税可能会制约该产业的发展；而当前第三产业产值占GDP的比重已经超过第二产业，我国经济正在由工业主导向服务业主导转变。原来对服务业征收税率不同的营业税，营业税改增值税之后，对服务业普遍征收增值税，且随着增值税税率档次合并，增值税的税收中性更加明显，难以发挥调节的作用。对于那些具有消极影响的服务项目，缺少比较有效的税收调节手段，因此，根据绩效原则，对负面影响较为明显的服务征收消费税势在必行。一方面，部分服务消费呈现出奢侈性，过度的奢侈服务消费不仅有害于经济可持续，也容易引起社会仇富情绪，可以从公共选择、整合社会民意的角度，②综合其精神方面的负面绩效，对奢侈服务征收消费税。有研究表明，相对于实物消费品，服务类商品的消费在不同收入群体之间差别更大。③严峻的服务消费差距需要消费税发挥一定的调节功能。另一方面，奢侈服务资源消耗量大、环境负面影响严重，其物质性的负面绩效也不容忽视。部分服务本身具有高附加值，提供服务的中间生产环节众多，产业链条较长，所耗费的生产要素数量较多，碳排放量较大。④对高档桑拿、高档洗浴、高档餐饮、高档夜总会消费等消费行为征税已经呼吁多年，当前高档服务方兴未艾、营改增后差异调节的手段缺失，对这类服务实施调控的时机已经成熟。

五、结语

既有研究往往忽略了消费税内在逻辑的统一性，将消费税定位为兼顾收入功能、调节功能等多种功能的税种，难以证成消费税的正当性；受益原则、量能课税原则不能解释消费税的合理性基础，也不能指导消费税税目、税率的设置；不少研究都注意到消费税的缺位与越位问题，也指明了应该完善的方向，但是未能从逻辑上合理推导出结论，而仅仅是着眼于现实需要。本节厘清了消费税的内在逻辑，即以调节性税收为功能定位，按照绩效原则进行调节，具有消极影响的商品或服务应该征税，消极影响越大税负越重；以此为基础，合理地提出消费税税目、税率的制度完善建议。

---

① 朱为群、陆施予：《我国奢侈品消费税改革探讨》，载《税务研究》2018年第7期。

② 参见朱为群：《奢侈品消费税初探》，载《上海财税》2003年第2期。

③ 参见黄凤羽、刘维彬：《强化消费税宏观调控能力的若干思考》，载《税务研究》2017年第1期。

④ 参见蒋震：《消费税需要"扩围"至服务业领域》，载《税务研究》2013年第7期。

当然，消费税以调节为主要定位，并不否认其收入作用，但收入只是实现调节的附属产品。消费税是为了调节消费行为、调节特定行业结构而征税，附带地产生了收入，换言之，消费税不能为了收入而将不具有负面影响的产品和服务纳入征税范围。实际上，遵循这一逻辑，作为附属的收入作用在一定程度上也可以得到兼顾，如需消费税提供更多收入，可以按照消费税的调节功能定位、绩效原则，把税目扩展至更多的具有消极影响的对象，或进一步合理提高需要调节的税目的税率。如此，消费税的逻辑得以明晰，附属的收入作用也未忽略。而且调节功能定位与税收法定原则并不冲突，收入功能的消费税需要落实税收法定，调节功能的消费税，既可以政府调节，也可以立法调节，与税收法定完全能够兼容。

另外需要指出的是，虽然当前宏观政策的总体趋势是减税降费，但这是"普惠性减税和结构性减税相结合"，而结构性减税要遵循"有增有减，结构性调整"的原则。因此，调整特定消费税税目的税率，增加特定具有消极影响的商品服务作为税目，也符合宏观政策的要求。

第二节　个人所得税法的完善：立法目的条款构建之倡导[①]

个人所得税法（以下简称"个税法"）是我国税收领域最早进行的立法之一，历次法律制定与修改都没有规定目的条款，使个税法在形式和内容上都留有遗憾。立法目的[②]是立法者意图通过立法所获得的结果，包括作为动机的立法的目的和作为法的价值的立法目的，前者指导法律制度的构建，后者作为评价法的正当性合理性的标准。[③] 立法目的条款是立法目的的法律文本表现形式。当前学界对个税法立法目的条款构建的重要意义以及具体路径缺乏系统而深入的研究。该条款的确立，既要聚焦现实制度，也要参考历史实践，既要关注个税体系内部因素，也要兼顾外部因素，实现历史分析与系统分析有机结

---

① 本节主体内容曾发表于《学习与探索》。参见邓伟：《个人所得税法立法目的条款构建》，载《学习与探索》2020 年第 1 期。

② 个税法目的、功能、作用是三个有区别但又紧密联系的概念。目的是主体的主观意图，功能是基于本身结构所具有的对外界产生特定影响的属性，作用是事务对外界的影响。本节根据不同语境交叉使用三个概念。

③ 参见加藤平新：《法哲学概论》，有斐阁 1983 年版，第 428－429 页，转引自汪劲：《环境法律的理念与价值追求》，法律出版社 2000 年版，第 11 页。

合。① 本节在论述个税法立法目的条款的法律价值的基础上，分析该条款设置所应考量的主要内在与外在因素，并对相关立法目的要求予以平衡协调，从而确定立法目的条款的具体构造。

一、个税法立法目的条款设置的法律价值

立法目的所具有的重要意义以及通过法律条文呈现立法目的的优势，使立法目的条款的设置具有不可替代的法律价值。如果立法目的可有可无，那么，在法律文本中规定立法目的条款也失去意义；如果法律文本在特定的环境中不具有优势，也就没有必要通过法条规定立法目的。

（一）彰显个税法的合法性

第一，作为政策法的个税法需要立法目的证成合法性。秩序法与政策法的合法性基础不同。秩序法是人们长期交往中形成的习惯规则经过技术提炼和立法确认，即可生成法律，秩序法的合法性在于经验。政策法是人为制定出来以实现一定的目的，其合法性必须依据其目的才得以证成。② 个税法具有鲜明的政策法特征，先有征税的规则，才有征税的实践。个税制度设计之始便带有目的性，且目的随着时代的变化而变化。因此，它的正当性不在于长期征税的习惯，而是当下通过个税法所能实现的政策目的。尤其在我国，税法更是作为经济和社会政策的工具，立法目的就成为不可回避的问题。因此，规定立法目的有利于证成个税法作为政策法的合法性。

第二，作为"侵（限）权法"的个税法需要立法目的证成合法性。税收是把纳税人财富中的一部分转移给国家，且该转移是强制的、无偿的、固定的。相对于民法所主张的等价有偿，税法明显具有"侵犯"纳税人财产权的表象。法律的核心目的之一是保护公民财产权，财产权虽然可以受到本身内在限制和外源性限制，但要基于合理的目的，典型的如公共利益目的，它既是限制财政权的依据，又是限制财产权的界限。③ 个税的征收不是对财产权一般意义上的限制，而是直接对财产权的剥夺。权利限制得越严重，所提供的理由就应该越充分。因此，税法更有必要明确立法的公共利益目的，以证成其侵（限）权的合法性。

（二）指引个税法的体系构造

个税法不是作为一种自发秩序而被人们发现，而是人们有意识"设计"

---

① 参见张守文：《改革开放、收入分配与个税立法的完善》，载《华东政法大学学报》2019年第1期。

② 参见苏永钦：《走入新世纪的宪政主义》，元照出版有限公司2002年版，第415页。

③ 参见李累：《论宪法限制财产权的两种形式》，载《学术研究》2001年第8期。

的法律，个税法的规定与个税法的价值，存在"设计与目的"[①] 的关系。立法目的条款是个税法立法的"龙头"，其他规范条款是实现立法目的的"工具"，即个税法体系构造遵循"目的—工具"范式。具体而言，对于实现立法目的不可或缺的规则，应当纳入个税法；对于有利于促进立法目的实现的规则，可以在个税法中体现；无关立法目的的规则，则不必规定；有碍于立法目的的规则，应当从立法中剔除。立法目的是个税法体系构造的起点，也是法律规则是否合理的评价标准。

"目的—工具"范式实际上是结构功能主义方法的表现。结构决定功能，特定的结构具有特定功能，功能也反作用于结构；如果不是为了实现特定功能，也不会形成相应结构。[②] 从立法后的文本来看，个税法的结构决定其功能；但就立法前而言，只有从一定的目的出发，才会设计出法律的特定结构。功能导向的结构塑造，实际上就是目的决定工具的过程。个税立法从目的出发，选择特定的规则工具，形塑为个税法的内部结构，从而具有相应的功能；为了更好地发挥某些功能以实现某一目的，反过来可以对个税法的结构进行调整。

（三）促进个税法的正确适用

法律规范具有一定抽象性，并不是对具体个案处理的直接规定，需要经过解释才能适用于个案。立法的目的和宗旨是立法者为法律适用者提供的立法背景信息，既是解释法律的依据，也为自由裁量提供方向和限制。明确而实际地陈述个税法的目的，有助于对模糊条款的解释。[③] 在狭义的法律解释中，对于法条文义的理解应当扩张解释还是限缩解释，取决于立法真意及立法目的；目的解释更是直接根据立法目的选择合适的解释；漏洞补充中的目的性限缩与目的性扩张也依赖于立法目的。如果法律规范本身就是概括性条款或者包含不确定概念，则需要进行价值补充，也得借助立法目的才能实现。

例如，按原规定，除法定情形以外，受赠人因无偿受赠房屋取得的受赠所得，按照《个税法》第 2 条第 11 项"经国务院财政部门确定征税的其他所得"缴纳个人所得税，税率为 20%。[④] 但新个税法删除该项规定，那么这种受赠所得是否还属于应税所得呢？有三种可能的解释。第一，删除该项规定，使

---

① 参见黄茂荣：《法学方法与现代税法》，北京大学出版社 2011 年版，第 100 – 101 页。

② 参见刘薇华：《方法学原理》，山东人民出版社 1989 年版，第 244 – 249 页。

③ 参见 V. 图若尼（IMF）主编：《税法的起草与设计》（第 1 卷），国家税务总局政策法规司译，中国税务出版社 2004 年版，第 79 页。

④ 参见《财政部、国家税务总局关于个人无偿受赠房屋有关个人所得税问题的通知》（财税〔2009〕78 号）。

得原来属于"其他所得"的项目失去了征税的基础，因此不再征税。第二，虽然个税法没有关于受赠所得的直接规定，但实施细则对于工资薪金所得、劳务报酬所得、偶然所得等多项所得的具体解释中都有"其他"的表述，因此可以对此扩张解释，使原属于第 2 条第 11 项"其他所得"的所得被涵摄于这九项所得中的某一项，从而继续征税。第三，立法删除该项规定，目的可能是，使原属于"其他所得"的项目，部分不再征税，部分继续征税，这种受赠所得是否征税应该综合考虑。实际应该如何解释，必须回归修法目的。如果本次立法是为了降低实际税负，就应当遵从第一种解释；如果是为了从形式上完善个税法的法定程度，就应当遵循第二种解释；如果对于两个目的均有一定程度的追求，则遵循第三种解释。由上可知，立法目的对于个税法的适用具有重要意义。

（四）通过法律表述立法目的的必要性

立法目的是客观存在的，可以从多种方式获知。有的在法律中明确规定；有的可以从法律的名称中看出来，如《消费者权益保护法》；有的则必须通过"逆推法"，对法律的内容规定及其基本价值判断加以分析整合，获得整体法律的立法目的。① 通过法律规定明确个税法立法目的是非常有必要的。一方面，通过法律表述立法目的具有权威性和准确性；法律一般需要明示立法目的，② 在法律中表述立法目的是我国立法的基本趋势。全国人民代表大会及其常务委员会制定的法律，基本上都在第一条阐释了立法目的，税法领域立法目的的缺位问题已经得到重视，财税部门在相关文件中开始有意识地增加目的条款，学界也开始强调税法立法目的的条款的重要性。③ 另一方面，司法实践中已经出现借助立法目的进行诉辩说理的趋势，④ 但对于当事人关于个税法立法目的的意见，法院并没有直接予以评述，可能是由于立法目的条款缺位，法院有意回避以避免不必要的争论。随着涉税案件增加，类似涉及个税立法目的的主张会越来越多。为了向社会明确个税理念并减少理解的分歧，应该在立法中明确表达个税法的立法目的。

---

① 参见杨仁寿：《法学方法论》，中国政法大学出版社 1999 年版，第 127 页。

② 参见《立法技术规范（试行）（一）》（全国人大常委会法制委员会文件法工委发〔2009〕62 号）。

③ 如王霞、刘珊：《消费税法立法目的条款的考量与设计》，载《湘潭大学学报（哲学社会科学版）》2019 年第 1 期。

④ 如有法院通过《税收征管法》的立法目的来论证税收债权的优先性问题，参见中国农业银行股份有限公司绍兴越城支行等诉绍兴金宝利纺织有限公司破产债权确认纠纷案，（2016）浙 0603 民初 10874 号。

二、影响个税法立法目的条款设置的内在因素

立法目的条款是个税法体系内部的重要组成部分，其内容的确定必须置于个税法体系予以考虑。个税法体系是既有体系和历史体系的有机结合：既有体系是当前个税法的各种组成部分，主要包括个税法的规则和原则，它们是影响个税法目的最直接的因素；历史体系是过往个税法的组成部分，对于确定当前税法可能实现的目的具有经验参考价值。

（一）基于个税法规则可能的立法目的

纵览当前个税法主要制度，可以发现个税法可能的目的包括以下四个方面。

1. 汲取财政收入

第一，个税法 2016 年税收收入突破万亿大关，2017 年达 1.197 万亿，且占税收总收入的比例连续上升，仅次于增值税和企业所得税。[①] 个税收入是税收收入的重要组成部分。第二，2018 年修改个税法降低了居民纳税人认定的时间标准，扩大了居民纳税人的范围，从而有助于提高个税收入。不过新个税法提高了免征额，也降低了累进税率，暗含的目的是适当放缓个税收入增长幅度。

2. 规范行政机关的税收权力，减少税收政策的随意性，增加个税征收的确定性

第一，个税法第 2 条删除"经国务院财政部门确定征税的其他所得"，兜底性条款的删除有利于规范税收权力；第二，新个税法第 4 条关于个税免征、第 5 条关于个税减征的批准机关，由国务院财政部门修改为国务院，有利于减少税收政策的随意性。

3. 保障个税顺利征收，提高征收的效率

新《个税法》第 8 条规定的纳税调整（反避税条款），有利于防止纳税人不合理避税；第 9 条以及第 17 条对于扣缴义务人及相应代缴收益的规定，有利于激励相关单位积极协助征税；第 15 条规定了相关机关的税收协助义务，有助于税务机关获取更全面的征税信息。《个人所得税专项附加扣除办法》对各项扣除的拟制标准化规定，也有利于简化操作程序，提高征管效率。

4. 保障纳税人基本生活、经营

新《个税法》第 6 条关于各项应税所得计算的规定，扣除了生活成本、基本费用等，第 5 条规定对困难群体、受灾群体减征个税，可以避免对纳税人的基本生活和经营活动产生负面影响；第 4 条规定对特定收入免征所得税，既有助于保障纳税人基本生活，也有助于激励纳税人积极从事国家所鼓励的活

---

① 由国家统计局官网数据计算而得。

动、事业。

（二）基于个税法原则可能的立法目的

立法目的是个税法原则的更高抽象，个税法原则是对立法目的具体落实。因此，设置立法目的需要考虑现有个税法原则的影响。个税法没有特殊或专门的原则，但作为税法的一种具体类型，税法原则与个税法原则是一般与特殊的关系，税法原则对于个税法不是外部原则，而是贯穿于个税法体系的内部原则。个税法应主要遵循税收法定原则、量能课税原则、税收效率原则，它们对确定税法目的有着重要影响。

第一，依据税收法定原则，个税法不能由经济政策随意调整，因此不能以个税法来调节某些快速变动的经济问题；不过由于累进税率的存在，个税法可以发挥一定程度的自动稳定器的作用。法定原则还要求个税法规范尽可能明确，以减少征税机关的裁量权。这有利于规范政府权力、保护纳税人权益。

第二，依据量能课税原则，个税法应当对收入高、负担能力强的人多征税，对收入低、负担能力弱的人少征税或不征税，累进税率、减税、免税的规则设计基本上体现了量能课税的要求。通过对高收入者"多取"，可以缩小个体间收入差距，因此，个税法可以实现调节收入分配的目的。

第三，依据税收效率原则，一方面，对于发挥经济结构调节功能，个税法受限于普遍、平等征收的要求，难以对特定行业从业者所得予以税收优惠，调节经济结构；另一方面，要保障税收政策的行政效率，需要简化征税措施（如定额扣除、核定征收、起征点等规定）、规定相关个人和单位的税收协助义务等，这可以保障税收顺利征收。

综上，从个税法的原则着眼，个税法可以实现规范政府权力、保护纳税人权益、稳定经济运行、调节收入分配、保障税款顺利征收的目的，但是对于经常变化且与个人收入联系不大的经济结构问题，个税法难以发挥作用。

（三）基于税法历史可能的立法目的

历史上的法律是国家过去解决社会问题的制度安排，属于可以被研究的"事实经验"。历史经验为个税制度目的提供了某种程度的可能性铺陈，立法目的的设定需要考虑个税法曾经发挥的功能。

我国个税的起点是1980年制定的《个人所得税法》，该法对个人800元以上的月收入按照超额累进税率征税。1986制定的《个人收入调节税暂行条例》只对中国公民征收，对超过基数3倍以上（即400～460元以上）的部分才按照20%～60%的超倍累进税率征税。很明显，根据以上规则，负担个税的是极少数富人，筹集财政收入的作用有限，更多的是发挥调节收入分配的作用，这与英德等国为筹集收入而开征个税有所不同①。

同年制定的《城乡个体工商业户所得税暂行条例》，按照 7%～60% 的超额累进税率纳税，没有起征点或免征额的规定，且对年收入超过 5 万的部分还要加征 10%～40%。由于个体工商户相对收入较高，且普遍征，因此，该税的筹集财政收入的目的比较明显；考虑到较高数额的累进税率，该税也具有调节收入分配的作用。

1993 年，以上三税统一为新的《个人所得税法》，规定 800 元的免征额，超过部分按照 5%～45% 的超额累进税率征税，经营所得按照 5%～35% 的累进税率征税，取消了加征的规定。官方目的是强化组织财政收入和适当调节个人收入。相较于旧法，该法降低了税率，调节收入分配的功能有所减弱，强化组织财政收入的作用也很有限，1995 年个税收入才 135.30 亿元，约占税收总收入的 2.17%。

1999 年修订的个税法删除了对储蓄存款利息免税的规定。最直接的目的是抑制储蓄规模，鼓励消费和投资，同时兼具调节个人收入、增加财政收入的目的。2005 年将免征额从 800 元提高到 1600 元，并增加高收入者自行报税的规定，这有利于减轻中低工薪收入者的税收负担，提高税收的征管效率。2007年免征额提高到 2000 元，2011 年提高到 3500 元，调整多类所得的税率级距，此次修法的主要目的是强化个税法对居民收入分配的调节作用。2018 年修改后的个税法已在前文分析，在此不赘述。

综上可知，个税法筹集财政收入的功能一直存在，但是所占税收总收入的比重从 1993 年的 2.17% 上升到 2017 年的 8.3%，绝对数额从 135.30 亿元上升到 1.197 万亿元，收入功能持续增强。早期不管是在主观目的还是制度设计上，收入调节的倾向均非常明显，但是随着税率和级距的调整，个税法调节高收入的作用呈现下降趋势，同时也导致个税经济稳定器的作用下降。虽然有对于购买国库券、国债等特定活动的税收优惠，由于缺乏对特定行业的从业者的税收优惠，个税促进产业发展的功能并不明显。

三、影响个税法立法目的条款设置的外在因素

(一) 税法体系中个税法的立法目的定位

税法体系的功能需要个税法与其他税法的相互分工协调才能实现，个税法的目的定位需要考虑其他主要税种的功能。其他税种未能实现的功能，个税法

---

① 参见张巍：《中国需要现代化的个人所得税——观英德美法个人所得税》，浙江工商大学出版社 2015 年版，第 47、60 页。

可以根据实际情况尽量实现；其他税种所能发挥的功能，个税法可以酌情予以加强。

首先，国内增值税税基广阔，征税效率高，税收收入持续增长，具有稳定的收入功能。2017 年收入达 56378.18 亿元，占税收总收入的 39%。2017 年个税收入超过万亿，也是重要的财政收入来源。因此，个税法可以进一步强化税法体系的收入功能。其次，增值税普遍征收，环环课征、税不重征，且税率档次不断合并，税收中性最为突出，但分配功能有所不足；个税是累进税率，还可对特定所得予以优惠，因而能够较好地发挥分配功能。最后，增值税收入总量大，稍微调整税率，增税减税效果就很明显，从而能够很好地发挥宏观调控功能；个税收入总量相对较小，难以有效调节宏观经济。

企业所得税是我国第二大收入税种，由于纳税主体是企业而非个人，企业所得税法不受人人平等观念限制，可以直接对特定地区（如粤港澳大湾区）、特定行业（如集成电路行业）的企业减免税，因而结构性的经济调控功能突出；个税的纳税主体是个人，不能基于户籍、身份、行业等人身属性而差别课税，因此，结构性调控的目的难以实现。此外，企业所得税对企业创新投入具有明显激励功能，[1] 且由于收入总量较大，对于宏观经济总量调控的影响较为明显，个税此种功能也有所不足。

国内消费税和关税是另外两种较为重要的税种。个税收入与消费税收入基本持平，关税收入常年在两千多亿元。因此，个税与消费税在收入能力方面相近，但比关税具有更明显的收入作用。消费税由于是选择性地对特定消费品征税，可以有效调节消费结构，纠正外部性；关税可以依据政策灵活调整税率，对商品进出口具有显著的调节功能，常常用于国际贸易博弈；个税由于征税主体的普遍性以及更高的法定性要求，调节经济的功能并不明显，但是可以通过累进税率更好地促进公平分配。

综上，从税法体系来看，在财政收入方面，个税可以与增值税、企业所得税、消费税共同发挥作用；在宏观经济调控方面，发挥主要功能的是增值税、企业所得税，个税作用较弱；对于结构性的调节经济、促进特定行业地区发展，企业所得税、消费税和关税功能更明显，个税仅可调节特定活动；在收入再分配方面，个税由于普遍征收与累进税率的设置，相对于其他税种可以发挥更显著的调节分配作用。

---

① 参见杨杨、曹玲燕、杜剑：《企业所得税优惠政策对技术创新研发支出的影响——基于我国创业板上市公司数据的实证分析》，载《税务研究》2013 年第 3 期。

（二）宪法约束下个税法目的的衡量

宪法是根本大法，一切法律的制定，都需要遵守宪法。所谓的"遵守"，一是法律的制定是对宪法的具体化，此乃创制性立法，即设计新的法律规则；二是通过立法承认既存的社会规则，只要不违反宪法规定即可，此乃确认性立法。① 现代社会，有税必有法，不可能先有征税实践然后才有税收立法，个税法的立法目的既要从宪法寻找依据，也要受到宪法的约束。宪法与税有关的直接规定只有第五十六条：公民有依照法律纳税的义务。需要运用体系解释的方法理解宪法约束下税法以及个税法的目的。

宪法规范包括基本国策条款、基本权利条款和国家机构条款。② 国家政策条款也称为国家目标，规定国家发展的方向和原则，在宪法序言和总纲部分体现较多。个税法的目的应该促进国家政策的实现，受到禁止性规定的约束。具体而言，首先，个税法应该有助于实现社会主义目标。社会主义的本质是解放和发展生产力，消灭剥削，消除两极分化，实现共同富裕。个税法的量能课税、累进税率，是消除两极分化的有力工具。其次，个税法应该有利于社会主义市场经济发展，这需要个税法发挥一定程度的宏观调控职能。最后，个税法应当促进文化、教育、医疗、环境等事业的发展，但受制于普遍征收的要求，个税难以对特定行业的个人直接予以差别课税，这些方面的促进能力有限。

宪法基本权利条款是对公民基本权利的确认。《宪法》第 33 条规定法律面前人人平等，那么个税法就不能因个人自然因素或难以更变的因素而设定不同的征税标准。宪法保障公民受教育、救济、优抚优待的权利和儿童权利，个税法可以对这些项目的相关支出减免税、不征税，以保障权利的实现。

宪法国家机构条款规定制定法律的权力属于全国人民代表大会及其常务委员会，加上《立法法》第 8 条的规定，个税征收只能制定法律，即遵循税收法定原则。

从宪法体系来看，宪法所规定的诸多基本权利、国家职责等条款，需要充足的财政资金保障才能落实，资金从何而来宪法没有明确。宪法规定的国家（全民）所有权、国有企业等可为国家提供收入，公民的纳税义务也应当是国家收入的重要来源。就此而言，个税法目的还包括筹集财政收入。

综上，个税法的立法目的，应该遵循社会主义、市场经济的大方向，在不违反宪法所要求的平等原则、保护合法财产权等基本权利的前提下，在可能的空间内促进科教文卫等事业的发展，筹集财政收入。

---

① 参见叶海波：《"根据宪法，制定本法"的规范内涵》，载《法学家》2013 年第 5 期。

② 参见陈新民：《宪法学释论》，三民书局 1997 年版，第 897 页。

（三）国家政策视野下个税法立法目的的走向

国家政策是国家或政党为实现一定历史时期的政治、经济、文化等任务而制定的统一的行动准则和依据。不同于宪法中的基本国家政策条款，此处所述之国家政策不具有法律规范效力，制定主体不是立法机关，而是执政党和国务院。部分政策指导着立法，属于法律之上的政策，即法律指导政策，① 从经验主义视角下法与政治的依赖关系②来看，个税法的立法目的必然受到此类国家政策的影响。

党的十八大报告指出，税收应当有利于结构优化和社会公平。《中共中央关于全面深化改革若干重大问题的决定》指出，财政是国家治理的基础和重要支柱，科学的财税体制是优化资源配置、维护市场统一、促进社会公平、实现国家长治久安的制度保障。2014 年中共中央政治局审议通过《深化财税体制改革总体方案》，明确深化财税体制改革的目标是"建立统一完整、法治规范、公开透明、运行高效，有利于优化资源配置、维护市场统一、促进社会公平、实现国家长治久安的可持续的现代财政制度"，"充分发挥税收筹集财政收入、调节分配、促进结构优化的职能作用"。以上政策表明，今后相当一段时期内税收和税法需要遵循筹集财政收入、促进公平分配、优化经济结构和资源配置等目的指向，并着力提升其在国家治理中的作用。

"十三五"规划（2016—2020）提出，要稳定宏观税负，提高直接税比重；2019 年政府工作报告提出要实施更大规模减税，普惠性减税与结构性减税并举。根据普惠性减税的政策要求，个税法存在降税的空间；但是根据结构性减税以及提高直接税的比重的要求，个税法也可能不减税，在其他税种减税的背景下，不减税的个税比重自然上升，或者为了进一步增加个税直接税比重，也可以适当增税。相对强化个税法的收入功能是必然趋势，收入数额是否会绝对提高，还需要根据整体形势决断。

综上，在国家政策影响下，个税法的收入功能将进一步强化，促进公平分配和发挥治理作用需要考虑加强。

四、个税法立法目的条款的具体构建

（一）个税法立法目的的应然取向与已然呈现

1. 演绎而下：个税法立法目的的应然取向

外部因素是个税法自身系统之外的税法体系、宪法规范和国家政策等，作

---

① 参见彭中礼：《政策概念的法规范分析——基于 1979—2016 年现行有效法律文本的解读》，载《安徽大学学报（哲学社会科学版）》2016 年第 3 期。

② 参见汪太贤：《对立与依存：法与政治关系中的两大传统》，载《学习与探索》2005 年第 5 期。

为"上位法"或"抽象法",为"下位法"或"具体法"的个税法设定了立法目的之"框",对个税立法目的条款的建构具有应然规定性意义。不过它们的要求或目标过于抽象,因此需要运用演绎的方法,将个税法应然的立法目的具体化。

从税法体系来看,个税目的应当与其他税种协调,相互弥补缺陷,避免功能抵消,协作实现税法目标。[①] 税法体系中其他税种不能很好实现的功能,应成为个税法较为紧迫的目的。因此,按照前述各税种的功能实现情况,个税法最应当发挥的是收入再分配功能,其次是收入功能,最后才是调节特定活动、调控经济发展的功能。从宪法来看,个税对宪法的具体化受到"内容形成"与"越界控制"[②] 的约束。根据前者的规定,个税法需要积极具体化宪法;按照后者的要旨,个税法仅受"不违反"的消极限制。宪法的社会主义目标、基本权利保障要求、财政资金需要,个税法应积极满足。而对于促进科技创新、弥补市场失灵等经济调控目标,个税法力有不逮,只需不违反即可。国家政策对个税法相对强化收入功能的要求,需要予以实现。

综上,从外部因素来看个税法的目的可以具体化为:最应当发挥的是收入再分配功能与财政收入功能,其次是保障个人基本权利,最后才是调节特定活动、促进经济发展的功能。

2. 归纳而上：个税法立法目的的已然呈现

当前个税法立法目的内含于法律制度、原则之中,立法历史可以反映个税法可能实现的目的范围。前述个税法内部因素所呈现的立法目的,多种多样,重要程度也不尽相同,需要运用归纳方法,提炼主要的、重要的立法目的。

每一种目的的重要性可以从个税法条款的多少以及具体规则的设置中窥知。个税法条款最关注的是财政收入目的,如缩短居民纳税人认定时间,实施细则中"其他所得",拟制专项附加扣除政策,在不同程度上有利于税收增加或者减少税额降低幅度。提高征税行政效率也是重要目的,同时也有利于税款足额征收,如有关机构的协力义务、代扣代缴制度,特别是新增的反避税条款。保障基本生活的条款也很多,包括免税条款中部分项目、减征条款、专项扣除以及专项附加扣除条款等。体现收入调节功能的条款虽然只有超额累进税率规则,但这是个税法中最有力和最独特的制度设计,且累进税率对高收入者多征税,加上对部分低收入者少征税,调节收入差距的目的也很明显。激励特定活动的条款不多,主要是对慈善活动的税前扣除以及《个税法》第 4 条中

---

① 参见朱庆民：《税种协调与微观税收负担合理分配的统一论》，载《税务与经济》2001 年第 1 期。
② 张翔：《宪法与部门法的三重关系》，载《中国法律评论》2019 年第 1 期。

特定活动的优惠。约束行政权力的目的仅体现于提高免税所得政策制定机关级别，在个税法中删除"其他应税所得"但在实施细则却保留"其他所得"。调节经济的稳定器功能只能从累进税率制度中分析出来，但累进税制是实现筹集收入、调节收入分配等多种功能的手段，其稳定经济的目的并不明显。

综上，从内部因素来看，个税法的立法目的，首先是筹集财政收入，其次是调节收入分配和保障基本生活，再次是约束权力，最后是促进经济稳定发展。

（二）平衡协调：个税法立法目的条款的具体确定

通过对内在因素的归纳，可以得到个税立法的现实目的；通过对外在因素的演绎，可以得到个税立法的应然目的。现实呈现的立法目的只有符合应然性目的才具有正当性，应然性目的只有适应现实呈现的目的才具有可行性，在两者平衡协调的基础上方能确定正当、合理、可行的立法目的。两种路径得到的立法目的基本相似，但不完全一致，在两个方面需要协调。

1. 范围方面的差异与协调

从范围上看，外在因素所要求的基本权利保障范围更广，促进经济发展的要求更多。宪法上基本权利体现在生存发展、科教文卫等各方面，税法体系对于个人基本权利的关注很少，所以需要个税法发挥更大作用；但是从个税法的内在因素看，个税法主要是保障个人基本生活，对于发展的促进作用并不明显。经济发展是宪法和作为宏观调控法的税法的重要目标，个税法也理应以此为目的，但个税法对于宏观经济影响不大，对于区际经济协调几乎没有作用，与外在因素所要求的全面促进经济发展的范围差距很大。

实际上，外在因素是个税法的"上位法"，根据"法律位阶说"，上位法拘束下位法，上位法为下位法创造一个"框"，并未就具体如何立法作出指示，框内有许多种造法的可能性，都是合法的造法。[①] 只要实际目的不僭越外在因素所设定的可能目的，就属合法。宪法的目标最广，且没有对个税法作出直接要求，个税法的目的只要在宪法目标范围内，即符合宪法；税法体系中其他税种所缺失的功能或者功能薄弱部分，个税法并不需要一一补足，只要不违反税法的一般性功能设定即可。

2. 程度方面的差异与协调

从程度上看，外在因素与内在因素中各种目的重要性程度不一致。外在因素对个税的收入再分配要求较高，宪法的社会主义追求、税法体系其他税种再分配功能的缺失，需要个税发挥突出的再分配功能。但是个税法内部结构方面却不断呈现出降低边际税率、扩大级距的趋势，收入再分配的目的日益弱化。

---

① 转引自杨仁寿：《法学方法论》，中国政法大学出版社 1999 年版，第 73 – 75 页。

外在因素所设定的各种目标的重要性程度，个税法并非要完全与之一一对应。所有法律都是实现宪法目标的工具，但每一部法律有相应的比较优势，因而每一部法律的目的顺位有所差异，对具体的宪法目标的实现程度也存在不同。个税法在可以实现的目的范围内，应当以外在因素所框定的目标为指引，着力实现上位法所追求的目标。筹集收入、再分配是个税法的现有制度可以实现的目的，也是上位法的重要目标，特别是收入再分配在收入端难以通过其他税种实现的背景下，个税法应该强化这一目的；对于调节经济、促进特定活动，虽然处于外在因素的目标范围内，但是受限于自身条件，个税能够实现的程度不高，不必勉强扭曲内在制度以适应该目标。

3. 立法目的条款的具体表述

个税法的立法目的，只要是在外在因素所框定的目标范围内，都具有合法性；对于各种目标的实现程度与优先序列，个税法在自身制度允许的范围内，应当尽力满足外在因素对各种目标的重要性期许，这样个税法更具有合理性。因此，个税法立法目的按照重要性排序应该是：收入再分配、筹集财政收入、保障基本权利、约束征税权力、调节经济。具体表述时，考虑到从基本功能到高层次功能的逻辑，筹集财政收入应该是其他功能实现的基础，足够多的税收数额才能满足再分配的需要，因此，收入功能可放在再分配功能之前。另外，可将约束征税权力调整为规范征税行为，以符合一般法律表述惯例，并置于最前面以提升民众认可度。至于"根据宪法，制定本法"的表述，可不必规定，原因在于，是否规定与是否合宪是两个性质完全不同的问题，[1] 不规定不等于不合宪，且按照立法技术要求，宪法没有直接要求制定个税，则不表明立法依据。[2] 综上，个税法立法目的条款可以表述为：

> 第一条 为了规范征税行为，依法获取税收收入，调节个人收入合理分配，保障公民基本权利，促进经济稳定和发展，制定本法。

五、结语

个人所得税的立法目的是多元的，在特定时期可能会强调不同方面的目的。在确定立法目的时，应将主要目的都囊括进来，使个税制度的构建、适用

---

① 参见童之伟：《立法"根据宪法"无可非议——评"全国人大立法不宜根据宪法说"》，载《中国法学》2007 年第 1 期。

② 参见《立法技术规范（试行）（一）》。

在不同时期都能被立法目的条款指引。此外，应当认识到不同目的之间的关系，并不是彼此完全独立的。一方面，从结构功能分析的视角看，一定的个税法结构会产生特定的功能，立法目的也是基于相应的个税法结构，虽然不同的立法目的对于个税法结构的要求有所差异，但税法的主体结构仍是基本相同的，甚至同一结构可以产生多样的功能、进而实现多种立法目的。另一方面，从文义表述方面看，"规范征税行为，依法获取税收收入，调节个人收入合理分配，保障公民基本权利，促进经济稳定和发展"的个税法目的中，各具体目的是针对不同主体或是从不同角度而言的，相互之间并非冲突的而是紧密联系的。以立法目的引导个税法完善，应当注意这些问题。

第三节　环境保护税法的完善：聚焦于环保税税额地方确定权①

2016 年《环境保护税法》出台后，环境保护税的整体法律框架和主要制度基本形成，法学视角的研究重心应从立法论转向解释论与实施论，以促进该法的制度完善与有效实施。在此背景下，本节研究聚焦于《环境保护税法》第 6 条第 2 款。该条款规定：

> 应税大气污染物和水污染物的具体适用税额的确定和调整，由省、自治区、直辖市人民政府统筹考虑本地区环境承载能力、污染物排放现状和经济社会生态发展目标要求，在本法所附《环境保护税税目税额表》规定的税额幅度内提出，报同级人民代表大会常务委员会决定，并报全国人民代表大会常务委员会和国务院备案。本条款授予地方确定和调整应税大气污染物和水污染物适用税额的权力。

税额（税率）是计算应纳税额的要素之一，也是决定纳税人税负的因素之一，正确理解与实施该条款，有助于合理界定地方权力界限与行使要求、实现该法的立法目的。为此，本节主要分析环境保护税税额地方确定权的规范内涵、实施现状，并就其中存在的不足提出相应的完善建议。

---

① 本节主体内容曾发表于《税务研究》。参见邓伟：《环境保护税税额地方确定权的实施现状与制度完善》，载《税务研究》2022 年第 6 期。

一、环境保护税税额地方确定权的规范内涵

《环境保护税法》第 6 条第 2 款是授予地方确定和调整应税大气污染物和水污染物适用税额的权力（以下简称"地方环境保护税税额确定权"）的法律规范，正确理解地方环境保护税税额确定权的规范内涵，需要从授权目的与行权要求两方面展开。

（一）授权目的：通过税权合理配置以"合理地"保护环境

《环境保护税法》授予地方环境保护税税额确定权，是为了"合理地"保护环境而对环境保护税税权的合理配置。

1. 授予地方环境保护税税额确定权的目的是"合理地"保护环境

探索授予地方环境保护税税额确定权条款的立法目的，既要考虑国家政策因素，也要考虑《环境保护税法》的授权逻辑。

从国家政策看，党的十八大报告对推进中国特色社会主义事业作出"五位一体"总体布局。既然是"五位一体"全面推进，那么各方面建设应当协调进行，在推进生态文明建设的同时要考虑经济发展。在此大背景下，授予地方环境保护税税额确定权条款的立法目的旨在兼顾环境保护与经济社会发展。

从授予地方环境保护税税额确定权条款本身看，地方确定环境保护税适用税额，应"统筹考虑本地区环境承载能力、污染物排放现状和经济社会生态发展目标要求"。《环境保护税法》的基本目标是保护环境，但生态目标设定的高低、生态目标实现的时间长短，需要考虑经济社会发展状况。设定生态目标既不能过低而放任环境恶化和粗放式经济发展，也不能过高而严重影响经济社会的正常发展；实现生态目标，不能操之过急，也不能一味地拖延，应根据环境现状及经济社会发展确定循序渐进的生态治理规划。本条款的授权目的，是为了更好地统筹环境承载力、污染物排放现状和经济社会发展状况，确定"合理的"生态目标。

综上所述，地方环境保护税税额确定权的授予目的，既有侧重，也有兼顾。侧重于保护环境，但是要以兼顾经济社会发展为基础；在不对经济社会发展产生过大负面影响的情况下，适当地追求生态目标。基于此，环境保护税税额地方确定权的目的可概括为"合理地"保护环境。

2. 授予地方环境保护税税额确定权是合理配置税权的体现，有助于实现"合理地"保护环境的目的

授予地方环境保护税税额确定权是合理配置国家与地方环境保护税税额立法权的体现。该条款对税额立法权的配置是，国家立法规定税额上下限范围，地方依据本辖区情况在国家立法规定的范围内确定具体的适用税额。这种权力

配置方式既有利于防止环境保护税税额全国差异过大，又考虑了地方的特殊情况。此外，地方决定具体税额后报全国人大常委会及国务院备案，既有利于发挥地方在环保法治中的自治性优势①，也有利于国家通过备案审查实施立法监督，谨防地方立法放水②。

授予地方环境保护税税额确定权有助于实现"合理地"保护环境的目的。要"合理地"保护环境，关键在于统筹好"环境承载能力、污染物排放现状和经济社会生态发展目标要求"。我国幅员辽阔，各地经济社会生态发展状况差异较大，由国家确定统一的环境保护税税额，难以满足各地的现实需要。授权地方在国家立法规定的税额幅度范围内确定具体的适用税额，可以更好地发挥地方的信息优势，使税额与当地的经济社会生态发展状况相适应，进而实现"合理地"保护环境的目的。

（二）行权要求：地方确定税额的实体限制与程序约束

1. 地方确定税额的实体限制

第一，应税对象限于应税大气污染物和应税水污染物。《环境保护税法》规定的应税污染物包括大气污染物、水污染物、固体废物和噪声，但固体废物和噪声的适用税额由国家立法规定，地方只有确定应税大气污染物和应税水污染物适用税额的权力。

第二，确定权的行使主体是省级人大常委会。税收法定原则要求课税要素由立法机关制定的法律规定，省级人大常委会是省级人民代表大会的常设机关，享有地方立法权，授予其环境保护税税额确定权具有合理性。

第三，地方确定税额的浮动范围有限。《环境保护税法》已经确定大气污染物适用税额为每污染当量 1.2～12 元，水污染物适用税额为每污染当量 1.4～14 元，地方只能在国家规定的上下限范围内确定税额。确定税额下限，是环境保护税调节污染行为的必要举措，而明确上限，则是环境保护税遵循国家课税限制规则③的客观要求。

第四，地方确定税额应当有所依据，即统筹考虑本地区环境承载能力、污染物排放现状和经济社会生态发展目标要求。这是实现该条款授权目的最关键的实体要求。"统筹考虑"意味着既要保护环境也要兼顾经济社会发展，在坚

---

① 参见王慧：《环保事权央地分权的法治优化》，载《中国政法大学学报》2021 年第 5 期。

② 参见梁鹰：《备案审查视角下地方立法"放水"问题探讨》，载《地方立法研究》2021 年第 6 期。

③ 参见王婷婷：《税收二元目的视角下国家课税限制规则的分与合》，载《地方立法研究》2022 年第 2 期。

持"生态环境质量总体改善"①的基础上，依据环境污染状况、经济社会发展情况等因素，确定适当的税额。

2. 地方确定税额的程序约束

按照该条款的规定，地方确定税额应当遵循"提议—决定—备案"的程序要求。

省、自治区、直辖市人民政府（以下称"省级人民政府"）提议是地方确定税额的基础。将政府提议作为启动税额确定程序的起点，具有现实必要性。政府专业技术能力较强，有能力在统筹考虑各方面因素的基础上提出税额方案。此外，政府积极参与税额方案起草过程，有利于税额方案的贯彻实施。

省级人大常委会的决定，是确定地方税额的关键。按照《立法法》第72条的规定，省级人大常委会享有制定地方性法规的立法权，授权其决定税额符合税收法定原则。在实践中，政府提出税额确定方案草案后，一般先由人大有关委员会（一般是财政经济委员会）提出审查意见，再交由人大常委会表决。人大常委会的决定并不是对同级政府提议草案进行过场式表决，而是可以调整方案内容②。

向全国人大常委会和国务院备案，有助于发挥监督作用。要求地方及时备案，有助于国家了解地方立法情况，同时备案机关通过备案程序确定审查及监督对象，通过审查发现并纠正违法问题③，有助于发挥事后监督作用。

另外，本条款还隐含着地方定期审查税额方案的要求。由于地方税额方案是"统筹考虑各方面情况"的结果，经过一定的时间，各方面条件很可能发生改变，应当及时审查环境保护税适用税额是否适应现实需要，以免违反"统筹考虑"的要求。

二、环境保护税税额地方确定权的实施现状及存在的问题

（一）环境保护税税额地方确定权的实施现状

我国22个省、5个自治区、4个直辖市（本节研究范围不涉及港澳台地区）在行使环境保护税税额地方确定权的过程中，一般会制定和发布"环境保护税适用税额的决定（草案）""环境保护税适用税额的决定"等规范性文

---

① 《中共中央　国务院关于全面加强生态环境保护　坚决打好污染防治攻坚战的意见》（2018年6月16日）。

② 天津就是如此。参见天津市人民政府讨论通过的《关于天津市应税大气污染物和水污染物具体适用税额的决定（草案）》、天津市人民代表大会常务委员会《关于天津市应税大气污染物和水污染物具体适用环境保护税税额的决定》。

③ 参见梁鹰：《备案审查制度若干问题探讨》，载《地方立法研究》2019年第6期。

件。梳理总结地方文件，发现环境保护税税额地方确定权的实施现状体现在以下几个方面。

第一，关于确定税额的程序。地方制定的税额方案，性质上是地方性法规，制定过程不仅要遵循《环境保护税法》规定的"提议—决定—备案"程序，还应遵循地方性法规的制定程序要求。① 实践中，地方确定税额的程序一般分四步。首先，由省级财政部门单独或者联合税务部门、环境保护部门起草税额方案草案并在一定范围内（如有关政府部门、企事业单位和专家等）征求意见，部分省区市还发布"环境保护税适用税额的决定（草案）征求意见稿"公开征求意见。其次，省级人民政府提请同级人大常委会审议。再次，省级人大有关委员会对税额方案草案进行审议并向省级人大常委会提出审议意见后，② 由省级人大常委会对草案进行表决，形成决定。最后，由省级人大常委会向全国人大常委会和国务院备案。

第二，关于调整税额的周期。《环境保护税法》在 2016 年 12 月 25 日通过，并于 2018 年 1 月 1 日起实施，所有省区市都在 2017 年确定了本地区的适用税额。其中，陕西明确税额方案适用 3 年，辽宁规定 2020 年及以后年度具体适用税额方案再研究确定。辽宁在 2020 年决定上浮部分污染物的适用税额；陕西也在 2020 年再次作出决定，但内容是维持原来的适用税额。截至 2022 年 3 月，其他省区市均未对适用税额进行审查或调整。

第三，关于适用税额的模式。其一，时间模式方面。绝大部分省区市采用一贯适用的模式，没有区分方案实施后不同年度的税额差异。少数省区市采用税额逐年增加的模式，其中：云南规定大气和水污染物适用税额每污染当量在 2018 年 1 月至 12 月分别为 1.2 元、1.4 元，2019 年 1 月起，分别为 2.8 元、3.5 元；内蒙古规定大气和水污染物适用税额在 2018 年分别为每污染当量 1.2 元、1.4 元，2019 年分别为 1.8 元、2.1 元，2020 年起分别为 2.4 元、2.8 元。其二，空间模式方面。绝大部分省区市采用区域内税额统一模式；少数省区市采用区域内税额差异模式，其中，江苏划分了两类地区分别适用两档不同的税额，而河北则划分了三类地区分别适用三档不同的税额。其三，客体模式方面。大部分省区市采用统一模式，对所有征税客体统一适用一档税额；部分省

① 如四川、甘肃、陕西、贵州、吉林、江西、内蒙古等省区市的"拟定地方性法规草案和制定规章程序规定"就对拟定地方法规草案的程序有专门规定，一般包括立项、论证与审查、决定、备案等程序，论证环节包括征求意见。

② 部分省区市的"环境保护税税额方案决定"提到，先由省级人大相关委员会审议，再由省级人大常委会作出决定。其中，辽宁、黑龙江、河南、云南、宁夏是人大财政经济委员会先审议，陕西是人大财政经济委员会和预算工作委员会共同审议。

区市采用差异模式，区分主要大气（或水）污染物和其他大气（或水）污染物，分别适用不同的税额，如上海、湖北、云南等。

第四，关于税额的具体数额。内蒙古、辽宁、吉林等 13 个省区市大气和水污染物适用税额为《环境保护税法》规定的幅度税额的下限，分别是每污染当量 1.2 元和 1.4 元；北京大气和水污染物适用税额为《环境保护税法》规定的幅度税额的上限，分别是每污染当量 12 元和 14 元；其他省区市的适用税额在《环境保护税法》规定的幅度税额的上下限之间。相对于排污费征收标准而言，北京、天津、河北等 13 个省市提高了征收标准，其他省区市平移了排污费标准。整体而言，空气质量较差的地区或经济发展水平较高的地区，税额较高；但个别地区环境质量较差、污染物排放量较多，税额却较低①。

第五，关于确定税额考虑的因素。从各地对税额方案草案的说明看，地方确定适用税额考虑的因素主要有六个方面：①保护环境目标。适用税额高于原排污费标准的省区市，一般会强调这一因素。②经济发展因素。不同经济发展条件会影响税额的高低，一般经济较发达地区的适用税额会高于原排污费标准。③企业税收负担因素。不少省区市测算了适用税额对企业税负的影响，将新增税负控制在企业可承受的范围内。④污染物治理成本因素。部分省区市明确考虑治污成本，所确定的每污染当量税额高于每污染当量治污成本。⑤排污费平移因素。部分省区市以平移原则为基础，将原排污费标准确定为适用税额标准。⑥周边省区市征收标准因素。多个省区市考虑了周边省区市的税额标准，使本省（区、市）税额与邻省（区、市）基本接近，避免税额过低形成税收洼地、税额过高增加企业负担。

第六，关于确定税额的方法。绝大部分省区市采用定性的方法确定税额，统筹考虑生态、经济、治理成本、周边省区市税额标准等因素。另有重庆、四川等少数省区市采用定性与定量相结合的方法确定税额。如重庆在定性考量环境承载能力、经济社会发展的目标、企业的税收负担和减排空间、周边省区市税额标准等因素的基础上，还采用了"平均治理成本 + 系数调整"的定量方法，"通过熵权法对环境承载能力、污染物排放现状和经济社会生态发展目标要求进行定量分析"，加权测算出税额调整系数，进而确定税额。②

（二）环境保护税税额地方确定权实施存在的问题

首先，不少省区市在确定税额的过程中没有公开征求意见。一方面，四

①　参见张伊丹、葛察忠、段显明等：《环境保护税税额地方差异研究》，载《税务研究》2019 年第 1 期。

②　参见《关于〈重庆市大气污染物和水污染物环境保护税适用税额方案（征求意见稿）〉的说明》。

川、陕西、贵州、吉林、江西、内蒙古等多个省区市制定的"拟定地方性法规草案和制定规章程序规定"中明确规定，直接涉及公民、法人或者其他组织切身利益的地方性法规草案，"应当"向社会公开征求意见，环境保护税税额的多少会影响企业的经济利益和当地公民的环境利益，因此环境保护税税额方案制定时应当向社会公开征求意见，然而，有的省区市公开征求意见了，而有的省区市并未公开征求意见。① 另一方面，"拟定地方性法规草案和制定规章程序规定"中没有要求公开征求意见的省区市，只是在有限的范围征求意见，而没有公开征求意见。

其次，地方确定税额的方法有待改进。绝大部分省区市采用定性的方法，统筹考虑环境、经济、企业税负、周边省区市税额标准等因素确定税额。定性的方法有利于把握各类因素的性质及其对税额的影响机制，但缺失定量方法，影响税额确定方案的说服力。有的省区市在定性基础上采用了定量方法，但仅考虑了"环境承载能力、污染物排放现状和经济社会生态发展目标"因素，没有与定性因素相对应。②

最后，大多数省区市未及时审查已确定的适用税额。按照《环境保护税法》授权条款的要求，地方确定税额需要统筹考虑经济社会发展与环境保护。相对于 2017 年各省区市确定税额时的经济社会发展与环境保护状况，近年来我国在这些方面发生了较大变化。一方面，我国经济稳步增长，GDP 从 2017 年约 83 万亿元增长到 2021 年约 113 万亿元。③ 预计未来 15 年我国经济不仅规模显著增加，而且结构也将发生明显变化④。另一方面，我国环境状况和生态目标定位也发生了变化。其一，虽然我国污染治理成果显著，但是环境污染的根本症结仍未解决。重点地区大气污染仍然严重，全国Ⅲ、Ⅳ类水质面积增加，部分整治过的水体返黑返臭，部分重点监测湖泊水质出现下降⑤。其二，我国将生态目标置于更加重要的地位：2017 年，党的十九大报告指出，要树

---

① 如四川、陕西、内蒙古、吉林等省区市的"拟定地方性法规草案和制定规章程序规定"，明确规定要求公开征求意见，但未在网上公开发布税额确定方案草案的征求意见稿。

② 依据《关于〈重庆市大气污染物和水污染物环境保护税适用税额方案（征求意见稿）〉的说明》，重庆从环境承载能力、经济社会发展的目标、企业的税收负担和减排空间、周边省区市税额标准等多方面因素来论述税额方案的合理性。但在定量考量时，仅仅对"环境承载能力、污染物排放现状和经济社会生态发展目标"进行定量分析，定量考量的因素与定性考量的因素不匹配。

③ 数据源于国家统计局网站。

④ 参见中国社会科学院宏观经济研究中心课题组：《未来 15 年中国经济增长潜力与"十四五"时期经济社会发展主要目标及指标研究》，载《中国工业经济》2020 年第 4 期。

⑤ 参见靳彤：《环境绿皮书：中国环境发展报告（2019—2021）》，社会科学文献出版社 2021 年版，第 1—20 页。

立和践行绿水青山就是金山银山的理念；2018 年，生态文明入宪，同年启动"蓝天""碧水""净土"三大保卫战；2021 年，国家对深入打好污染防治攻坚战作出进一步部署。其三，国家强调"近期是我国有条件有能力解决突出生态环境问题的窗口期，必须加大力度、加快治理"，[①] 要"严格执行《环境保护税法》"。[②] 因此，在需要统筹考虑的因素发生较大变化的情况下，各地应当及时审查环境保护税税额是否适应现实需要。但各地在 2017 年确定环境保护税额以后，大多数省区市没有对适用税额进行审查。

三、环境保护税税额地方确定权制度的完善

（一）完善税额方案公开征求意见制度

从法理的角度而言，公开征求意见是地方制定法规的必要环节。地方在确定环境保护税税额的过程中公开征求意见也是依法治税的必然要求。一方面，公开征求意见是民主立法原则的体现。民主不民主，要看人民有没有投票权，更要看人民有没有广泛参与权。[③] 环境保护税适用税额方案草案向公众征求意见，有助于保障公民的立法参与权，体现民主立法原则。另一方面，公开征求意见有助于提升税额确定的合理性。环境保护税贴近当地群众生活，调研、听证会等方式所听取意见的范围有限，难以充分反映不同群体的利益[④]；公开征求意见有助于群众反映不同利益诉求，从而提升税额确定的合理性。

针对当前公开征求意见制度存在的问题，可从以下方面进行完善。

首先，落实地方既有规章关于公开征求意见的规定。部分省区市制定的"拟定地方性法规草案和制定规章程序规定"中明确要求涉及公众切身利益的地方性法规草案应当公开征求公众意见，这些省区市应当严格按照规定公开征求意见。

其次，从国家立法层面规定税额方案公开征求意见的要求。目前已有部分省区市的"拟定地方性法规草案和制定规章程序规定"要求公开征求意见，但还有部分省区市没有规定涉及公众切身利益的地方性法规草案应当公开征求公众意见。因此，应在《环境保护税法实施条例》中规定，地方起草环境保

---

① 《中共中央　国务院关于全面加强生态环境保护　坚决打好污染防治攻坚战的意见》（2018 年 6 月 16 日）。

② 《国务院关于印发打赢蓝天保卫战三年行动计划的通知》（国发〔2018〕22 号）。

③ 习近平：《坚持和完善人民代表大会制度　不断发展全过程人民民主》，载《人民日报》2021 年 10 月 15 日，第 1 版。

④ 参见黎晓武、杨海坤：《论地方立法中公众参与制度的完善》，载《江西社会科学》2004 年第 7 期。

护税税额方案草案时，应公开征求公众意见。

最后，完善公开征求意见的配套措施。一方面，地方应建立立法信息公开制度，公示税额方案的草案、背景资料，确保公众获得全面信息①；另一方面，应建立专门的工作组，收集、整理公众对草案的意见和建议，草案提交地方人大常委会审议时应附上公开征求意见情况及采纳与回应情况。

（二）完善确定税额的方法

各地在确定税额时，应采取定性与定量相结合的方法。

一方面，采用定性方法，全面考量对税额确定可能产生影响的各种因素。具体包括：①环境因素，包括环境承载能力、污染物排放现状、生态环境保护的目标定位等；②经济因素，包括企业税负、企业税负的省际比较、治污成本、产业发展阶段、经济增长状况、经济发展的目标定位等。

另一方面，采用定量方法，将定性因素定量化。采用定量方法应注意两个要点：一是定量考量与定性考量相呼应，即定性考量因素的每一项都应有对应的定量考量；二是每一项考量因素都要赋予合适的权重，并选择适当的函数关系，计算出适用税额的结果。

定性与定量相结合方法的方法，各省区市在确定本地区整体适用税额时可以采用，各省区市在确定区域内不同地方的税额时，也同样可以采用。

（三）地方定期审查本地税额方案

首先，关于为什么要定期审查税额方案。地方税额方案的确定，需要"统筹考虑本地区环境承载能力、污染物排放现状和经济社会生态发展目标要求"。未来一段时期，我国经济将处于快速转型发展阶段，经济社会生态状况变化较快，税额可能适应、也可能不适应经济社会生态发展的需要。因此，地方须定期审查税额方案，以确保税额适应现实需要。

其次，关于如何进行定期审查。其一，定期审查的周期。审查的周期不宜过短，过于频繁的审查将耗费较多立法资源；审查周期也不宜过长，我国处于快速转型发展阶段，过长则难以满足现实需要。审查周期设定在 3 ～ 5 年较为合适。其二，定期审查的内容。地方要定期考察既有税额方案与当前"本地区环境承载能力、污染物排放现状和经济社会生态发展目标要求"是否相适应。其三，定期审查的程序。先由相关行政机关（一般是省级财政部门）在调查研究的基础上拟定对既有税额方案的审查意见草案，然后向社会公布并公开征求意见，充分吸收合理意见并对草案进行完善，再由省级人民政府提请省

---

① 参见宋方青：《地方立法中公众参与的困境与出路》，载《法学》2009 年第 12 期。

级人大常委会审议，省级人大常委会表决通过后，再报全国人民代表大会常务委员会和国务院备案。

最后，关于定期审查结果的处理。审查有两种结果。一种是税额方案难以满足现实需要，须调高或降低适用税额。一般而言，税额应适当调高，以满足人民日益增长的生态需要；但特殊情况下，也可能需要降低适用税额以缓解经济下行压力。另一种结果是既有税额方案基本能够满足需要，本周期内无须调整。无论是何种结果，都应当有较为充实的审查依据，确保税额方案的科学性。

以上关于地方定期审查本地税额方案的建议，可以在作为行政法规的《环境保护税法实施条例》中作出明确规定，使定期审查上升为法律的强制性要求。

（四）国家备案机关适时审查地方税额方案

首先，关于为什么要备案审查。一方面，备案审查有法律依据。根据《立法法》第 99 条的规定，全国人大常委会有权对可能同宪法或者法律相抵触的地方性法规进行审查；根据《立法法》第 102 条的规定，国务院接受地方性法规的备案，也可对其进行审查。据此，全国人大常委会和国务院接受备案继而审查作为地方性法规的适用税额方案，符合法律的要求。另一方面，备案审查符合现实需要。备案审查是国家监督地方立法的一种方式，国家备案机关不定期地审查，有助于推动各省不断优化税额方案。

其次，关于如何进行备案审查。其一，备案审查的主体。接受备案及启动审查的主体是全国人大常委会和国务院，具体工作目前分别由全国人大常委会法制工作委员会下设的法规备案审查室和国务院的司法部负责。全国人大常委会或国务院可以主动实施审查，也可以依有关单位和公民提出的审查建议而进行审查。① 其二，备案审查的周期。由于地方税额方案众多，定期逐一审查地方税额方案任务繁重，且已经规定地方应定期审查税额方案，因此，无须再规定备案审查的周期，备案审查机关可适时主动或者依据有关主体的提议对特定省区市的税额方案进行审查。其三，备案审查的内容。一般而言，备案审查包括合宪性审查、合法性审查和适当性审查②。地方依据《环境保护税法》规定的税额幅度确定本地适用税额，审查机构要审查地方制定税额方案是否符合法

---

① 《立法法》第 99 条规定，国务院、中央军事委员会、最高人民法院、最高人民检察院和各省、自治区、直辖市的人民代表大会常务委员会，以及其他国家机关和社会团体、企业事业组织以及公民，可以向全国人大常委会书面提出审查建议。《法规规章备案条例》第 9 条规定，国家机关、社会团体、企业事业组织、公民可以向国务院书面提出审查建议。

② 参见梁鹰：《备案审查制度若干问题探讨》，载《地方立法研究》2019 年第 6 期。

律规定，即合法性审查，还要审查地方确定的税额是否适当，即适当性审查。①

最后，关于备案审查结果的处理。全国人大常委会和国务院均有权对地方税额方案进行审查，如果审查结果认为地方税额方案不适当，处理如下：①全国人大常委会法制工作委员会法规备案审查室经审查认为地方制定的税额适用方案不适当的，可先沟通协商，若制定机关不愿纠正，可由全国人大常委会法制工作委员会向制定机关发出书面纠正函，还不纠正的，由全国人大常委会委员长会议提请常委会会议审议撤销②；②国务院经审查认为地方制定的税额方案不适当，由国务院提请全国人民代表大会常务委员会处理，处理程序同①。

四、结语

国家立法规定了环境保护税的适用税额幅度，授权各地统筹考虑本地区环境承载能力、污染物排放现状和经济社会生态发展目标要求而确定本地的适用税额。地方如何确定具体税额，既有程序方面的要求，也有实体方面的限制，既有实践与研究往往注重程序的合法性，但对于实体限制缺乏足够关注。地方确定适用税额应当按照立法授权的指引，进行较为充分的说理，使确定适用的税额兼具合法性与合理性。

这里的税额地方确定权，与下文的税收确定权不是同一个事物。其一，适用领域不同，本处税额确定权仅适用于环境保护税领域，下文的税收确定权在所有税收领域都适用。其二，权力性质不同，本处是地方依据立法通过规范性文件确定当地环保税具体适用税额的权力，而下文的税收确定权是特定经济活动发生后征纳一方在课税要素满足的前提下依法确定应纳税额的权利。当然，两者也并非完全没有联系，在环境保护税法领域，地方税额确定权是环保税税收确定权人确定税额的大前提，没有前者后者就无法实施。在此，特说明两个确定权的关系。

---

① 依据《法规规章备案条例》第 10 条的规定，国务院对地方性法规不能进行适当性审查，因此，国务院对于地方人大常委会制定的环境保护税税额确定方案只能进行程序方面的合法性审查。

② 参见梁鹰：《备案审查制度若干问题探讨》，载《地方立法研究》2019 年第 6 期。

第三章　程序税法的制度创新

程序税法不仅是落实实体税法的保障，其自身也具有独特的价值。程序税法贯穿实体税法运行的各个环节，影响纳税人实施经济活动前后多方面决策。程序税法涉及诸多理论与实践问题，其中事先裁定、税收确定权和税务司法具有前沿性，它们或在我国尚处于实践探索阶段，或还仅限于理论争鸣阶段，对其进行专门研究，有助于推进程序税法制度进一步创新。此外，这三个程序问题对于纳税人还具有特殊意义：纳税人实施经济活动前取得税收事先裁定，可以提高税收确定性；在税收征纳过程中合理配置确定税收的权利，可以保障纳税人权利，提高征纳效率；在税收纠纷产生后，专业化的税务司法可以公正有效地处理纠纷、回应纳税人诉求。基于此，本章将对这三个程序制度进行针对性研究。

第一节　税务纠纷的防范：税收事先裁定①

一、税收事先裁定的研究现状与问题

（一）国内事先裁定的研究现状

国内现有对税收事先裁定制度的研究主要集中在以下三大方面：

第一，分析定义、性质、意义、可行性和必要性。

在国内，事先裁定也称作事前裁定、预约裁定。事先裁定的定义基本可以划分为两类，一类认为事先裁定是关于纳税人具体经济活动所适用税法的解释，② 另

---

① 本节主体内容曾发表于《经济法学评论》。参见邓伟：《税收事先裁定制度——本质、理念与实践》，载《经济法学评论》2016 年第 1 期。

② 有学者认为事前裁定是纳税人就特定业务发展规划的全部税收后果向有权威的税务机关提出咨询，由有权的税务机关所作的公开答复。参见谭珩：《我国应推行税收事前裁定制度》，载《税务研究》1996 年第 7 期。有学者认为事前裁定是一种预先的执法活动，是税务管理部门在核定纳税人（或委托税务代理人）事先筹划的纳税方案过程中，根据事实公开发布的裁决和意见，也包括对纳税人所提问题的公开答复。其目的在于使纳税人预知他们的业务安排将具体适用何种税收政策、享受什么样的税收待遇。参见张健、王伟：《试论税收筹划与事前裁定制度》，载《财税理论与实践》（季刊）1997 年第 3 期。有学者认为事先裁定是税务机关就纳税人申请的关于未来的特定事项如何适用税法而专门发布解释性文件的程序的总称。参见刘磊、熊晓青、周妍：《事先裁定制度研究》，载《税务研究》2012 年第 9 期。

一类认为裁定不仅包括税法适用问题，还包括税款计算。①

关于事先裁定的性质，有学者认为事先裁定本质上是一种纳税服务，引入事先裁定制度是深化纳税服务的必然要求。② 有学者认为事先裁定具有契约治理性质，纳税人提供具体的交易过程相当于要约，税务机关予以税法解释并给出确定性的税收预期相当于承诺。③ 有学者认为事先裁定本质上属于行政指导的范畴。④ 有学者将"预约裁定"定性为依申请的具体行政行为，即税务机关针对纳税人提出的申请，就其未来从事某项经营活动，是否应该纳税、纳何种税、如何计算税额等税法适用问题作出专门解释，并对此申请依法作出书面裁定的行为。⑤

关于事先裁定的意义，有学者认为它有利于纳税人正确地制定经营决策、有利于税务机关正确地执法，从而减少不必要的诉讼。⑥ 有学者认为事前裁定有利于正确划分税收筹划和偷税的界限，可以为纳税人的税收筹划决策提供保障，并有效减少因执法偏差而导致的税收筹划失败。⑦ 有学者认为事先裁定制度有利于保护纳税人权利，有利于加强税务管理，有助于构建和谐的征纳关系。⑧ 有学者认为事先裁定是纳税服务创新、纳税人权利形态创新和税收契约内涵创新。⑨

第二，介绍我国事先裁定有关实践和域外制度。

有报纸报道了事先裁定在我国的实践案例，如安徽省国税局对企业重组中的相关税收问题作出裁定，青岛市国税局依照相关法律法规，对两个企业合并

---

① 有学者认为事先裁定制度是纳税人申请的关于未来的特定事项应如何适用税法而专门发布解释性文件以及在申请人提供必要条件后为其计算确定未来应纳税额的制度的总称。参见张松：《关于修订〈税收征管法〉若干问题的再认识》，载《税务研究》2013年第5期。有学者认为事先裁定是纳税人以平等的身份向税务机关提出要约并提供具体的、特定的交易过程，在沟通、协商的基础上，税务机关根据税法给予解释，并对税务结果进行确定性的预期，给予承诺。参见章建良：《引入预约裁定制度 减轻税务风险》，载《中国会计报》，2015年1月3日。

② 参见王明世：《关于注税行业引入事先裁定服务的必要性和可行性研究》，载《注册税务师》2014年12期。

③ 参见虞青松：《构建税务事先裁定制度》，载《中国社会科学报》2013年11月20日。

④ 参见王明世：《创新税收治理模式引入事先裁定的设想》，载《中国税务报》2014年10月22日。

⑤ 参见王霞、刘珊：《论预约裁定制度的适用与完善》，载《怀化学院学报》2015年第8期。

⑥ 参见谭珩：《我国应推行税收事前裁定制度》，载《税务研究》1996年第7期。

⑦ 参见彭晓芳：《正确认识和推进税收筹划及事前裁定制度》，载《广东审计》2003年第11期。

⑧ 参见朱为群、谭郁森：《论中国引进税务事先裁定制度的必要性和可行性》，载《现代经济探讨》2012年第6期。

⑨ 参见王霞、刘珊：《论预约裁定制度的适用与完善》，载《怀化学院学报》2015年第8期。

事宜作出了税收事项的事先裁定。① 关于境外制度介绍，有人详细介绍了香港地区事先裁定制度，梳理了香港有关事先裁定的法规，② 有学者简要地概述了澳大利亚事先裁定的六道程序：举行裁定申请前会谈、接受裁定申请、了解交易事实、研究技术问题、税务机关提供确定性意见、沟通及结案。③

第三，对我国构建事先裁定制度的建议。

关于完善事先裁定的建议，各种研究在对特定问题进行分析后都会回归到我国事先裁定制度建设问题上来并提出相关建议。有学者建议设置严格的预约裁定程序、建立预约裁定申请的审查机制、拓宽纳税人权利的救济渠道、赋予税务机关相对豁免权。有学者建议分级授权裁定、选择部分大企业开展试点创新、推行事先裁定服务外包。

个别文献表现出对事前裁定可能引起相关问题的担忧。有学者认为事前裁定制度可能冲击到税收法定原则、实质课税原则、税收公平原则，但是对问题并没有深入研究。④

（二）既有研究存在的不足

对有关公开的资料进行梳理后，可以发现，目前为止税收事先裁定制度的研究呈现出以下特点：

第一，研究起步晚，研究成果数量少。从公开收集的资料看，最早论及税收事先裁定制度的文献是国家税务总局政策法规司谭珩所撰写的文章，其主张在我国税务系统工作职能由税政业务转向征管、面向基层的背景下要建立税收

① 2013 年安徽省国税局首次针对大企业提供税收事先裁定服务，就马钢集团申请资产重组涉税事项作出"马钢集团此次资产重组，不属于增值税的额征税范围，不征增值税"的裁定意见，让马钢集团节省巨额资金，顺利完成重组甚至推动企业转型。参见夏海军、胡亚纬：《"事先裁定"服务钢企重组》，载《中国税务报》2014 年 1 月 10 日。2015 年青岛市国税局依照相关法律法规，对两个企业合并事宜作出了税收事项的事先裁定，允许企业按照特殊性重组政策进行税务处理，城阳公司不仅有效地规避了税务风险，而且当期减少了近 8000 万元的税收支出。参见胡海啸：《企业借助事先裁定延迟纳税 8000 万元》，载《中国税务报》2015 年 11 月 6 日。

② 简要概述了事先裁定的可适用范围、申请提交资料、拒绝裁定情形、不得裁定情形、裁定的内容、裁定的适用性，以及裁定的撤回、费用、公布等程序，并总结香港事先裁定的特征：行政裁定模式、裁定申请门槛低但后续要求高、事先裁定结果对香港税局约束力有限、不允许就事先裁定提出反对和上诉、公布的裁定不能直接引用等。参见曾思红：《香港税收"事先裁定"介绍及启示》，载《涉外税务》2002 年第 4 期；罗飞娜：《香港税务事先裁定制度特点及其对内地的启示》，载《税收经济研究》2015 年第 4 期。

③ 参见童剑：《澳大利亚事先裁定有六道程序》，载《中国税务报》2014 年 7 月 4 日。

④ 参见王明世：《税务事先裁定程序规则的构建研究》，载《税收经济研究》2015 年第 1 期。

事先裁定制度。① 而世界上最早的税务事先裁定制度在 1911 年就已经出现。②
当然，起步晚与我国近现代历史发展和税制改革的进程是分不开的。此外，公
开搜集的资料都是期刊论文和个别新闻报道，总数约 30 篇，主要集中在两次
《税收征收管理法修订草案（征求意见稿）》公布前后，其中 2014 年 8 篇，
2015 年 8 篇。③

　　第二，研究基本是从税收角度出发，几乎没有从法学理论方面进行探讨。
从研究人员来看，除了个别研究者出身法学院，④ 其余均为税务机关、税务律
师等实务部门工作人员。从发表的刊物看，主要集中在《中国税务报》《税务
研究》等刊物，没有专业法学杂志刊发过有关文章。也就是说，之前学术界
尤其是法学界几乎没有注意到事先裁定制度的理论性，仅仅是财经、税务等个
别实务界人士在呼吁。

　　第三，研究的内容集中在分析定义、性质、意义、可行性和必要性，介绍
我国现有相关事先裁定实践、域外制度，提出制度构建建议等方面。把事先裁
定制度仅仅作为一种税收技术在讨论，尚未上升到理论层面。对于事先裁定可
能引发的某些重大问题，如对税收法定、税收公平、税收效率等的影响缺乏深
入的分析，导致税收征管法（草案）中的税收事先裁定制度成为没有法理基
础（不是不存在而是缺乏研究）的法律制度。

　　当前研究成绩斐然，但是由于法学视角研究不足，也还存在一些短板：事
先裁定法理基础薄弱，法治理念不彰，缺乏法律的权利义务思维，与税收法定
等财税法的诸多原则、原理的关系尚未理顺。

　　法律是一个有机的系统。规则处于制度之中，制度处于部门法之中，部门
法处于法体系之中。事先裁定制度的研究，需要置于整个财税法、经济法理念
下展开研究，探讨其价值基础和理论逻辑，实现事先裁定的真正法律化、法理
化。因此，本节基于法学研究的权利义务思维，系统论述其法律本质及其法律

---

　　① 参见谭珩：《我国应推行税收事前裁定制度》，载《税务研究》1996 年第 7 期。

　　② 1911 年瑞典针对印花税开始施行事先裁定。参见 Carlo Romano, "Advance Tax Rulings and Princi-
ples of Law: Towards a European Tax Rulings System", *IBFD Publications BV* (2002), pp. 13. 转引自朱为群、
谭郁森：《论中国引进税务事先裁定制度的必要性和可行性》，载《现代经济探讨》2012 年第 6 期。

　　③ 补充说明：本部分的内容最初作为硕士毕业论文定稿于 2016 年 6 月，在此之后，又有一些有
较大影响的研究文章见诸期刊，如：朱大旗、姜姿含：《税收事先裁定制度的理论基础与本土构建》，
载《法学家》2016 年第 6 期；滕祥志：《税收事先裁定的理论基础和制度考量》，载《国际税收》2018
年第 1 期；董学智：《税收事先裁定是一种行政行为类型吗——兼论税法与行政法的关系》，载《税务
与经济》2018 年第 1 期。

　　④ 仅此一篇，参见王霞、刘珊：《论预约裁定制度的适用与完善》，载《怀化学院学报》2015 年
第 8 期。

关系要素、与税收法定的关系，并介绍域外有关经验，最后对该制度的完善提出建议。

二、裁定的本质：税收契约

一般认为，对事物本质的认识是以事物的内在规定性为基础的，然而关于事物的内在规定性，自然领域的事物与社会领域的事物是不同的。自然事物由诸多细小的元素组成，归根结底，组成事物的基本元素是相同的，只是由于基本元素的组合方式千差万别，才形成各种各样的事物。而对于社会存在，它们很多时候是由人们有意识地构建起来的，这不否认社会事务存在的客观性，只是它们出现的根源是基于人们的主观愿望。因此，在论述社会存在的本质时，首先要考虑事物构建的主观因素，其次要顾及事物的客观状况，同时，作为学术理论研究，应当符合学术本身的逻辑。基于此，本节提出关于法律制度本质的论证框架：第一，主观方面，符合本质定性的目的，即事物的本质判断要体现社会价值；第二，客观方面，符合事物特征，即性质不能违背事物本身属性；第三，学理方面，符合理论逻辑，即在理论上能自洽证成。本节依据此框架，证成事先裁定的本质为税收契约，其逻辑展开如下。

（一）主观价值——契约社会背景下的民主与权利

目的是法律的创造者。法律制度的构建、理解也需要以价值目的为导向。没有目的导向的制度是没有灵魂的，忘却价值的制度是容易迷失的。对于税收事先裁定的本质的理解，首先是要结合时代特点确立该制度的价值意义。

伴随着民主自由理念的发展以及社会公共利益思潮的兴起，公法与私法不再局限于各自的传统理念，纷纷开放自己的领域引入相对立的法律方法：私法不断注入公法所倡导的强制性因素，而公法不断吸收私法协商性特征，私法公法化与公法私法化在理论和实务上得以全面发展。在公私法融合的背景下，公法契约与私法契约正历经着否定之否定的发展。私法契约从私人自由意志摄入社会共同意志，公法契约从行政主体单方意志发展到双方意志，公私法融合后的契约公私特征兼备并平衡了私人与公共利益。当代社会，契约在民主与社会观念的引导下极大地拓展了适用范围，同时祛除了蛮横的强制和任性的自由，社会自由主义下的"契约社会"正在形成。

在这一大背景下，将事先裁定定性为税收契约具有重大的理论和实践意义。社会正在走向契约化，契约的理论已经深入人心，裁定的契约性带来的效应必将是公民民主意识与权利意识的广泛启蒙，纳税人税收客体论会进一步遭到驱逐，主体意识和税收主人翁意识极大地迸发。对于实践而言，以现代契约性质为指导的事先裁定，意味着双方的合理协商，也要求对私人利益和公共利益做出有效的平衡，对于可能的争议则要选择合作的处理途径。这对税务征纳实践也是理念性的革命。

（二）客观基础——事先裁定的契约整体形象

1. 理论前提：作为概念的契约与作为类型的契约

作为概念的契约，抽象来看，它首先从某些典型的具体契约中分离出若干"重要"要素，并将此要素一般化，继而将其组合定性，形成"契约"概念，往后只要是具备定义该概念之全部要素的事物，均可以被涵摄在此概念下，而选择何种要素以定义抽象概念，则取决于形成概念时所追求的目的。① 在每一个契约对象上，其主体、意志、效力要素强度是不同的，每个契约有自己的个别性因素，这时就得求助于"具体概念"。"具体概念关注因形成抽象概念所采取之孤立化方法而被切断的意义脉络，把契约理解为'意义内容丰盈'的观念，从它的法律意义出发，演绎出具体契约的个别因素或个别规定。"② 从"意义脉络"理解，各种要素强度彼此不一的私法契约、公法契约、税法契约，不过是在"法律意义"指引下演绎出的具体契约的个别因素或个别规定。③

作为类型的契约，与具体概念的契约有若干共通的特征，它们都关切意义脉络的掌握，实际上这也是类型的思考方式与概念的思考方式的联系。概念的思维是将具体对象的某些要素予以"放弃"，构建出一般的概念，进而以此概念来"涵摄"对象；而类型的思维，是让构成要素"维持"其结合的状态，仅利用这些要素来"描述"对象的形象上的整体性。类型处于"个别直观"与"抽象概念"之间，比概念更具体。概念是"非此即彼"的判断，而类型是"或多或少"的描述。借着某些要素的全然消退、新的要素的加入或居于重要地位，一类型可以交错地过渡到另一类型，而类型间的过渡又是流动的。④

由此，从契约的历史发展看，契约不是、也不应该是一个非此即彼的理论概念，毋宁说是一种法律关系类型，判断是否是契约，应着眼于其"整体形象"，而不是"个别要素"的有无和强弱。

---

① 参见［德］卡尔·拉伦茨：《法学方法论》，陈爱娥译，商务印书馆2003年版，第317－318页。
② ［德］卡尔·拉伦茨：《法学方法论》，陈爱娥译，商务印书馆2003年版，第333页。
③ 也就是说，契约既是抽象的概念，也是具体的概念，在两种不同的层次上发挥作用。所以，"合同的异化与异化的合同"都是相对典型契约而言的，契约的抽象概念下无所谓异化之说，所谓的异化，不过是从抽象到具体后的具体契约。
④ 参见［德］卡尔·拉伦茨：《法学方法论》，陈爱娥译，商务印书馆2003年版，第343－348页。

2. 现实考察：事先裁定的契约要素分析

（1）定义之争。事先裁定还是预约裁定。事先裁定制度源于英文Advance Ruling，由于 advance 有多种译法，国内出现多种称呼，如事先裁定、事前裁定、预约裁定等。2014 年《税收征收管理法修订草案（征求意见稿）》（下文简称 2014 年《修订草案》）也是使用"事先裁定"，但是在 2015 年《税收征收管理法修订草案（征求意见稿）》（下文简称 2015 年《修订草案》）中使用的是"预约裁定"。笔者认为，"预约"不仅有事先的含义，还有约定的含义，符合该制度的契约本质，也符合"法律是有意识的服务于法律价值和理念"①的一般认识，因此"预约裁定"更能彰显该制度的法律价值和理念。但是，为便于学术探讨交流，本节采用流行的用法使用"事先裁定"。

抽象解释还是税款裁定。根据字面意思理解，税收事先裁定应该是特定主体对税收有关事项在事前做出裁定。诸多文件对事先裁定的定义不尽一致，②但核心要素基本相同：纳税人就未来特定事项的涉税问题提出申请、税务机关作出裁定答复。但是对于裁定的内容存在争议。国内存在两种观点，一种观点认为事先裁定仅仅是税务机关对纳税人未来特定交易如何适用税法而发布的解释性文件，另一种是裁定不仅是关于未来的特定事项应如何适用税法而专门发布解释性文件，还包括在申请人提供必要条件后为其计算确定未来应纳税额。③ 实际上，这两种观点本质上是一致的。税务机关就纳税人未来特定交易如何适用税法进行解释，其解释的内容无非是该交易是否应该纳税、纳何种税、如何计算税额等税法适用问题，按照这些解释的内容所获得的计税规则，只要纳税人进一步提供具体的相关交易数据，就完全能够依据纳税人所披露的未来交易信息计算出所应缴纳的税款。如果税务机关解释的内容不包括针对该交易的具体纳税定性与定量计算，那么该项制度就等同于一般的税务解释，毫无生命力；如果包括这些内容，自然可以推导出税务机关可以依据申请材料裁定具体的税款计算。所以以上两种观点并不矛盾，只是后者将潜在的制度价值深挖出来了。

---

① ［德］拉德布鲁赫：《法哲学》，王朴译，法律出版社 2005 年版，第 31 页。

② 根据 International Fiscal Association 1999 年出版的 General Report 定义，事先裁定是"a more or less binding statement from the Revenue Authorities upon the voluntary request of a Private Person, concerning the treatment and consequences of one or a series of contemplated future actions or transactions"。转引自刘磊、周妍：《事先裁定制度研究》，载《税务研究》2012 年第 9 期。我国 2015 年《修订草案》对税收事先裁定的定义是：特定的税务机关就纳税人对未来发生、有重要经济利益关系的、难以直接适用税法制度进行核算和计税的特定复杂事项所提出的申请作出裁定的制度。具体参见 2015 年《草案》第 46 条规定。

③ 参见张松：《关于修订〈税收征管法〉若干问题的再认识》，载《税务研究》2013 年第 5 期。

（2）反推：裁定中的协商因素。将事先裁定解释为税务机关就未来特定交易适用税法的解释是不准确的，因为任何适用法律的过程必然有对法律的解释，仅仅将事先裁定理解为"税法解释"没有触及问题的实质。如果将事先裁定视为税法解释，那么纳税人遵守裁定为何还会出现少缴或未缴的情况呢？如果事前的裁定仅仅是税法解释，而事后针对发生的交易事实计算的应纳税额也是税务机关基于税法解释适用税法的结果，那么为何事前的税法解释与事后的税法解释不一致？

由于交易计划最后可能发展成的具体种别的交易结果不确定，所以纳税人可能的应缴税额不确定，存在税收风险，因此，需要事先确定这个交易计划的应缴税额。但是交易计划可能有多个交易结果，依据何种具体的交易结果确定应纳税额呢？这就是税务机关与纳税人沟通协商的过程。双方考虑各种因素，包括结果可能性因素、社会经济因素等，提出各自的意见，对不确定的结果相互交流妥协得到确定的共识，这实际上就是一个订立契约的过程。

所以，事先裁定是对属类性的交易计划的应税状况的确定，它以"某种应当的交易结果"[①] 为基础，但是这种"应当的交易结果"并没有被明确载入裁定文件，只是它对应的应纳税额（即种别性交易结果的应纳税额）被作为属类性的交易计划的应纳税额。而事实的交易结果，可能与所选择的应当交易结果不一致，那么事实的交易应纳税额与裁定的应纳税额就会不一致。但是，此时，事实的交易结果也在交易计划的可能性之内，符合"遵守裁定"的要求，那么就可以适用裁定的应纳税额，少缴或未缴就能够适用免责条款。而正是在属类性的交易计划中协商选择一种可能的交易结果作为税收裁定应纳税额计算的模型，突出地展现了裁定的契约因素。

3. 事先裁定的整体形象

事先裁定本质为税收契约，是由其本身特征决定的。税收契约从广义上分类，可以包括征纳税主体之间缔结的税法合同、征税主体间缔结的税法合同、纳税主体间缔结的税法合同。[②] 狭义上则仅仅是指税务机关与纳税人就有关税收问题的协议。事先裁定是狭义上的税收契约，其"契约整体形象"体现在以下三个方面：

首先，事先裁定具有有限合意的特点。合意表现在纳税人自由申请、过程协商、是否出具裁定需双方同意，有限性表现在事先裁定适用事项范围的有限

---

① 所谓应当交易结果，就是在遵守一般法律原理的条件下，征纳双方经过协商、博弈而确定的某种交易结果。

② 参见陈光仪：《税法合同初论》，厦门大学 2006 年硕士论文，第 20 - 23 页。

性以及税务机关法律目标的限制性。其次，事先裁定具有一定程度实质的意志自由。如前文对行政契约的分析，就未来税收的确定而言，双方地位实质上是平等的，不存在命令与服从的因素；而且现代行政不是消极行政，税务机关作为税收行政机关，如何在税法规定的前提下更好地实现行政目标成为其主要任务。在税法规定的范围内，税务机关可以而且应当提供裁定服务以确定税收风险。最后，事先裁定具有法律效力，对税务机关有约束力，而对纳税人也具有选择性的约束力。

（三）学理逻辑：公私融合的契约理论

1. 私法契约的公共化

契约在各个时代呈现出不同的特色。最原始的是古代契约法，仅仅针对具体的契约形态、就事论事地规范具体问题。近代资本主义竞争时期的古典契约法将具体的社会关系排除出法的世界，使之抽象化为规则，以此达到形式上的合理性。① 新古典契约法对古典契约进行了扬弃，② 然而由于其先天缺陷③而不可避免地被新的理论替代。④ 当下对契约理论影响最大的是关系型契约理论。该理论认为，契约不过是规划将来交换过程的当事人之间的各种关系，契约不仅仅包括传统契约法中的当事人交易的协议或合意，还包括命令、身份、社会功能、官僚体系等多种因素的社会关系。"交换"也不仅仅是个别的市场交易，还包括社会学意义上的交换。⑤ 私法契约理论的发展脉络，从契约的意志看，契约从双方的、特殊共同意志转向多方的、社会普遍意志⑥；从契约的目的看，契约从当事人个体利益转向兼顾（如果不是完全追求）社会利益；从契约法的调整方式看，从形式化的平等调整转向个体化的具体调整。也就是

---

① 参见韩世远：《合同法总论》，法律出版社 2011 年版，第 25 页。

② 新古典契约法在自由主义法律传统备受批评的时代背景下逐渐兴起，在古典契约法中因追求抽象人格而被忽视的个体差异受到重视，法律主体人格得到具体化调整；因立约方能力不平等所导致的契约自由滥用逐步受到限制，责任自负所要求的对个人过错惩罚转向社会对不幸损害的分担，在保护形式正义的同时通过显失公平、诚实信用等弹性原则维护实质正义。

③ 新古典契约法虽然对古典契约法的弊端有所改进，但是仍然具有强烈的个别性、不连续性、静态性、即时性和现时性，双方当事人只是进行暂时的、一次性的、不考虑长久合作的、内容完全的交易。参见刘承韪：《英美契约法的变迁与发展》，北京大学出版社 2014 年版，第 134 – 135 页。

④ 传统契约法强调契约当事人数量有限性、交易目的单一性、意思自由和个人利益最大化、权利义务的可预期和确定性、契约关系的相对性，契约关系简单而清楚。但是社会组织的大量涌现，社会生产的复杂化，导致原来简单的契约关系变得复杂、模糊。因此有人说契约和上帝一样，已经死亡。参见〔美〕格兰特·吉莫尔：《契约的死亡》，曹士兵等译，中国法制出版社 2005 年版，第 1 页。

⑤ 参见〔美〕麦克尼尔：《新社会契约论——关于现代契约关系的探讨》，雷喜宁、潘勤译，中国政法大学出版社 1994 年版，第 1 页。

⑥ 参见史际春、邓峰：《合同的异化与异化的合同》，载《法学研究》1997 年第 3 期。

说，私法契约不断渗入公共意志、公共利益，私法契约公共化。

2. 公法私法化：公法契约的诞生

通说认为，公法契约主要是行政契约，它是行政主体为实现行政管理的目的，与相对方就有关事项协商一致达成的协议，具有行政性、合意性。[①] 行政契约能否成立，关键在于契约与行政是否有着不可调和的矛盾。这可以分解为两个问题：一是行政契约中不平等的相对人是否有自由的意志？二是行政契约中的行政主体是否有契约自由的能力？

关于不平等的相对方能否拥有自由意志，不少人持否定态度，认为不平等则无合意。[②] 但是整体不平等的双方未必在所有的事情上都不存在自由协商的可能，平等仅仅是合意自由实现的充分条件而非必要条件。虽然双方整体抽象地不平等，但是在特定、具体的情况下双方可能是平等的，行政相对人契约自由能够实现。[③] 关于行政主体能否有自由定约能力问题，一般认为，行政机关应当依法行政，缺乏讨价还价的处分基础。然而，法律对行政机关的行为不能事无巨细做出规定，在一般法律赋予行政主体自由裁量权时，行政主体便有充分的自由选择契约的方式与内容。而且传统的依法行政理念在于约束行政权的随意性，而随着政府由消极行政转向积极行政，现代行政法的依法行政理念则是在既约束行政权的随意性又维护行政权机动性之间平衡。[④]

公法契约（行政契约）主要是在福利国家、给付行政等新型国家目的观出现之后才孕育的。[⑤] 现代行政法由于浸润了民主法治精神，视公民为行政的积极参与者，视行政为公共服务提供者，公民与行政主体之间是合作与服务的关系，而逐渐接受了行政契约的观念。行政机关通过私法的手段、以平等的姿态履行行政职能。因而，传统的公法中出现了私法的因素，公法私法化的典型就是行政契约的诞生。

3. 事先裁定与契约理论的自洽

事先裁定的契约定性在公私融合契约理论基础上能够实现逻辑自洽。私法契约从双方意志发展到社会普遍意志，从传统契约发展到关系型契约，从双方

---

① 参见姜明安：《行政法与行政诉讼法》，北京大学出版社 1999 年版，第 251 页。

② 参见阎磊：《行政契约批判》，知识产权出版社 2011 年版，第 89 页。

③ "因双方意思自治而成立之法律行为，非谓参与契约之当事人法律地位全盘对等，亦非在一切法律关系上之对等，乃系指就成立特定法律关系而言，双方意思表示具有相同价值，而有别于一方命令他方服从之关系。"吴庚：《行政法之理论与实用》，中国人民大学出版社 2005 年版，第 370 页。

④ 行政主体的契约自由，是在行政合目的性原则和现代依法行政原则下进行的，虽然有别于私法契约的自由度，但毕竟还是存在相当程度的自由可能。因此，尽管行政主体受到种种约束，但并不能极端地彻底否认其契约自由，行政主体在一定限度内具备自由订约的能力。

⑤ 参见余凌云：《行政契约论》，中国人民大学出版社 2006 年版，第 2 页。

单维度的交易关系拓展到多维度的包含身份、官僚体系等因素在内的合作关系。事先裁定符合私法契约公共化后的特点。事先裁定一方主体是税务机关，代表国家和社会公共利益，裁定表面上是协商后的结果，实质蕴含着社会普遍的意志；事先裁定是协议双方对特定交易的税收问题的约定，同时代表着纳税人所愿的税收遵从和契约双方长期税务合作的态度默契。裁定的契约性，实际上是私法公共化的体现，彰显了关系型契约的精神。而公法契约概念的提出，本身就是对传统公法理念的挑战。虽然罗马法中契约不限于私法，但是由于私法契约的高度发达和其他契约的裹足不前，私法契约逐渐作为契约的整体形象出现。因此，行政契约概念提出来就有人认为它是自相矛盾的概念。但是，换个角度看，这正是事物对立统一的矛盾发展，是公法吸收私法的因素、克服本身不对等的刚性的发展路径。税收从权力说到债权债务说，税收征收从权力命令到平等协商（部分情况），也就是公法与私法的逐步融合。在事先裁定中，虽然一方是手握权力、行政优位的税务机关，但是针对裁定的特定事项，双方是平等的，有一定程度的意志自由。因此，事先裁定在现代公法的视野下是自洽的。私法和公法不断吸收对方合理因素，公私的界限不再泾渭分明，在两者融合地带，事先裁定就有着强劲的解释力。所以，在现代公私法契约理论下，事先裁定制度能够在理论上逻辑证成。

（四）裁定的本质及其回应

对事物本质的认识应该从主观、客观和学理三方面着手。在主观方面，将事先裁定定性为契约，是对纳税人税收确定权的有效保护，符合当下社会发展的民主与权利趋势；在客观方面，事先裁定符合契约的"整体形象"；在学理方面，事先裁定的契约定性在公私融合契约理论基础上能够实现逻辑自洽。总之，将事先裁定本质定性为税收契约，既满足该制度的主观目的，也符合制度本身的特征，同时在学理逻辑上也能自洽。因此，可以证成事先裁定的本质为税收契约。某些观点认为事先裁定的本质为税收服务和具体行政行为是不够深刻的。

有学者认为税收事先裁定本质上属于具体行政行为（或行政指导）。[①] 这种观点有一定的合理性，指出了裁定过程中税务机关的权力因素，但是它不符合税法发展的理念。事先裁定确实是税务机关行政权力的一种表现形式，表面上是纳税人申请，税务机关裁定，与一般的具体行政行为相同。但是具体行政行为是单方面作出的，而裁定有双方的协商沟通过程，[②] 具体行政行为说忽略了现代行政向平等性、服务性转向，也没有重视债权债务关系说背景下税法对

---

① 参见王霞、刘珊：《论预约裁定制度的适用与完善》，载《怀化学院学报》2015 年第 8 期。

② 后文介绍的事先裁定的法律关系内容以及美国的事先裁定制度，明显都有沟通协商的环节。

征纳双方地位的定位。

有学者认为税收事先裁定本质属于税收服务。[①] 这只是事先裁定的表面性质，不是其本质属性，更不是其法律属性。首先，一般认为，服务是主动性的、自愿性的，同时也是政治性的话语，如为人民服务、公共服务、税收服务，服务没有强制力，依赖于自我约束的力量或者政治舆论力量。税务机关可以主动提出要加强税收服务，这是政治性的义务。其次，法律关系当中，从来没有"服务"的分析工具，法律关注的是权力、责任、权利、义务，任何行为，如果不转换成这四个概念范畴，就不能适用法律。某些学者提出"法定服务"与"自由服务"两种类型的区分，实际上已经混淆了服务的本质：所谓的"法定服务"，不就是法律义务的代名词吗？最后，税收征管法视野中的事先裁定，必然通过法律制度的形式才能构建，也就是说，必须转换为法律上的权利、义务才能够有效。[②] 服务在法律上是一个模糊不清的概念。"服务说"没有触及事先裁定的法律本质。当然，无可否认，事先裁定有服务的性质，从服务的角度有助于把握征纳双方的地位，增强税务机关对纳税人的尊重。本节认为，税收事先裁定的本质是税收契约，同时具有服务的性质。

三、事先裁定的法律关系分析：主体、客体、内容

法律关系是"在法律规范调整社会关系的过程中形成的人们之间的权利与义务关系"。[③] 法律关系的形成必须以法律规范的存在为前提，当然这并不意味着在法律规范制定以前相应的社会关系一定不存在，尚未经过法律规范调整的社会关系只是作为事实关系存在。所谓的事先裁定法律关系是指依据事先裁定法律规范而形成的税务机关与纳税人之间的权利义务关系。

事先裁定法律关系属于创设性法律关系。事先裁定法律规范是事先裁定法律关系建立的基础。根据对应的社会关系在法律规范出现以前是否发生，可将法律关系划分为调整性法律关系和创设性法律关系。[④] 事先裁定法律关系属于创设性法律关系，在法律尚未规定事先裁定制度以前，事先裁定契约关系不可能形成，在税收领域涉及的实体的税务机关的行为，必须于法有据，恪守税收法定的要求。

---

① 参见王明世：《关于注税行业引入事先裁定服务的必要性和可行性研究》，载《注册税务师》2014 年 12 期。

② 即使是服务性最强的消费者权益保护法，经营者对顾客的服务，在法律上也转换成具体的消费者权利与经营者义务。

③ 舒国滢主编：《法理学导论》，北京大学出版社 2012 年版，第 147 页。

④ 参见张文显主编：《法理学》，高等教育出版社、北京大学出版社 2007 年版，第 160 页。

（一）主体与客体

1. 主体

事先法律关系主体具有特定性，是在该关系中享有权利、负有义务的主体，包括税务机关和纳税人。在这种法律关系中，必须有一方主体是税务机关，理论上任何纳税人都潜在地可能成为裁定申请的主体。私人主体之间有关税收的契约，只是在当事人之间发生效力；依罗马法谚，私人约定不改变公法规定，私人间对于由谁缴税、缴多少税额并不影响依照税法确定的应当纳税的主体和税额。而在事先裁定的主体中，纳税人提交申请，相当于要约；税务机关接受申请，调查情况，双方协商，并由税务机关做出裁定，相当于承诺。至此，事先裁定法律关系（事先裁定契约）成立，并且发生法律效力。

在事先裁定法律关系中，税务机关扮演着重要角色，裁定契约要发生法律效力必须具备一项条件——有资格的税务机关做出裁定（承诺）行为。但是必须摒弃传统行政法的思维，把事先裁定的纳税人视为法律关系客体，[①] 这是以"命令—服从"的传统行政法模式研究事先裁定制度，将主体性的人客体化，完全不顾现代行政法的发展，更没有看到事先裁定的契约本质。

2. 客体

法律关系的客体是权利与义务指向的对象。"由于权利与义务的根源上可统一到利益，法律关系建立的目的是保护某种利益、获取某种利益或者转移、分配某种利益"，[②] 那么法律客体也就可以认为是一定利益的法律形式，从本质上而言，客体所承载的利益本身才是法律权利和法律义务联系的中介。

现代税法把税收本质界定为税收之债，这是一种抽象之债；事先裁定则以契约的形式形成国家与纳税人的具体的税收之债。事先裁定法律关系的客体界定则离不开对债的客体的界定。关于债的客体存在多种主张，[③] 本节认为债的客体是行为，债权所具备的权利是请求义务人为或不为一定行为的权利。那么事先裁定契约所形成的债的客体就是契约主体的行为，即在事后满足一定条件的情况下，纳税人缴纳一定税款的行为，或者税务机关不得多征收税款的行为。

（二）内容

法律关系的内容即法律主体之间存在的权利与义务，法律关系是权利与义

---

① 参见王明世：《税务事先裁定程序规则的构建研究》，载《税收经济研究》2015年第1期。

② 舒国滢主编：《法理学导论》，北京大学出版社2012年版，第155页。

③ 一元说认为债权客体为债务人或者债务人的行为；二元说认为债权客体为债务人及其总体财产（或行为），认为债权客体既可以是物（包括有价证券、货币），也可以是劳务，还可以是知识产权等。参见季秀平：《对债权客体的重新认识》，载《南开学报》（哲学社会科学版）2007年第2期。

务的一种连接，权利与义务是法律关系的内容。① 事先裁定的法律关系内容直接体现在税务机关与纳税人之间权利义务关系。

事先裁定是税务机关与纳税人就将来特定经济活动的纳税事项所订的契约，主要体现为纳税人将来的缴纳税款的义务，税务机关并没有具体的对待给付，并不表现为对价的关系。这是因为税收本身是无偿的，"国家税收对具体纳税人既不需要直接偿还，也不需要付出任何形式的直接报酬或代价"。② 考虑到公共服务与税收的交换关系，可认为抽象的税收之债有对价，但是具体的税收契约之债并无对价。因此，事先裁定的法律关系内容，主要是在将来特定条件满足时，税务机关对纳税人享有特定数额的债权，纳税人负有给付特定数额税款的义务。纳税人不得少缴，税务机关也不得多征。

在事先裁定法律关系中，权利突出地表现为纳税人所享有的两种权利：裁定适用的选择权和税收风险免责权。由于纳税人在整个税法关系中都享有税收确定权，税收确定权作为纳税人的基本权利，在事先裁定法律关系中纳税人也必然享有，而且因为事先裁定也是事先确定税收的一种方式，因此在事先裁定法律关系中讨论纳税人的税收确定权具有特别的意义。

第一，税收确定权是纳税人所享有的确定特定经济活动的税收风险的权利，对应的义务主体有义务依照纳税人的申请及其提供的材料，事先确定纳税人税收风险。首先，税收确定权具有请求权能，纳税人因税收风险担忧而主动申请，请求税务机关确认风险，这是税收确定权实现的基础权能。其次，税收确定权还具有协商权能，事先裁定是对未来不确定的经济活动进行的事先裁量，缺乏事前某些课税要素的具体信息，纳税人难以确定税收风险的大小以及如何适用、理解某些税收条款，税务机关对未来特定交易适用税法的理解也要听取纳税人的意见，在法律的框架内，协商确定税负的有无以及大小。如果裁定未能体现纳税人的意思、裁定超出纳税人的预期范围，纳税人完全可以中途撤回申请。协商权能是税收确定权的本质权能，体现了裁定的契约性。

第二，裁定适用选择权，是纳税人在特定经济活动完成后所享有的选择依据裁定缴纳税款还是按照实际状况缴纳税款的权利。赋予纳税人选择权，是有事实和理论依据的。

就事实经济效率而言，裁定直接的作用是为纳税人将来特定的经济活动划定最高税收限度。针对交易计划，纳税人有权选择是否实施。不得强制纳税人执行裁定的交易计划，否则是用事先的预判代替现实情况发展中所作的判断，

---

① 参见朱景文主编：《法理学》，中国人民大学出版社 2012 年版，第 293 页。

② 徐孟洲：《税法学》，中国人民大学出版社 2005 年版，第 15 页。

闲置了纳税人作为理性经济人判断资源有效配置的能力，最终造成资源的扭曲配置。针对事后的结果，裁定据以作出的交易计划已经完成，纳税人可以选择按照裁定缴税或依实际情况缴税。因为，如果不赋予纳税人这个权利，将会导致社会资源的浪费（见图 3 - 1）。

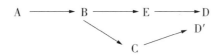

图 3 - 1　按裁定缴税或按实际情况缴税

　　如图，如果裁定的交易计划是 A—B—E—D，D 为裁定的税收结果，D′为实际的税收结果。（在此只考虑 D > D′的情形，如果 D < D′，有没有选择权无关紧要。）如果事后不允许纳税人选择执行 D 还是 D′，那么在交易计划执行的过程中，纳税人发现如果执行交易计划，适用税收裁定的纳税额度要多于实际纳税，就会改变某些经济实质，选择 A—B—C—D′的交易路径，导致裁定不适用，而税收结果仍然是 D′。即，如果赋予纳税人对裁定适用的选择权，纳税人会选择 D′，税务机关的税收为 D′；如果不赋予纳税人选择权，纳税人会在中途改变经济实质，使得裁定（D）不适用而税收结果为 D′，税务机关的税收仍为 D′。也即，有无选择权，不影响税收收入，但是，没有选择权的情况下，纳税人要付出从 BED 交易到 BCD′交易的转换成本 X（当然是在 X < D - D′的情况下才会转换交易），这是不符合社会整体的经济交易效率的。所以，赋予纳税人选择权，就是对该转换成本的节省。

　　从理论上看，赋予纳税人选择权有多重途径可以解释。其一，可以将选择权视为契约的默示条款，即，在契约订立之时，双方合意将选择权作为契约必要条款，纳税人可以因此享有选择执行裁定结果的权利，当然，这种条款是法定的条款，双方定约只是予以默认。[①] 其二，可以将税收裁定视为选择权契约，即契约的本身就是"交易选择权"的契约，即纳税人付出一定的"对价"（满足裁定条件、经过法定程序，在有偿裁定的情况下，申请裁定的费用也是对价之一）后，取得适用裁定纳税的权利（类似于期权买卖中权利人行权）。计划交易完成后，纳税人可行使权利，可以不行使权利，不行使则按照实际情

---

　　① 如 2014 年《修订草案》第 49 条：（第 1 款）税务机关应当逐步建立纳税人如何适用税法的事先裁定制度。（第 2 款）纳税人可以就其涉税事项如何适用税法向税务机关申请对税务机关有单方面约束力的事先裁定。纳税人遵从税务机关裁定而出现未缴或少缴税款的，免除缴纳责任。纳税人可以不遵从税务机关的裁定，但不得提出复议和上诉。该草案明确将选择权作为法定的权利，可以视为契约的法定权利条款。

况缴税。其三，可以将事先裁定视为契约要约，其生效尚需纳税人进一步的"承诺"（事后选择适用），或者直接视为法律的形成权的赋予。① 这三种解释，既在理论上可行，在实践中也有先例可循。（当然，在此并不主张将裁定视为要约，而是生效的契约。但是这也是一种思考方向。）

第三，税收风险免责权，也就是在经济活动完成后，裁定所确定的应缴税款小于实际应缴的税款，免除纳税人缴纳责任。此种免责在事实裁量与现实不一致时才发生，是作为选择权的对应面而存在，选择权对应的情况是裁定税收多于事实税收，而免责对应的情况是裁定税收少于事实税收，选择权与免责权从正反两方面构成税收确定权的风险预防机制，将纳税人的税收风险控制在可预期的有利范围内。

四、裁定与法定的统一：税收法定续变论

事先裁定是在现代税收理念条件下发展起来的，其发展的基础必须立足于我国法治建设大背景下对法定主义、税收法定的要求，否则可能因为细节利益而付出整体法治权威的代价。但是分析制度的理论协调性，不能仅仅从表面的语义武断地判断，需要深入理论的内部，需要结合理论的构成性要素与精神性要素分析两者的关系。

（一）税收法定的功能

法治国家有其形式与实质两面，法治国家之发展史莫不显示先形式而后实质。从近代到现代，税收法定主义实质精神也经历了从保障国民主权的形式法定主义到关注税收正义的实质法定主义的升华过程。税收法定理念的发展可以归纳为两个向度：在深度上，税收法定从形式主义向实质主义纵深发展，从税收民主向税收正义跃升；在广度上，税收法定从税的征收延伸至税的使用，从阶段性法定到全程性法定发展。与此同时，税收法定的功能也在发生转变，主要表现如下。

税收法定形式主义时期，法定的首要作用在于限制政府（君主）征税的权力，保障纳税人的财产权。征税意味着对财产的剥夺，征税的权力也就意味着毁灭的权力，政府的征税权没有限制，公民的财产权就没有保障。如法谚云，"谁来同意，便不会不义于谁"，税收法定以议会制定之法、以人民共同体的意志同意征税，纳税人的财产权得到有效保障。另外，形式法定也具有保障国家财政的功能，法律赋予征税的合法性和强制性。税收法定之下，任何人

① 关于选择权在契约理论中的解释，详见［德］卡尔·拉伦茨：《法学方法论》，陈爱娥译，商务印书馆 2003 年版，第 322 页。

要依法纳税，以维持国家职能正常发挥。税收法定一方面是对过分征税的限制，同时也是对合理税收的保障，经过全体同意的税收，个体就不具有反抗的正当性，也就赋予了政府强制征收的权力。

税收法定实质主义时期，税收深入实质的平等，同时税收也发挥经济效用。实质平等是相对于形式法定时期的形式平等而言的，不是简单地以法律规定的课税构成要件是否满足标准而决定是否纳税，同时要考虑不同纳税人的税前不平等的负担能力，从而在税负的分配上区别对待，以保障公民的基本权利。税收的经济效用是指，在税收立法时注重税收对纳税人经济决策的影响，"通过税收之减轻与加重引导纳税人的经济活动，以税式补贴的形式影响经济要素的配置，以改变其投资或产制项目和数量"①。

（二）裁定与法定的关系

法治的基础依然是规则主治，形式主义的税收法定在法治宪政的历史构建中居功甚伟，实质主义的税收法定在近百年才逐步纳入法治的视野。西方的税收法定主义经历数百年民主社会发展才有今天之成就，而在中国古代社会，强大的集权制度下没有民主种子萌芽的空间，清末民初时期传播的民主与法制思潮在反复的革命浪潮中已成明日黄花。20 世纪 80 年代政策的开放也带来了思想的二次启蒙，市民社会、法制思想再次走向主流思想。法定主义在向法治社会转轨过程中的作用无论怎么强调都不为过。

1. 事先裁定与形式税收法定

探讨事先裁定与形式税收法定的关系，必须先分析其与形式税收法定构成性要素和功能性要素的关系。

形式税收法定包括课税要素法定、课税要素明确、课税程序合法。这是对事前课税依据和事后征税行为的规范。形式税收法定可以分为两个层次的法定：第一，法定依据。根据课税要素法定，是否纳税的构成要件由狭义的法律事先规定，事后的经济活动依此判断是否纳税。课税要素明确可以说是课税要素法定的延伸。其实质强调的是征税必须由明确的法律规定，暗示必须先有法律然后有税收。第二，法定执行。课税程序合法，要求税务机关严格履行税务规定，无权变动法定课税要素和法定征收程序，无权超越法律决定是否征税以及何时征税。

首先，事先裁定并不违反形式税收法定的课税要素法定、课税要素明确的要求（即法定依据）。事先裁定本质上是依据法律对涉税信息并不明确的经济活动的税收予以事先确定。与一般的税收征纳的区别不是形式上经济活动是否

---

① 黄茂荣：《法学方法与现代税法》，北京大学出版社 2011 年版，第 77 页。

发生，而是涉税信息的明确程度不同。不管是事先裁定还是事后征纳，税务机关均是以纳税人报送的材料为依据确定应缴税额，只不过对于事先裁定来说，由于经济活动尚未发生，某些信息尚未表现出来而不能呈现在报税材料上，但裁定的依据仍是已存在的法律，课税的要件也由已经存在的法律规定。事先裁定针对的是书面上的经济活动，即税务机关只是将税法适用于书面的经济活动，并没有随意创设新的税收规范，不违反税收法定的法定依据要求。

其次，事先裁定也不违反形式税收法定的法定执行要求。从实然的层面讲，事先裁定是在税收法律规定下，要求税务机关依申请而裁定，税务机关是依法行事，符合法定执行的含义。也许会有人说，税务机关是法律执行者，不应该赋予裁定税收有无及大小的权力。这里就不再是有没有法律规定的问题，而是关系到税收实体问题能否由税务机关决定，这涉及立法机关与行政机关的权力结构问题，也就是法律能不能把裁定权授予税务机关。这是事先裁定是否违反实质税收法定的问题，容后文详述。

2. 事先裁定与实质税收法定

实质税收法定在于实现税收正义，关注弱势者照顾、人道文化等社会目的与整体国力和国际竞争力提升等经济目的，体现在量能课税、比例原则、基本权利保护上。易言之，实质税收法定基本目的包括（弱者）基本权利保护目的和国家经济发展目的。

事先裁定是能够促进经济发展的。实际上，税收对国家整体而言是收入再分配的问题，是财富在不同的主体之间转移，直接地看，并不影响财富的总量。但是，对于具体的个人，税收的导向作用就非常明显。对部分人而言，税收只是影响个人的剩余财富量，但是对于某一部分人，税收影响个人财富量的同时，还会影响投资再生产活动，继而影响社会财富的增加。所以，税收表面上不影响财富总量，但是税收负担在主要从事生产性和消费性活动的人之间不同的分配方式实质上会影响财富的增长。就个人而言，税负的轻重直接影响到纳税人的经济算计，税收风险明确，纳税人可以有效地将税收成本内部化，通过比较准确的成本收益比较，分析某项经济活动的价值效益，无利则止，有利则行，以个体经济活动的效率促进社会经济的发展。

事先裁定并不违反基本权利保护目的。由于税收负担在经济资源上影响或限制纳税义务人生存或从事活动发展自己的可能性，介入人民基本权利，[1] 为达到保护基本权利的目的，实质法定主义拒绝按照对价原则课税，而依据课税能力课税，对能力强者予以较多税收负担，对于能力弱者予以较少税收负担。

---

① 参见黄茂荣：《法学方法与现代税法》，北京大学出版社2011年版，第188页。

由于事先裁定具有协商权能，纳税人所缴纳税款不会超过承受范围，而且由于选择权的存在，也不会承受过多税负。

（三）契约（裁量）与法定的协调：税收法定续变论

从前文的分析可知，事先裁定的本质属于税收契约，而同时事先裁定与税收法定也是内在统一的。一般认为，裁量与法定是相对立的，但是通过对事先裁定的分析，裁量与法定其实是可以统一的（至少在事先裁定制度中如此）。那么，该如何理解裁量与法定的关系呢？

从上文的分析可以看出，严格规则主义观念下的税收法定从形式主义对普遍法定的要求发展到实质正义的要求，法定不仅仅是要求按法律规则执法，也包括依法律标准、法律目的而进行裁量性的执法。自由裁量也不是完全绝对的自由，法律也为自由设定了规则、标准、原则的限制。法定与裁量是对立统一的，在严格法定中有自由，自由裁量中有限制，整个税收法律呈现出自由与限制融合交错宏观图景。此种法与人、规则与裁量相互交织的途径可以用"税收法定续变论"予以解释。

第一，关于税收法定续变论的含义。如果按照税收决定受法律规则约束的程度，将针对具体个人的所有税收决定排列在一个横轴上，那么，在横轴的最左端是受税收法律规则严格支配的税收决定，最右端是几乎不受限制的税收裁量决定，而中间则散布着以规则、原则、标准与裁量构成的各种混合形式的税收决定。从左至右，是规则逐渐减少、裁量逐渐增加，法定的程度呈现由强至弱的续变状态，此种状态可以称之为税收法定续变论。

第二，税收法定续变论的理论基础。税收法定续变论是类型方法[1]的具体应用。当处理或观察的对象接近于具体的生活，则应用归纳方法认识其具体特征并将之类型化；当处理或思考的对象接近价值，则利用解析方法，体认其在不同情况的具体内涵，使之接近于各种实际生活。前者能够在个案处理上降低劳动强度，触类旁通；后者在价值的引用上避免过度一般化。税收法定续变论所要认识的对象是具有价值性特征的税收法定主义，是将税收法定主义由抽象到具体落实的现实状态，将法定划分为不同的类型，续变论避免法定价值流失于理想中的道义抽象。

此外，税收法定续变论是建立在对极思考[2]的基础上。在提出续变论之

---

[1] 关于类型的方法，参见黄茂荣：《法学方法与现代税法》，北京大学出版社2011年版，第87-99页。

[2] 关于对极的论述，参见黄茂荣：《法学方法与现代税法》，北京大学出版社2011年版，第94-95页。

前，本节分析了严格税收法定与税收自由裁量两种极端的情形，建立了可以相互衬托各自特征和当为要求的内容，并且从两端出发观察两类型之间流动的情形，发现税收法定处于严格规则向自由过渡、自由裁量向规则靠近的中间地带。

第三，税收法定续变论的现实意义。没有人能够笼统地反对税收法定这样模糊的概念，但在具体案件中赋予税收法定具体含义时人们就可能经常提出异议。因为具体案件对法定的要求各不相同，千姿百态的税收关系需要强弱不同的规则予以调整，有些案件按照统一的规则调整可以得到合理的结果，有的案件需要依据特定情况下的要求予以裁量才能得到合理结果。当一次解决一个问题的裁量显然优于整体立法时，立法机关就应当明智地选择不对调整对象作出统一规定。

税收法定续变论实际上是法定与裁量此消彼长的反向变化关系，突出了法定性在具体类型案件中的不同要求。树立续变的观念，就不会机械地套用规则法定，也不会把税收法定作为立法、执法的教条，从而为立法执法提供一个指南：法定性需要针对具体不同的税收关系区别性地适用。

法定续变论也是对笼统法定认识的驳斥、纠正。笼统的税收法定只是一种简化了的判断标准，其实质上并不是为了解决，反而是为了逃避目前面临的很多制度上的困境和经济与社会发展中的障碍。某种程度上，与其说税收法定是一种标准，倒不如说这是一种价值———财税法领域一项很高的价值准则。①必须正确地认识事物逻辑类型的作用，所谓的严格法定只是曾经憧憬努力的目标，所谓的完全自由裁量，也是我们需要警惕避免的境地；现在必须正确地认识税收法定的内涵：整体上的法定是规则与裁量此消彼长的续变体系，具体情况是在规则和裁量之间平衡，依据具体的情况采取适当的比例。这也是税收立法中多种法定形式存在的根源。憎恨税收裁量的规则主义者和憎恨规则的裁量主义者，他们都犯有共同的错误，即用自己的别名攻击自己的理想。②

五、美国的立法经验与启示

(一) 各国税收事先裁定概况

自 2005 年起，经济合作与发展组织（OECD）每两年发布一次税收政策

---

① 税收法定原则与预算平衡原则类似，其价值意义大于标准意义。对于预算平衡的此种论述，参见叶姗：《法律促进预算平衡之基本原理研究》，载《现代法学》2010 年第 5 期。

② 此语言形式化用德沃金关于平等与自由关系的论述。"憎恨平等的自由主义者和憎恨自由的平等主义者当中，这一观点是他们共同的错误，他们用自己的别名攻击自己的理想。"［美］德沃金：《认真对待权利》，信春鹰、吴玉章译，上海三联书店 2008 年版，第 9 页。

与管理信息比较报告——《税收行政——OECD 国家以及其他发达国家、新兴国家的信息比较》，其第 6 期于 2015 年发布，该报告较为全面地描述了世界主要经济体税收裁定的状况。在此简要介绍。①

OECD（2015）报告将税收裁定视为税务机关解释如何适用税法的一种税收服务，与税收知情权、确定权并列。税收裁定分为公共裁定和私人裁定。公共裁定是税务机关就税法条款在特定情况下如何解释适用而公开发布的文件，主要针对某些可能对多数纳税人产生影响的、带有模糊性的条文。私人裁定是税务机关关于个别纳税人申请的对其将要或者已经完成的交易如何适用税法的问题的确认，它的主要作用是对纳税人某些复杂、高风险的交易提供事前确定性（early certainty）。由此可以发现，OECD 所使用的税收裁定包括公共裁定和私人裁定，其公共裁定相当于税务机关解释税法的规范性文件，而私人裁定是才是针对纳税人个别税收问题所做的裁定，而且私人裁定针对的对象既包括将来发生的交易，也包括已经发生的交易，这与我国税收征管法所采用的预约裁定含义有所区别。因此，私人裁定才对应事先裁定，但是两者也存在一定差异。

世界各国税收裁定的基本情况统计如表 3－1。②

表 3－1　各国税收裁定情况

国家	制度渊源				公共裁定				私人裁定							
	税法或其他法律		行政性文件		存在		有约束力		存在		有约束力		规定裁定时限		付费	
OECD 国家（34）	31	91%	25	73%	34	100%	33	97%	33	97%	31	91%	26	76%	15	44%
非 OECD 国家（22）	19	86%	17	77%	21	95%	20	91%	16	73%	6	27%	14	64%	6	27%
总计（56）	50	89%	42	75%	55	98%	53	95%	49	88%	37	66%	40	71%	21	38%

从表 3－1 可知，在 34 个 OECD 国家中，有 97% 的国家建立了私人裁定（事先裁定）制度，有 91% 的国家赋予了私人裁定对税务机关的法律约束力，76% 的国家规定了裁定的时间限制，从 4 周到 5 个月不等，有 44% 的国家要求申请裁定给付费用。在 22 个非 OECD 国家中，73% 的国家建立了私人裁定制

① OECD, *Tax Administration* 2015: *Comparative Information on OECD and Other Advanced and Emerging Economies*, Paris: OECD Publishing, 2015. 下文简称 OECD（2015）报告。

② 数据中，OECD 国家瑞典私人裁定是由独立于税务机关的一个委员会做出，某些案件中，没有做出裁定的时间限制，但是会收取费用。因此，将瑞典视为不存在（税务机关的）私人裁定，四个指标都没有统计进去。

度，有 27% 的国家赋予私人裁定以法律约束力，64% 的国家规定了裁定时限，27% 的国家要求付费。从以上对比可以看出，私人裁定制度在世界各国（地区）的确立比率相当高（88%），而且采取收费方式的国家并不多（占 38%），但是 OECD 国家（主要是市场经济发达国家）绝大多数赋予裁定约束力，而非 OECD 国家（主要是发展中国家）认可裁定法律效力的仅占 1/4 强。

（二）美国事先裁定的制度规定

1. 美国税务机关与纳税人沟通形式概述

美国税务机关一般以信函裁定（letter rulings）、终局协议（closing agreements，有翻译成结案书的）、决定信函（determination letters）、信息函件（information letters）以及口头建议（oral advice）五种形式与纳税人沟通。

（1）信函裁定。信函裁定是税务机关对纳税人就其特定经济活动的税收后果所提的申请而做出的书面决定。裁定对税法进行了解释并且将它们适用于纳税人具体的交易活动，其效力优先于税法。信函裁定并不是终局的税收决定，它可能由于多种原因而被撤销、修正。①

（2）终局协议。终局协议是税务机关与纳税人就特定的税收问题或义务所达成的最终的协议，除非存在欺骗（fraud）、渎职（malfeasance）或虚假陈述（misrepresentation），该协议具有终局性的效力。在符合条件的情况下，纳税人可以在申请信函裁定的同时提出终局协议的要求，或者用终局协议申请代替信函裁定申请。对该事项享有管辖权的副首席顾问（the Associate Chief Counsel）将代表税务局签署（sign）终局协议。如果协议可以终局性地（conclusively）、永久性地（permanently）解决某一问题，或者纳税人能够提出积极的理由要求签署终局协议并且不会损害国家的利益，那么双方就可以签署终局协议。在某些适当的案件中，税务局可能主动要求纳税人签署终局协议作为信函裁定的条件。在一个案件中，如果某一类纳税人要求签署终局协议，当人数少于 25 人时，才会单独签署协议；如果这一类纳税人面临的实质税收问题是一致的，且人数超过 25 人，那么税务局会与这一类纳税人的代表签订"集团终局协议"（mass closing agreement）。②

（3）决定信函。决定信函是由税务局某主管将税务局发布的原则、先例适用于特定事实的书面决定。只有明确建立的法令、税收条约、法规、收入裁决结论或者一种意见或法院判决代表了税务局的立场，决定信函才可以依据它

---

① See Internal Revenue Bulletin January 4, 2016. Sanction 2 Letter Ruling.

② See Internal Revenue Bulletin January 4, 2016. Sanction 2 Closing Agreement.

们作出。①

（4）信息函件。信息函件是为了引起纳税人注意已经确立的税法（包括税收条约）解释或税法原则而发布的声明。它不是对具体事实的适用。如果纳税人所提要求涉及一般信息的需要或者纳税人所提的申请不符合程序而税务局认为一般信息可能会对纳税人有帮助，那么税务局就会发布信息函件。信息函件只是建议性的，对税务局并没有约束力，它也不能代替信函裁定。信息函件分为公开函件和非公开函件，前者向公众发布，任何人可以获取，后者并不对公众公开。②

（5）口头建议。税务局不会口头发布信函裁定或信息函件，也不会对纳税人的口头申请作出信函裁定或信息函件。某些税务工作人员可以与纳税人口头讨论其所咨询的特定问题以及其对特定案件所申请的信函裁定或信息函件的程序问题。在时间允许和自由裁量的范围内，工作人员也可以讨论税收实质问题，但是讨论内容不对税务机关产生约束力。口头建议对建议主体和建议事项范围有限制，特定工作人员只有在该税收实质问题涉及其工作领域时才能讨论，该税收实质问题如果正处于调查、申诉、诉讼过程中，则不能讨论并给出建议。口头建议也不具有法律约束力，它只是税务工作人员建议性质的意见。③

本节研究的税收事先裁定具备三个基本条件：其一，针对特定的纳税人具体的交易活动；其二，涉及交易活动的税收结果；其三，裁定（协议）具有约束力。以此为标准，美国税务局与纳税人之间的五种沟通形式中，口头建议不具有约束力，信息函件是针对所有纳税人的一般性的税收信息，决定信函针对特定事项但是不针对特定纳税人，因此，都不属于事先裁定的表现形式。信函裁定和终局协议符合三个基本条件，可以视为"美国版"的事先裁定。信函裁定与终局协议在程序上基本相同，只是终局协议确定性更强，且更具体，直接确定纳税人特定的税收义务。因此美国税收通告的规定基本是围绕信函裁定展开的。

2. 美国信函裁定制度

美国法律详细规定了事先裁定制度的内容，主要包括以下方面：

（1）信函裁定适用的范围。美国明确规定了信函裁定所能适用的 17 类涉税问题，主要包括：①所得税与赠与税问题，只能是尚未实施的交易或者虽然

---

① See Internal Revenue Bulletin January 4, 2016. Sanction 2 Determination Letter.

② See Internal Revenue Bulletin January 4, 2016. Sanction 2 Information Letter.

③ See Internal Revenue Bulletin January 4, 2016. Sanction 2 Oral Advice.

已经实施但是尚未申报纳税的交易。②房地产税问题，包括自然人期房的房地产税问题，但不计算期房的税款；被继承人房地产税收在纳税申报之前的税收问题。③隔代转移税问题，针对可能影响该税的未来交易或者已经发生但尚未申报的交易。④就业与消费税问题，针对所有交易，不管是否发生，即使发生，无论是否已经申报纳税。⑤程序与行政涉及的税收问题。⑥印第安部落政府涉及的税收问题。⑦免费组织的某些交易的涉税问题，针对可能影响该税的未来交易或者已经发生但尚未申报的交易。⑧合格退休计划和个人退休账户涉税问题，无论交易是否发生，也不管纳税申报是否完成。[1] 美国的信函裁定适用范围大，一方面，在多种税收中都可能出现裁定；另一方面，不仅"事先"，即使是事后的税收问题也可以裁定。

同时美国税收规章也从反面规定 14 类不能适用裁定的情形，主要包括：①涉及之前的退税问题且该问题正处于审查、申诉或诉讼状态等；②所涉问题本身性质不适宜裁定；③只是交易整体的一部分的涉税情况；④普通法规则所适用的退休税；⑤商业集团成员的税法适用问题；⑥外国政府及其机构依美国税法缴税的问题；⑦立法草案涉及的联邦税收问题；⑧那些除非发布新的规范或指南，否则当下无法解决的问题；⑨现有法规已经有明确处理的问题；⑩有多种实施方式的交易计划或者虚拟的交易计划；等等。

（2）裁定申请的处理。美国税务局对申请的处理遵循以下程序：①税务局特定的办公室负责接收申请材料、费用，按照申请的内容分派到相应的主管部门。②主管部门的一个代表在 21 个自然日的时间内联系申请人，双方就申请的程序问题进行沟通，如果问题复杂，也可以讨论实质内容，部门代表可以对申请提出进一步要求。③如果申请不能获得裁定，部门代表可以与申请人协商是否愿意对交易计划进行一定的修正以满足税务局的规定。④部门代表所提供的信息不具有约束税务局的效力。（相当于口头建议）⑤根据情况，可以要求提供更多的信息。申请人在 21 个自然日内提供，某些情况下可以延长时间。如果逾期未提供，申请自动终止。如果终止后税务局再收到信息，视为重新递交裁定申请，需要再次缴纳费用。为了加快裁定的进度，申请人可以要求税务局通过传真的方式通知申请人补交信息材料。⑥申请人需要签订诚信声明，一旦虚假陈述愿意接受惩罚。⑦申请人要求部门代表在举行裁定会议后、最终裁定结果作出前，把税务局即将裁定的结果口头通知申请人，在接到通知后 10 个自然日内，申请人不撤销申请，税务局将发布裁定。如果申请撤销，费用不退回。⑧在申请人与部门代表讨论后，申请人可以提交一份裁定的草案。

---

① See Internal Revenue Bulletin January 4, 2016. Sanction 5.

（3）信函裁定会议。在裁定过程中，要求申请人与税务局进行充分的交流。美国法律赋予申请人申请举行裁定会议的权利。信函裁定申请人有权要求召开一次裁定会议，某些情况下可以要求多次，税务局的参与人员是有权代表当局签署裁定的工作人员。由于属于非正式会议，不允许对会议内容做任何记录。部门代表应当向申请人说明税务局初步裁定的结果并解释原因，申请人可以对实质内容提出意见和建议，双方可以进一步讨论裁定结果的意向内容，但是部门代表不对税务局是否采纳意见作出承诺。在纳税人申请裁定前，双方还可以举行一次会议以决定所申请的内容是否有必要申请裁定。[①]

（4）信函裁定的效力。信函裁定作出后，对双方产生法律效力。纳税人可以依据该裁定进行交易、纳税，但裁定不对其他纳税人产生效力。税务申报部门将依据裁定对该纳税人的纳税申报进行检查。如果裁定有误或法律发生变化或者与税务局当前的观点不符，裁定可以被撤销或者修正。如果是因为裁定所依据的事实发生变化，裁定撤销后具有溯及力，其他情况下撤销后不具有追溯力。[②]

（5）信函裁定的实践现状。美国的学者对事先裁定持肯定态度，认为税收事先裁定对纳税人而言是不可或缺的程序。[③] 一些组织的报告也盛赞事先裁定是现代税收行政和税收遵从必备的工具。但是，实践中纳税人申请裁定的数量并不多。信函裁定在 20 世纪 80 年代数量相对较低，之后不断下降，1981 年有 5782 份申请，到 2007 年只有 1436 份申请。相对于所有的税收争议案件的数量，裁定申请的数量相当少。2007 年各级法院受理的诉讼案件 30869 件，税务机关受理的申诉案件 79479 件，受理的信函裁定仅 1436 份。[④] 如果事先裁定能够增强税收风险确定性，为何税收争议如此多而裁定申请的数量如此少呢？有学者对此反思，分析其原因主要有两方面：①裁定申请成本高，包括申请准备的费用、申请费用和等待时间。②基于对税收策略的考量，在申请裁定和不申请裁定两种情况下，受到审计的概率不同，不申请裁定的情况下，有可能交易的实缴税收非常少，并可以免去申请的成本。

（三）美国信函裁定制度的经验

1. 适用范围明确

事先裁定是实现税收确定性的有效措施，但是其本身有适用的范围限制，

---

① See Internal Revenue Bulletin January 4, 2016. Sanction 10.

② See Internal Revenue Bulletin January 4, 2016. Sanction 11.

③ See Yehonatan Givati, "Resolving Legal Uncertainty: The Unfulfilled Promise of Advance Tax Ruling", 29 *Virginia Tax Review* 137 (2009), pp. 137 - 176.

④ See Yehonatan Givati, "Resolving Legal Uncertainty: The Unfulfilled Promise of Advance Tax Ruling", 29 *Virginia Tax Review* 137 (2009), pp. 137 - 176.

应当根据不同税种、不同类型的案件及其本身的性质确定能否申请事先裁定。美国法规用列举的方式从正面确定能够申请裁定的涉税事项，并从反面规定不能申请的情形。这从根源上保证了纳税人申请权利的行使，限制税务机关过大的受理裁量权。但是以列举的方式确定适用范围，是否属于全面列举？在缺乏一般性条款的情况下，列举事项之外的涉税问题能否裁定可能存在一些争议。其实这就是事先裁定在受理范围的法定与裁量之间的平衡。

2. 裁定程序规范

美国法规设计了一整套裁定流程，从申请前咨询、协商到递交申请，再到裁定过程，最后到裁定作出，每个步骤的时间、参与人员、进行的内容都有详细的规定。正式的、普遍的、可适用的规则对于所有情况类似的纳税人同样地适用，彰显了程序公平，实际上这也是经济层面的过程公平，由此得到的结果也必然是公平的。依据规范的程序和客观的标准所作出的裁定与欧盟和 OECD 所倡导的税收竞争公平的理念也是一致的。①

3. 申请人权利有保障

建立完善的裁定会议制度。在申请前，纳税人可以就申请有关事项向税务局咨询、与之协商，以决定有无必要申请；在裁定的过程中，赋予纳税人会见的权利，双方就裁定事宜进行充分的交流；赋予纳税人提出实质意见的权利，初步裁定应当听取纳税人的建议，同时赋予纳税人撤销裁定的权利。这一系列的权利，有力地保障了纳税人的意志在裁定中的反映，实质上也是信函裁定的契约属性的体现。

4. 裁定效力明确

事先裁定的生命力在于其法律效力。依据裁定，申请人纳税的风险得到有效控制，税务机关不可对裁定的交易征收更多的税款。裁定具有稳定性，除非有法定的事由，税务局不得撤销、修正。特别是税收终局协议，几乎可以确定具有约束力。

六、我国事先裁定制度的完善

（一）我国事先裁定的制度规定

1. 制度发展

2013 年，"事先裁定"首次出现在税务总局的规范性文件（税总发

---

① See Kimberly A. Butlak, "All's Fair in Love, War, and Taxes: Does the United States Promote Fair Tax Competition in a Global Marketplace Consistent with European Community and Organisation for Economic Co-operation and Development Recommendations Through Its Advance Ruling Program?", 13 *Indiana International & Comparative Law Review* 99 (2002), pp. 99 – 146.

〔2013〕145号，以下简称145号文）当中。① 145号文提出要试行大企业涉税事项事先裁定制度。该文将事先裁定理解为：税务机关依据税收法律法规，就申请人所申请的关于未来可预期的特定事项应如何适用税法予以裁定。针对的对象是大企业，其目的是提升大企业防控税收风险的能力，推动大企业健全税务风险内控机制，增强税法适用的透明度和确定性。

2014年国家税务总局"便民办税春风行动"实施方案，试行涉税事项事先裁定制度，增强税收政策确定性和执行统一性。② 这一文件只是提出实行事先裁定制度，并没有具体对制度构建提出方案。

2014年《税收征收管理法修订草案（征求意见稿）》（以下简称为《修订草案》），采纳了事先裁定制度，③ 纳税人可以就如何适用税法的问题向税务机关提出申请，税务机关作出裁定，这类裁定成为对税务机关有单方面约束力的事先裁定。纳税人遵从税务机关裁定而出现未缴或少缴税款的，免除缴纳责任。纳税人可以不遵从税务机关的裁定，但不得提出复议和上诉。

2015年《修订草案》在2014年《修订草案》的基础上，对事先裁定制度规定进行了修正。④ 它规定，税务机关应当建立纳税人适用税法的预约裁定制度。纳税人对其预期未来发生、有重要经济利益关系的特定复杂事项，难以直接适用税法制度进行核算和计税时，可以申请预约裁定。省级以上税务机关可以在法定权限内对纳税人适用税法问题作出书面预约裁定。纳税人遵从预约裁定而出现未缴或少缴税款的，免除缴纳责任。

2. 制度评析

从以上规定可以看出，我国对实事先裁定的认识是发展变化的，制度设计上有加强限制，也有放宽适用，主要体现在以下三个方面：其一，关于适用的主体，税务总局最先提出试行事先裁定制度，适用主体仅限于大企业，后来2014年《修订草案》和2015年《修订草案》将适用主体扩展至所有纳税人。其二，关于适用的对象，只要是"未来可预期的特定事项"即可；2014年《修订草案》也无限制，只要是涉税事项均可，甚至都没有要求是未来发生的事项；2015年《修订草案》要求是"预期未来发生、有重要经济利益关系的

---

① 参见《国家税务总局关于进一步加强大企业个性化纳税服务工作的意见》（税总发〔2013〕145号）。
② 参见《国家税务总局关于印发"便民办税春风行动"实施方案的通知》（税总发〔2014〕29号）。
③ 《国家税务总局办公厅关于征求〈税收征收管理法修订草案（征求意见稿）〉意见的通知》（税总办函〔2014〕577号），该《税收征收管理法修订草案（征求意见稿）》第49条规定：（第1款）税务机关应当逐步建立纳税人如何适用税法的事先裁定制度。（第2款）纳税人可以就其涉税事项如何适用税法向税务机关申请对税务机关有单方面约束力的事先裁定。纳税人遵从税务机关裁定而出现未缴或少缴税款的，免除缴纳责任。纳税人可以不遵从税务机关的裁定，但不得提出复议和上诉。
④ 参见2015年《税收征收管理法修订草案（征求意见稿）》第46条。

特定复杂事项，难以直接适用税法制度进行核算和计税"，即必须符合"未来、重要、复杂、核算难"等条件。其三，关于法律效力，税务总局要求适用事先裁定增强大企业税收确定性，实际上是认可裁定对税务机关的约束力，但约束到何种程度并不清晰。2014 年《修订草案》规定裁定对纳税人并无约束力，但明确裁定具有免责效力，且裁定不可救济；2015 年《修订草案》则仅明确了免责条款，删除了单方约束力规定和救济效力的规定。

这些规定有进步的地方也有不足的地方。将适用主体从大企业放宽到所有纳税人，人人有权利申请裁定，符合经济机会公平原则。对裁定效力的规定，本节认为 2014 年《修订草案》的规定更合理。裁定对税务机关具有约束力，这是最基本的效力，纳税人的免责权是与税务机关的约束力相对应的权利。约束税务机关不能多征税，实际上就是保证纳税人对少缴的税款免除缴纳义务。此外，如前文所论述的事先裁定法律关系内容，赋予纳税人选择权既是对事实的尊重①也是事先裁定的契约性和服务性的体现。但是对适用对象设置"未来、重要、复杂、核算难"等条件，其实是对社会不公的"巩固"。纳税人之间的经济实力存在事实差异，所能从事的经济活动重要性（从金额方面讲）不同，要求经济活动必须"重要"，实际上是对经济实力较弱的纳税人的差别对待，使事实上存在的社会实力不公平继续在税收领域被认可，有歧视对待的嫌疑。如果是出于现实考量，为避免大量的裁定申请涌入税务部门导致税收行政资源紧张而设置门槛，理由并不充分。第一，税收确定性权利是纳税人在税收方面的基本权利，②这是每一个纳税人"作为一个平等的人所应该受到尊重和关心的权利……即使是为了普遍利益也不应该被否定"③。第二，即使为了公共利益，从所谓的功利角度而言，赋予一般的经济活动实施者以申请的权利，并不会造成很大的行政资源紧张。从美国的经验可以看出，全部纳税人事先裁定数量并不多。此外，纳税人从税收策略上会衡量申请前后的审计、稽查概率以及收益成本，并不是所有的纳税人都可以确定从裁定中获益而有动力申请裁定。经验和逻辑并不支持放开申请会造成严重的技术矛盾的观点，即使可能存在一定税收行政资源紧张，也没有严重到限制基

---

① 如前文事先裁定法律关系内容中对纳税人选择权的论述，如果没有选择权，在裁定可能不利于纳税人时，他可以改变经济计划的一些实质内容而使得裁定不能适用，同样可以达到规避裁定的目的。规定选择权，对税务机关并无利益损失。

② See OECD, *Tax Administration 2015：Comparative Information on OECD and Other Advanced and Emerging Economies*, Paris：OECD Publishing, 2015.

③ ［美］德沃金：《认真对待权利》，信春鹰、吴玉章译，上海三联书店 2008 年版，第 362 - 363 页。

本权利的地步，对适用申请对象设置条件，不符合比例原则。

（二）我国事先裁定制度的相关实践

1. 实践发展

早在 2011 年，就已经有个别省市的税务局先后与企业签订税收遵从协议，① 但是该类协议主要是税务总局与企业集团双方在自愿、平等、公开、互信的基础上，以协议的方式，共同承诺相互合作以防控税务风险，② 并没有涉及有关经济活动适用税法的事先裁定，而且《税收遵从协议文本》的内容也只是税企双方加强合作的一般性权利义务安排。税收遵从协议具有契约的性质，但是并不直接与事先裁定相关；只是在税务总局于 2013 年 1 月发布 145 号文提出试行事先裁定制度后，安徽省在税收遵从协议中首次引入裁定制度。2013 年，安徽省国税局与四家大企业签署了税收遵从合作协议，协议引入了事先裁定制度，即企业可以就未来可预期的重大交易事项如何适用税法，申请事先裁定，并规定了有关免责条款。③

2013 年 11 月左右，安徽省国税局依照相关法律、法规，对马钢（集团）控股有限公司申请资产重组涉税事项作出事先裁定："马钢集团此次资产重组中，汽运公司等 8 家分公司整体出售业务不属于增值税的征税范围，不征收增值税。"④ 2015 年青岛市国税局依照相关法律法规，为该市两企业合并涉税事宜作出事先裁定，允许企业按照特殊性重组政策进行税务处理。因一纸事先裁定，当事人不仅有效地规避了税务风险，而且当期减少了近 8000 万元的税收支出。⑤

2. 实践评析

税务部门按照税务总局的部门规章实施事先裁定制度，践行新的税收征管理念和方式，同时也是为征管法修订稿积累经验，这些值得肯定。截至 2016 年，2014 年、2015 年两版草案尚未生效，真正具有法律效力的只有税务总局发布的 145 号文，税务机关实施事先裁定制度，于法有据。另外，事先裁定是一种新的征管理念和方式，它是从契约的角度平衡征纳双方的地位，倡导合作型税务关系，同时也是确定税收风险的有效方式，推进税收关系和谐化、效率

---

① 参见《甘肃国税开展定点联系企业 评估探索大企业税收风险管理》，这是在国家税务总局搜索"税收遵从协议"得到的时间最早的新闻。http://www.chinatax.gov.cn/n810219/n810739/c1125956/content.html，最后访问时间：2016 年 1 月 19 日。

② 参见 2011 年 7 月发布的《国家税务总局大企业税收服务和管理规程（试行）》第 17 条。

③ 参见王恺：《4 大企业签订税收遵从协议》，载《安徽日报》2013 年 4 月 2 日。

④ 参见永泉、海波、亚纬：《安徽国税局向大企业提供事先裁定服务》，载《中国税务报》2013 年 11 月 25 日。

⑤ 参见胡海啸：《企业借助事先裁定延迟纳税 8000 万元》，载《中国税务报》2015 年 11 月 6 日。

化发展。

但从典型的实践案例看，事先裁定实施中存在一些问题。

首先，事先裁定建立在税务机关对企业交易方案设计的"建设性意见"上，暂且不谈税务机关"过度服务"的问题，[①] 仅仅从裁定对象而言就缺乏独立性，不符合真正的事先裁定要求。税务机关先介入企业的交易方案，提出自己的设计意见，然后对交易方案作出裁定，实际上是对自己的观点的重复肯定，裁定本身没有多少协商的意思（当然在交易方案设计过程双方有协商），裁定只不过是税务机关介入交易方案的延续，税收风险在税务机关介入方案设计时其实已经确定，裁定只不过是走过场而已，裁定本身没有独立的意义，没有发挥裁定应有的作用。

其次，税务机关过于主动实施裁定。裁定不是纳税人自愿申请的，而是税务机关介入企业交易方案后主动做出裁定，而这种主动的选择性可能导致纳税人之间的不平等。而且，裁定所适用的企业主要是外企、大国企，裁定适用的机会公平不足。

最后，案例中所释放的观念存在偏差。企业、媒体将节税效果归结于事先裁定制度，据报道，马钢集团有关领导曾说："安徽省国税局推出的事先裁定服务，不仅给我们企业节约了2.68亿元的税款，提高了政策适用的确定性，减少了企业的税收风险，而且有利于解决马钢集团'全而不强、广而不精'的传统经营模式弊端，优化集团公司产业结构，促进我们将主业做强、将辅业做大。"[②] 实际上事先裁定不可能节省税收，它只是提供事前的确定性，而真正帮助企业节约税收的，是税务机关对该企业调研后针对其资产交易方案提供了"建设性意见"，从而节税。事先裁定如果不出现差错，一般不会导致纳税人少缴税款，在此必须澄清、着重强调此观念，以免对事先裁定制度形成错误认知，误以为该制度导致国家税收减少。该观念看似褒扬事先裁定制度，实则动摇该制度的法律基础，必须矫正，否则事先裁定制度的正当性会遭到质疑，不利于制度的建立、完善。

---

① 税务机关是否应当提供"建设性意见"而"过度服务"，已经有学者提出批评意见，认为税务机关不能参与企业交易方案制定进而作出事先裁定，否则有违正当程序。参见虞青松：《税收事先裁定权限应集中到税务总局》，载《中国税务报》2014年9月3日。此案中，虽然该企业是重要国企，但是税务机关还是应当保持中立态度，不应该"过度服务"，企业需要的税收筹划应当由其自己或者其税收顾问自行解决。

② 永泉、海波、亚纬：《安徽国税局向大企业提供事先裁定服务》，载《中国税务报》2013年11月25日。类似的评论参见胡海啸：《企业借助事先裁定延迟纳税8000万元》，载《中国税务报》2015年11月6日。该案也存在税务机关"过度服务"的问题，而且把税收的减少归结于事先裁定，实在有失偏颇。

（三）我国事先裁定制度的完善

据前文所论，税收事先裁定本质上属于税收契约，是法定与裁量的融合，同时也基本符合效率和公平的正义观。以此应然的理论为基础，结合国内外的实践经验，下文将具体阐述事先裁定制度在我国的现实构建。

由于事先裁定制度涉及主体、对象、程序等诸多规定，税收征管法中难以容纳如此多的内容，只能在该法中作出制度原则性规定，具体制度的构建还需要制定专门的规范性文件。下文仅对事先裁定的主要内容提出制度建议。

1. 事先裁定的主体

事先裁定本质为税收契约，其主体的构建问题就是定约资格的适格问题，必须在公平与效率的标准下阐述。从纳税人方面讲，申请裁定（税收契约）是一项税收基本权利，应该普遍地赋予，这是机会公平问题，也关乎效率：不能说某些纳税人的经济活动不影响资源配置，只是其影响程度不一样而已。从税务机关方面讲，税务机关没有自己独立的利益，它代表国家的税收利益，哪一级税务机关有资格裁定需要从国家的角度分析。所谓的公平不是各级税务机关权力分配的"公平"，而是社会的公平：纳税人之间经济实力、经济能力各不相同，是否由此设立申请裁定的门槛？同时也面临效率问题：在税务行政资源一定的情况下，裁定申请越多，裁定的效率越低。但是申请需求究竟有多大呢？

对裁定主体的设置现在存在两种观点：一种是省级以上税务部门，另一种是国家税务总局层面。[①] 两者的争论焦点在于裁定的统一性与裁定资源的有限性。前一种观点认为总局裁定资源有限，应当赋予省级税务机关裁定资格（可以称为裁定主体"多元派"）；后一种观点认为裁定应集中在税务总局以保证裁定的统一性（可称其为裁定主体"一元派"）。如前文所述，美国的经验是一年才1000多件裁定申请，理论上的时间成本、人力成本、更大的稽查概率以及裁定适用事项的限制，会自动过滤相当部分的裁定需求。但是，无论怎样，关于过多的申请需求是否会导致裁定资源紧张的讨论，都还局限在理论层面，需要从实践中找到答案。而我国推行试行裁定，针对的对象是大企业，税务机关主动参与企业交易方案、主动裁定，并没有对此提供有用的经验。所以一元派的观点有待检验。对于一元派"统一性"主张，这在任何法律适用的场合都有发声的空间，它是法律制度内在道德性的要求，但是，事先裁定的统一性要求与法律裁判的统一性要求相比，后者又为何可以广泛地分散裁判呢？是裁判资源问题，地域差异问题，还是机关的独立公正性问题？抛开政治考

---

① 参见2015年《修订草案》第46条。虞青松：《税收事先裁定权限应集中到税务总局》，载《中国税务报》2014年9月3日。

虑，"统一性"本身不是目的，追求的应该是"合理性"。合理性的关键不在于裁判的层级多高，而是是否有公开的程序、合理的问责机制。因此，这两种观点都没有说到问题的本质。

所以，应当以裁定的合理性、裁定的社会公平效率来指导事先裁定主体的构建，而且由于实践经验不足，制度应当留有试验、调整的余地。首先，应当在税收征管法中明确税务机关要建立事先裁定制度，并且不对纳税人申请资格作出限制；其次，暂不规定哪一级别的税务机关可以裁定，可以通过税务总局部门规章的形式规定，裁定暂时先由税务总局做出，待到积累一定经验，如果申请的数量超过总局承受能力，裁定的资格再下放到省级，但是同时要做好监督、问责工作，因为裁定当中有较大的裁量权，配套措施不到位可能人为地造成税收不合理的流失。

2. 事先裁定的适用对象

事先裁定的适用对象可以从时间维度和事项维度作出界定。

从时间角度看，"事先"是在经济活动发生之前，抑或是缴税事项发生之前呢？美国的事前裁定（私人信函裁定）是根据不同的税收事项具体确定能否在经济活动发生之后裁定。[1] 经济活动已经发生，涉税问题按照税法规定已经抽象地成立，因为调查涉税事实不经济，所以征纳双方以协商的方式确定某些事实，然后适用税法确定税款。这种做法已经不是为了确定税收风险，而是为了实现税收结案的目的，与事先裁定的目的存在差异。而只有在经济活动发生前，才存在明显的税收风险，应当将事先裁定适用对象在时间上界定为尚未发生的经济活动（已经进行但是还有实质部分尚未完成，仍然存在税收风险的，视为尚未发生，可以申请裁定）。

从事项角度看，可以从正反两方面界定适用范围。能够申请裁定的，应当是经济内容较为复杂或者税法适用存在不确定的情形。一般而言，简单的事项可以通过一般的税务咨询寻求建议，但不排除有些经济内容简单但是对其所适用的法律存在较大不确定性，如此仍然有申请的必要。从反面对适用对象作出限制，那些虚拟的或不可能存在的交易、涉及国外税法解释的交易等，应当禁止适用裁定。

3. 事先裁定的效力

事先裁定作为征纳双方关于未来交易的税收契约，对双方都具有法律效力，即预期交易按照申请裁定时的预期计划实质性地实施后，该裁定对双方都有一定效力。其效力表现在，出于信赖利益和契约必守原则，税务机关有义务按照纳税

---

① See *Internal Revenue Bulletin*, January 4, 2016. Sanction 5.

人的申请征税，但是出于有利于纳税人的原则，在契约之始就规定纳税人选择权条款，纳税人可以在事后选择是如约缴税还是按实际发生缴税。

当然，如果发生纳税人虚假申请而影响经济实质的判定，或者税务机关渎职、纳税人寻租而不正当地使裁定税款与实际税款不符，可以认为税务机关代表国家所签订的税收契约未能真正表达国家的意志，违反了公共利益，合同可以撤销。

因此，事先裁定能够约束税务机关，纳税人有选择适用的权利，但是一旦出现法律明确禁止的事项，事先裁定可以撤销。所以，在建立事先裁定制度时，可撤销的事由必须明确规定。

4. 事先裁定的程序

程序是看得见的正义，程序的设置既要保障纳税人权利，也要维护裁定的正当性。第一，建立合理的流程规定。明确申请、协商、裁定的过程、时间安排、参与人员，程式化地规定事先裁定的各种程序安排，以有效指引纳税人、税务机关有序地完成相关事项。第二，建立裁定会谈制度。在申请裁定前，纳税人可以与税务机关进行非正式地会谈，初步了解有无申请裁定的必要以及裁定的可能性；在裁定作出的过程中，赋予纳税人要求会谈的权利，纳税人可以就申请的事项提出意见、建议，税务机关应当安排有裁定决策权的工作人员参与会谈，听取纳税人意见，对裁定的实质内容充分协商、交换意见。裁定作出前，税务机关以商谈的内容为基础作出初步裁定草案，再次征求申请人的意见，申请人可以拒绝该裁定而撤回申请。第三，建立裁定公示制度。在保护当事人信息的前提下，税务机关对所有的裁定予以公示，公众可以知悉裁定的内容和理由，一方面能够监督裁定的合理性，另一方面，可以对相关交易有一个合理预期。第四，事后加强对纳税人裁定的审计检查。检查纳税人的交易计划执行情况，核实与裁定的内容是否相符，从而决定能否适用裁定。

5. 事先裁定的救济

笔者赞同 2014 年《修订草案》的规定，纳税人不得对裁定提出复议和上诉。从本质上看，事先裁定是税收契约，是双方协商的结果，经过双方同意，纳税人自然不能反悔，即使事后不同意，纳税人仍然可以行使选择权。由于事先裁定不同于具体行政行为，当然不能套用复议、起诉等救济程序。如果协商不能达成一致意见或者不能达到使纳税人满意，只能说契约条件尚未成熟。虽然法律赋予纳税人申请裁定的权利，但是不保证必然作出裁定的结果。人人有权要求缔约，但法律并不保证缔约成功，即缔约权利的行使不同于契约的达成。从复议、起诉的性质上看，因为缔约蕴含着裁量的因素，裁量权包含着机关分权和专业要素，上级机关或者司法机关并不能替代或者要求税务机关作出何种决定。因此，事先裁定的结果不能予以复议、起诉。

七、结语

本节论述了税收事先裁定制度的法理基础，在制度层面，探讨了税收事先裁定作为制度的本质、内容、特征；在理念层面，以税收法定和自由裁量为中心探讨了事先裁定与作为部门法的财税法理念的关系；最后回到制度与问题层面，考察域外事先裁定制度的经验，提出对我国制度构建的建议。由此，本节对税收事先裁定制度多层次的重要理论问题基本论述完成，初步得出以下结论：第一，本节从主观、客观、学理三个维度出发，提出对事物本质定性的理论框架——符合价值导向、符合事物本身特征、符合理论逻辑。税收事先裁定本质上应当属于税收契约。事先裁定符合现代法学民主权利价值导向、具备契约的"整体形象"、满足理论逻辑的自洽。把事先裁定本质认定为税收服务、具体行政行为不妥。第二，事先裁定与财税法理念下的税收法定原则并不矛盾。税收法定有形式法定与实质法定之别，细致分析其内容和功能，事先裁定与之皆能和谐共存。税收法定续变论可以协调法定与契约的紧张关系。法定与契约在深层次上是辩证统一的。税收法定原则中存在法定与裁量两个对立的维度，此消彼长，任何法定都是在绝对法定和绝对自由两个对极谱系之间的位置。因而，事先裁定在税收法定续变的谱系中也是合理的。第三，事先裁定制度在全世界被广泛采纳，美国对该制度有详细的规定，其中不乏合理之举，我国在构建该制度时可以适当参考借鉴。

第二节　税收征收的关键环节：税收确定权[①]

"税收确定"的概念已经得到普遍的应用[②]，但是尚缺乏全面、系统的理论研究。税收确定的理论基础是什么？税收确定的准确内涵是什么？税收确定的法律的性质、法律地位和法律效力如何？它与相关的概念、制度之间相互关系怎

---

①　本节主体内容曾发表于《税务与经济》。参见邓伟：《论税收确定权》，载《税务与经济》2017 年第 2 期。

②　参见〔日〕金子宏：《日本税法原理》，刘多田等译，中国财政经济出版社 1989 年版；〔日〕北野弘久：《税法学原论》，吉田庆子等译，中国检察出版社 2001 年版；葛克昌：《行政程序与纳税人基本权》，北京大学出版社 2005 年版；陈清秀：《税法总论》，元照出版公司 2012 年版；施正文：《税收债法论》，中国政法大学出版社 2008 年版；*The OECD Committee of Fiscal Affairs Forum on Tax Administration, Taxpayers' Rights and Obligations-Practice Note, The Right to Certainty*，OECD：http://www.oecd.org/ctp/administration/14990856.pdf. 最后访问时间：2016 年 10 月 2 日。

样？这些问题关系到税收确定存在的正当性、运行的有效性。本节尝试在已有研究的基础上，从价值论、本体论、立法论等方面对税收确定进行全面研究，以期对税收法律理论研究有所裨益，对我国税收征收管理法的修订有所启发。

一、税收确定权的理论缘起

在税法发展史上，曾经对税收法律关系的性质产生过激烈的争论，先后形成了"税收权力关系说"和"税收债务关系说"两种代表性的学说。"权力说"与"债务说"理念都是一定税收理论和实践条件的产物。"权力说"曾经有效地反映了税收法律的性质，但是随着社会的进步，"债务说"取代权力说成为必然。在市场经济尚未繁荣起来时，税收实体关系简单，税收法律关系是以征收为代表的程序法律关系，运用传统的行政法方法研究由行政机关参与的、以程序为核心的税收法律关系，自然得出"权力说"的结论。在市场经济高度发达时，"租税实体法吸收了财政学、会计学等相邻学科的成果，在今天它在质和量上都达到了构成税法中心的地位"[①]。如果说在程序法上，税务机关享有较大行政自由裁量权、能作出诸多单方性命令性的具体行政行为因而相较于纳税人处于优越地位，因此税法关系符合"权力说"，那么在实体法上，法律明确规定税法关系成立的构成要件，仅仅需要法律（大前提）与纳税人有关的法律事实（小前提）就能够产生税收法律关系（结论），行政机关的介入不是税法关系成立必要条件，而且税务机关的程序性行为（虽然仍具有权力的因素）只是为实体法律关系服务，税法关系"权力说"已经不符合实际情况。

"权力说"的衰弱与"债务说"的兴起导致了两个结果：

第一，纳税人享有主体性的权利成为可能。在"权力说"之下，税收关系何时成立、如何征纳、征纳多少等，税收实体和程序关系的变动均取决于行政行为。但是在税收债权债务关系中，纳税人缴纳税款以国家提供公共服务为对待给付，税收关系由法律规定，纳税人的权利与义务来自法律，行政机关无权自由裁量、不可单方命令，纳税主体光辉的人格堂堂正正行于税收法律关系之中。从"权力说"到"债务说"，是纳税人主体资格的实质恢复，是纳税人权利的生根发芽。

第二，税收确定成为必要。"权力说"认为税收法律关系的成立以行政机关的具体行政行为为重要前提，税务机关在认定税务关系成立的同时，税收的具体内容也一并确定，税收成立与确定混而为一。"税收债务关系说"把税收作为法定之债（区别于契约之债），税收成立由法律规定，但是在符合税收构

---

① ［日］北野弘久：《税法学原论》，吉田庆子等译，中国检察出版社 2001 年版，第 9 页。

成要件时，仅仅成立抽象税收之债，税收债权人仅单纯地享有赋课权，法律不能自动确定该债的具体内容，只有经过法定的确定程序，对于应纳税额加以确定后，具体的税收之债才成立，征税权才可以行使。① 事实上，有关纳税人的法律事实被税法"框入"，就必然自动产生税收之债，它是应然的、尚无法行使请求权的债，"它是一种事实的过去，只有经过法定程序加工，才能成为确定的过去"②。"债务说"将税收关系的成立归于法律，要实现税收之债"从抽象到具体""从应然到实践"，必然要求增加"税收确定"这一道法律程序。

二、税收确定权的理论内涵

对于一项权利的研究，必然要从权利的主体、权利的内容、权利的客体、权利的效力等主要方面入手。税收确定权同样如此。下文主要从税收确定权的主体及其效力方面进行论述，至于权利的内容、权利的客体则附带略述。

（一）税收确定权的主体

所谓的税收确定权，就是纳税主体通过一定的法律行为将已经发生的涉税事项的税收结果予以确定，以便后续税款的实际缴纳和征收的权利。该税收确定行为即是税收确定权的客体，它承载着主体所追求的某种有形或无形的社会生活利益（权利的内容）③，享有该利益的主体就是税收确定权的主体。

税收确定权的权利主体包括征税机关和纳税人。纳税人的确定权是纳税人对税务机关（国家）的权利，税务机关的确定权是税务机关对纳税人的权利，同一种程序性权利（包含实体因素）依法律的规定由不同主体享有，背后交织着理论与实践的价值和经济考量。

对纳税人而言，税收确定行为一方面有精神上之利益追求，关乎当事人"纳税光荣"的心理荣誉；另一方面，也有现实经济利益的考虑。税额确定可将纳税人先前涉税行为的不确定性确定化，从而脱去负担放开手脚、直面市场大胆经营。纳税人行使税收确定权的典型方式是纳税申报，纳税申报是纳税人以税收主体的姿态推动税收关系实现，象征着在纳税程序中的人民主权观念，一经申报，抽象的纳税义务即得确定、具体化。至于税务机关，作为国家在税收关系中的代理人，确认税额是其代国家实现税收债权的必要手段，确认程序蕴含着税务机关（国家）的经济利益，因此税务机关也享有税收确定权。税务机关作为税

---

① 参见施正文：《税收债法论》，中国政法大学出版社 2008 年版，第 13－14 页。

② 季卫东：《法律程序的意义——对中国法制建设的另一种思考》，中国法制出版社 2004 年版，第 40 页。

③ 参见史尚宽：《民法总论》，中国政法大学出版社 2000 年版，第 248 页。

收确定权主体时，纳税人应纳税额完全根据税务机关的具体行政行为加以确定。由于申报制度体现了民主纳税思想，也能够提高征税的效率①，因此纳税人是税收确定权的主要主体，而税务机关享有的税收确定权所能行使的权利范围极其有限，主要适用于法律规定的核定纳税以及纳税申报出现重大瑕疵的情况。

根据税种类别和制度条件，税收确定权的配置可以分为三种类型：第一，自动确定，此时无须纳税人或税务机关作出确定行为，如印花税。第二，仅赋予税务机关税收确定权，此时无须纳税人作出税收确定行为，只需要税务机关确定即可，如适用税收核定的情况。第三，同时赋予纳税人和税务机关税收确定权，此时，纳税人享有初次确定权，税务机关享有最终确定权。根据法律对税务机关行使税额确认权的强制性不同，可以将税额最终确认权进一步划分为强制确认权和选择确认权。

因此，可将税收确定权的配置模式总结如下②：

模式一：满足税收构成要件，自动确定。（此时不存在税收确定权主体。）

模式二：税务机关单方确定（如核定）。（此时税收确定权主体为税务机关。）

模式三：纳税人税收申报——税务机关确认（必经程序）。（此时存在双重税收确定权主体，其中纳税人行使初次确定权，税务机关行使强制确认权。）

模式四：纳税人税收申报——税务机关确认（选择程序）。（此时也存在双重税收确定权主体，其中纳税人行使初次确定权，税务机关行使选择确认权。）

（二）税收确定权的效力

任何法定权利的背后都有强制力的支撑，法定效力则是权利的强制力的表现形式，没有法定效力的权利，就像无光之灯、无热之火。只有辅之以相应的效力，税收确定权才能真正成为被尊重、被遵守之行为权利。借鉴一般法学理论，笔者认为税收确定权的行使应当具备以下三种法律效力：

第一，确定力。税收确定权的行使能够产生法定的确定效力，即将纳税人的纳税义务内容（也是国家税收权利的内容）具体化，纳税的额度、纳税的具体时间和地点得以确定，纳税人即依此纳税。应然而言，在税收确定权行使之前，税收关系已经成立，且当时的税基、税率、纳税环节、税收优惠等课税要件已经确定，这些客观情况不由人的主观意志而转移，但是要能够现实地进

---

① 参见［日］金子宏：《日本税法原理》，刘多田等译，中国财政经济出版社1989年版，第299－301页。

② 实践中，可能多种模式综合运用，当然，模式三与模式四是不可能同时存在的。

行纳税操作，必须经过确定程序，使课税要件由客观存在进一步转变为主观认知，税收确定权就是实现这一转变的纽带。

第二，拘束力。税收一经确定，对纳税人和税务机关都产生约束的效力，非经法定程序，不得变更和撤销。纳税人通过申报行使确定权后，正常情况下，纳税人应当依此缴纳税款，不得随意取回申报材料，或者再次提交不同的申报材料，除非依据法定程序撤回或者修正。税务机关应当依据纳税人的申报收取税款，除非申报存在重大缺陷，税务机关不得改变纳税人申报所确定的税收内容；税务机关通过税收核定确定税收内容后，不得随意否认已经做出的具体行政行为，除非因税务机关本身存在重大过失导致税收额度确认过高，或者因纳税人故意提交不真实不全面的税务材料及其他不法行为导致确认的税收额度偏离实际，税务机关不得再次进行税收核定。

第三，执行力。税收确定后的执行力是指纳税人依据已经确定的税收内容（主要是税款额度）缴纳税款，税务机关依据已经确定的税收内容征收税款，相对方不得拒绝，也不得要求对方多缴或少缴（多收或少收），税收之债的主体不按照确定的税收缴纳征收，可以申请或者自行采取强制执行措施。执行力真正体现了税收确定权背后的法律力量，实实在在展现了权利的刚强的面孔。

三、税收确定权的理论外延

（一）税收确定权与税收评估（税收评定）的关系

在确定纳税人税款后，税务机关是否有必要再次核查税收确定的真实性与合法性呢？学者对此有不同的观点，特别是对于纳税人自行申报的情形。有学者认为，对于申报纳税的情况，应该分为两个阶段，纳税人行使初次确定权，必须经过税务机关通过税收评定行使评定权，应纳税额才能最终确定。[①] 有学者认为，税收评估在纳税期限届满之后进行，是税务机关的内部行政行为，可以用适法行为解释，税务机关可以选择对哪些税种、哪些纳税人评估，无须法律强制性规定。[②]

实际上，是否将税务机关的税收评定作为税收确定的法定程序，主要是法实践论而不是法认识论的问题。就税法学研究而言，将税收评定定性为必经程序或选择性程序，理论上都是融洽的。不过，税收立法不能仅在学术逻辑中打

[①] 参见施正文：《论〈税收征管法〉修订需要重点解决的立法问题》，载《税务研究》2012 年第 10 期。

[②] 参见龚伟：《论税收评估的适法性》，载《河南工程学院学报（社会科学版）》2011 年第 3 期；杨卫红：《论纳税评估的法律地位》，载《扬州大学税务学院学报》2008 年第 3 期。

转，需要深入税收制度运行的现实土壤。如果将税收评定当作税收确定权的一部分和税收确定的必经程序，那么针对我国庞大的纳税人群体，税务机关需要巨大的人力物力才能对申报进行普遍的税收评定，而且有效的税收评定离不开完整的信息数据库，否则税务机关仅仅依据申报的材料重复进行核查实难发现问题；税收问题所匿之处不在提交的材料，而是隐藏在税务机关未能掌握的信息中。如果将税收评定确定为税务机关管理税务的手段，可以自由选择适用，那么在纳税人申报不自觉、不诚信的情况下可能出现大量税收遗漏，而税务机关的选择性管理又增加了寻租的可能性和纳税人税收结果的不确定性。

因此，将税收确定与税收评估视为一个确定程序的两个阶段，还是两个独立的程序，要视税收环境而定。在社会信息收集健全、处理技术发达、纳税人诚信度不高、税务机关廉洁性不佳的情况下，应当将两者作为税收确定必经程序的两个阶段；反之，则宜确定为两个不同的程序。

（二）税收确定权与纳税人诚实推定权

近年来，纳税人诚信推定权逐渐受到人们的重视。所谓的诚信推定权是指"纳税人依法进行的纳税申报、设置账簿等行为非有相反证据证实并经依法裁定，都应当被认为是合法的、准确的，纳税人的纳税相关行为都应被推定为是合法的、善意的"[1]。

纳税人诚实推定权与税收确定权密切联系。第一，在税收确定与税收评定相分离的情况下，诚实推定权可以说是纳税人税收确定权的理论基础。纳税人自行申报可使税收内容具体化、确定化并依据申报的数额纳税，其理论逻辑是，假设纳税人所提供的资料信息是完整而准确的，因而依据该资料信息缴纳税款是合理的。[2] 如果不假定纳税人诚信，法律却允许纳税人依据申报信息纳税，则税收如数入库在理论上就是天方夜谭，所以，诚信推定是纳税人税收确定权的内在基础。第二，这两项权利共同制约税务机关的恣意。税收一旦确定，税务机关不得任意启动调查，一方面在于确定权行使之确定力、拘束力，另一方面也是诚信推定的持续要求。除非有充足的理由并经正当程序，否则税务机关必须受税收确定权、诚信推定权的约束，特别是税务机关不得对有主观偏见的纳税人进行选择性核查，不然将极大放纵行政机关的任性行为而伤害纳税人的法情感。第三，这两项权利的效力可因同一个法律事

---

① 朱大旗、李帅：《纳税人诚信推定权的解析、溯源与构建——兼评〈税收征收管理法修订草案（征求意见稿）〉》，载《武汉大学学报（哲学社会科学版）》2015年第6期。

② *Australia Taxpayers' Charter*, Australian Taxation Office：https：//www. ato. gov. au/About – ATO/A- bout – us/In – detail/Taxpayers – charter/Taxpayers – charter – what – you – need – to – know/？ page = 3#Your_ rights. 最后访问时间：2016年10月5日。

实而灭失。诚实推定和税收确定并不反对税务机关对有关涉税信息再次进行核实，它们排斥的是任意、无根据或者报复性、选择性的核查。税务机关可以而且应该平等地运用有效的技术手段在特定时期内对涉税问题普遍性地进行核查，发现申报信息与核实的结果不一致，或者有相关证据初步证实纳税人不诚实，这种情况下，确定力和诚实推定即失效，税务机关才可以进一步核查或者立案稽查。

四、税收确定权的立法完善

（一）税收确认权的立法评析

本节着重分析《中华人民共和国税收征收管理法修订草案（征求意见稿）》（2015 年 1 月 5 日国务院法制办公开，国税总局、财政部起草，下文简称《草案》）中的税收确定权问题。《草案》中第六章专章规定税额确认。具体分析如下。

关于税额确认的性质。《草案》将税额确认定性为税务机关的权利。本来第 47 条规定税务机关有权确认税额，这里的"权"可能是权力，也可能是权利。但是，第一，如果是权力，则必然有相应的职责对应，然而纵观法律责任一章，并未有为履行税额确认不当之责任；税务机关可以自由地决定是否进行税额确认。第二，权力是不可以放弃的，而权利则可以不行使，《草案》第 53 条规定了税务机关未做税额确定可以视同确定，即税务机关可以不行使税额确定权。

关于税额确认的效力。第一，税额确认并不是法定的缴税程序，至少不是缴纳税款前的必经程序。虽然第 53 条规定如果未做确认，申报额视同确认额，结合第 56 条 5 年的确认时效规定，即在纳税人申报期届满后 5 年内一定会有税额确认程序（包括实际确认和视同确认），但是实际缴纳税款却是在法定申报期内，未在规定期限申报将受到罚款（第 96 条）并加收税收利息（第 59 条）。所以，纳税人缴纳税款前，并不一定经过税额确认程序。第二，税额确认的效力优先于申报的效力。第 52 条规定，经确认的应纳税额与申报的应纳税额不一致时，税务机关出具税额确认通知书。自然，纳税人应当按照确认通知书缴纳税款。

关于税额确认与税收确定的关系。首先，税收与税额之间是包含与被包含的关系，税收不仅包括税额（纳税额度），还包括与纳税有关的其他要素，如纳税时间、纳税地点，但税额是税收的核心要素，其他要素都是围绕实现税额缴纳得当而设置的。使用税额还是税收，关系不是很大，但是税收更全面。其次，确认与确定，两者在逻辑上有先后的关系，确认是明确承认，只有对已经存在的情况，才能进行确认，换言之，只有税额初步确定下来才能进行税额确认，在上文税收确定权配置模式三、四中能明显看到这种区别。在这里，可以明显感觉到，《草案》有赋予纳税人申报以确定税额的效力，否则税务机关对其进行税额确认就是毫无根据的。由此推之，《草案》欲将税收确定（具有确定力、约束力、执行力的法律行为）分为两个阶段，一个是纳税人的申报，另一个是税务机关的确认，且并未强制要求税务机关每个申报都进行确认，因此实际上《草案》欲采纳的是上文的模式四。

以上是对《草案》中税额确定、确认的理解，仔细分析，它存在以下问题。

（1）如果《草案》认可确定与确认的区别，那么，既然确定是确认的前提，将未经确定的税收核定（第50条）规定在税额确认一章，不符逻辑。

（2）如果《草案》将确认与确定混同，那么，《草案》将纳税申报作为第五章独立于第六章的税额确认，就意味着纳税申报并不是税额确认（确定）的方式，纳税申报不会产生确认（确定）税额的效果。如果不产生税额确认的效果，那么：①纳税人在法定的申报期内就不能依据纳税申报纳税；②如果同时在申报期内，税务机关未做纳税确认，则缺乏对税额进行确定的、有法律效力的依据，纳税人无法纳税。因此，如果纳税申报没有确定税额的法律效力，可能纳税无据可依。

（3）第57条规定纳税人应当证明其纳税申报的真实性、合法性。但是依据《草案》的规定，由于申报的材料只是作为税额确认的参考资料，不会产生法律效力，纳税人无须证明其真实性和合法性，而应当如47条的规定，由税务机关就申报的真实性、合法性核实确定。此两条存在矛盾。

（二）税收确定权的立法完善建议

出现以上两个问题的根源在于，未赋予申报纳税的税收确定的效力，同时未将税务机关进行税额确认作为税款缴纳前的必经程序。赋予效力或者规定为必经程序，二者有一，问题就迎刃而解。

根据前文的分析，在社会信息收集健全、处理技术发达条件下才可能将税务机关的认定作为税额确定的必经程序；纳税人诚信度高、税务机关廉洁的情况下，可以更大程度上赋予纳税人诚信推定和税额确定权。况且如前文所述，赋予纳税人税收确定权有理论基础，也符合实践的发展，再加上税收信息化建设、涉税信息机制逐步完善，赋予纳税人税收确定权的优势将得到张扬，其弊端得到有效回避。另外，根据《草案》原意，是在税务机关未做税额确定时，依纳税人的申报纳税，实际上是有赋予纳税人税额确定权之意。因此，赋予申报纳税的税收确定的效力以解决《草案》中的问题，既符合客观情况，也适应立法者主观意图。

具体改进的建议为如下。

第一，将第六章标题"税额确认"改为"税额确定"（或者税收确定）。一方面，税额确认需要以确定为前提，使用"税额确定"可避免"核定税额"未经确定的尴尬；另一方面，使用"税额确定"包含"税额确认"的作用，只不过税额确定分为两个阶段，针对纳税人申报后税务机关作出的税额确定行为就是"税额确认"。

第二，明确纳税人享有税收确定权，纳税申报具有确定税额的效力，同时税务机关也享有税额确认的权利（税额确定权属于税收确定权的一种形式）。不过在具体的内容上，两者的确定权是有差别的，纳税人税收确定权的权利属性是从"纳税人可以在纳税期限内自由行使且可以产生税额确定的效力"角度而言，由于还负担有公共利益，因而它也具有义务性质而不可放弃；而税务机关的税收确定权虽然也承载公共利益，但是考虑到实际操作的情况，要税务机关在有限的纳税期限内对所有纳税申报再次进行核实确认，实在不现实，因此，它是税务机关一项可以相对自由行使的权利，可在法律上规定税务机关不需要全面核实确认。

但是具体的法律结构设计，并不一定要将纳税人的税收确定权（纳税申报）和税务机关的税收确定权规定在同一章，两者内容都相当复杂，分章规定有其必要。针对《草案》，依然保持申报纳税为独立一章，只将第六章（税额确定）第47条改进为："（第1款）纳税人依照本法第36条进行的纳税申报，具有确定税额的效力。（第2款）税务机关有权对上款所确定的税额的真实性、合法性进行核实、确认。（第3款）在税务机关确认税额或者视为确认税额之前，纳税人可以在纳税期限内依据纳税申报所确定的税额缴纳税款。"同时为与第3款的"视为确认税额"相协调，将第53条的语句调整为：纳税人填报的纳税申报表以及修正的纳税申报表所载明的应纳税额，税务机关未做确认或者确认超出时效的，视为税务机关依该应纳税额做出税额确认。

第三，将第57条第1款修改为：纳税人应当证明其纳税申报的真实性、合法性。因为原《草案》并未赋予纳税申报确定税额的法律效力，无法律效力则无须用证据证明，要求纳税人证明申报的真实性和合法性则缺乏法理基础。建议将税额确定权分为两阶段，使纳税人的申报能够产生初步确定税额的效力（税务机关确认的结果具有最终的确定税额的效力，如果税务机关未做确认或确认超过时效的，则申报也能产生最终确定税额的效力），由此课予纳税人证明义务才具有合法性。

五、结语

税收确定权是税款征收的基础性理论，对于完善纳税人权利体系、提高税务机关的服务质量、促进纳税人税收遵从度有着积极作用。此外，税收确定权是对税法制度的细化，关系到纳税人与税务机关共同参与决定税收事项，使纳税人以主人翁的姿态参与国家税收治理，较为深刻地反映了依法治税、财税民主、人民主体意识的内涵。因此，在征管法中确定这一理论、完善这一制度，具有重大意义。

第三节　税务纠纷的解决：以税务司法专业化为中心①

一、税务司法专业化的研究背景

财税是国家治理的基础和重要支柱，要实现国家治理体系和治理能力的现代化，必须深化财税体制改革；② 财税体制改革的目的是建立统一完整、法治规范、公开透明、运行高效且有利于优化资源配置、维护市场统一、促进社会公平、实现国家长治久安的可持续的现代财政制度；③ 同时，要健全税收司法保障机制，加强涉税案件审判队伍专业化建设，由相对固定的审判人员、合议庭审理涉税案件。④ 财税、改革、法治与司法之间具有严密的内在逻辑，财税体制改革是全面深化改革的重要组成部分，财税法治是财税改革的重要目标，而专业化⑤的税务司法则是财税改革的重要保障。在官方提出税务审判专业化之前，我国学界对税务司法专业化已经进行了比较深入的研究。财税法学界基本形成了建立税务法院的共识，并认为要在新一轮财税体制改革和司法体制改革的背景下，循序渐进地推动跨行政区域税务法院的设立。⑥ 有学者还提出了

---

① 本节主体内容曾发表于《人大法律评论》。参见邓伟：《论我国税务司法专业化》，载《人大法律评论》2017 年第 1 期。

② 参见《中共中央关于全面深化改革若干重大问题的决定》。

③ 参见《深化财税体制改革总体方案》。

④ 参见《深化国税、地税征管体制改革方案》。

⑤ 本节使用"专业化"而非"职业化"的表述，其原因除了与官方表述保持一致外，一方面，"专业化"通常与"分工"联系论述，而"职业化"一般与"民主化"同时讨论；另一方面，虽然两个词所指内容很大程度上类似，但本节主要从主体专业化层次讨论（税务）司法专业化问题，与"职业化"的多维度内容存在差异。（后文对"职业化"有论述。）

⑥ 参见王平：《第九届中国财税法前沿问题高端论坛在京举办》，载《国际税收》2015 年第 7 期。

设立税务法院三步走的观点,[①] 有学者论证了建立税务法院的必要性并分析了其具体运作方式。[②]

纵观世界主要发达国家,税务司法专业化似乎已经成为发展趋势。[③] 美国早在 1969 年就建立了司法性质的税务法院。税务纠纷发生后,在向法院提起诉讼前,纳税人可以向上诉办公室提出复议;对复议结果不满,纳税人可以向税务法院、地区法院和索赔法院起诉;如果对税务法院和地区法院的判决结果不满,可以向联邦上诉法院上诉直至最高法院,而若对索赔法院的判决不服,则应当向巡回上诉法院上诉。加拿大设立税务法院比较晚,1983 年税收审查委员会被税务法院替代,它对税务上诉案件和因《税收实施法》和《所得税法》等某些法律而起的纠纷享有专属管辖权。纳税人对加拿大税务局上诉局的复议结果不满后,才能向加拿大税务法院起诉,进而向联邦上诉法院上诉,直至加拿大最高法院。澳大利亚并没有专门的税务法院,而是通过行政上诉庭(Administrative Appeal Tribunal,AAT)和联邦法院解决税务专业纠纷。纳税人对税务局作出的税务评定有异议,可以要求复议,如果复议维持原行政决定,纳税人可以向行政上诉庭起诉。如果争议税额在 5000 美元以下,纳税人也可以向小额税务争议法庭起诉,该法庭是行政上诉庭的一部分。虽然行政上诉庭和小额税务争议法庭成为法庭(Tribunal),但是实质上都属于行政部门的一部分。如果对法庭的审理结果不服,纳税人可以上诉到联邦法院由一个法官独任审理,如果仍旧不服判决结果,还可以上诉到完整联邦法院,直至上诉到联邦高等法院。

国外设立税务法院(法庭)的过程为我国改革建制提供了有益的经验,学界对于税务法院的必要性、可行性分析也为司法体制改革进行了开拓性的探索。但目前关于税法司法专业化的研究仍存在不足,主要问题是缺乏有效的分析框架、没有坚实的司法专业化理论基础。换言之,目前的研究通常是以税务法院的利弊分析论证必要性,以法院组织法、税务法官、国外经验来论证可行性,而对税务法院的积极效用的实现条件(能否实现)考虑不够,对税务司法专业化、破产司法专业化、知识产权司法专业化之间的关系关注不多,从而缺乏一套能一以贯之于各种司法专业化的一般性理论。缺乏有效的分析框架,

---

① 即"税务合议庭—税务法庭—税务法院",见财会信报:《刘剑文:税务法院的设立可分三步走》,载 http://www.dooland.com/magazine/article_685375.html,最后访问时间:2017 年 3 月 10 日。

② 参见朱大旗、何遐祥:《论我国税务法院的设立》,载《当代法学》2007 年第 3 期。

③ 关于各国税务司法的介绍参见〔美〕休·奥尔特、〔加〕布莱恩·阿诺德等:《比较所得税法——结构性分析》(第三版),丁一、崔威译,北京大学出版社 2013 年版,第 34 – 35 页。熊伟:《美国联邦税收程序》,北京大学出版社 2006 年版,第 198 – 230 页。Sarah Miles, "The Price We Pay for a Specialised Society: Do Tax Disputes Require Greater Judicial Specialisation?" 46 *Victoria University of Wellington Law Review* 361 (2015), pp. 361 – 414.

可能导致税务司法专业化研究有失全面与深刻；没有坚实的司法专业化理论基础，难以避免税务司法专业化根基不牢、自说自话。这些问题不利于理论和实践的良性发展。

因此，本节希冀以司法专业化探讨为基础，提出税务司法专业化的一个分析框架，进而运用到我国当下的情形，分析目前建立税务法院的可行性，以及我国应该如何推进税务司法专业化。

二、司法专业化理论基础

（一）司法专业化的历史脉络及其内涵

1. 司法专业化的历史发展

近现代以来学者才开始对司法专业化现象展开研究，但是司法专业化的实践进行已久。在漫长的历史发展过程中，司法专业化大致经历了以下两个方面的变化。

从司法主体方面看，裁判者角色从社会全能者转变为专事法律者，进而从法律全能者转变为领域专长者。在法律职业发展初期，裁判者往往是族群长者、地域官员，他们掌管群体内大小事务，包括纠纷裁判，但是纠纷裁判只是其所承担的一个微小职能，其典型是"行政兼理司法"。后来司法裁判逐步从首长全能职责中分离出来，出现了专门（主要）从事审判的司法者，随着司法部门内部进一步分化，原来可以审判所有案件纠纷的裁判者，根据各自的专长而主要从事某一领域、案件的审判。①

从裁判依据方面看，司法规则存在形式经历了"德法不分"到"诸法合一"再到"部门分立"的变化。远古时代，道德是人们的重要甚至唯一的行为规范和纠纷解决规则；随后道德与法律相对分离，特别是成文法的发展，将相对确定的、统治者制定的法律与不确定的、历史生成的道德区别开来，法律形成自己相对独立的存在状态，但这时的法律包罗万象，程序实体相互交织，民行刑尽皆囊括。近现代以来，法律内部急剧分化，程序法取得独立的地位，实体法内部也进一步开枝散叶，形成多个法律领域、法律部门。

司法专业化的发展历程可以概括为：外部独立、内部分化。早期的司法活动嵌套在社会活动当中，司法人员是一般社会活动主体在司法领域的角色化体

---

① 中国古代中央与地方的司法机构人员存在巨大差异。自秦代以至清代，两千年间，在中央政权体系中，一直都有常规性的司法机构；在地方上，除了夏商设置了"正""史""乡士""遂士""县士"，后来都不再设置专门的司法官员与司法机构，而是长期采取地方行政长官兼理地方司法的制度，即所谓的"行政兼理司法"的关系格局。参见喻中：《从"行政兼理司法"到"司法兼理行政"——我国"司法—行政"关系模式的变迁》，载《清华法学》2012年第5期。

现，司法规则是一般社会规范在纠纷解决当中的运用；后来司法活动从一般社会活动中独立出来，形成特有的司法人员和司法规则，司法与司法之外的社会活动相对独立开来。在司法独立于外部活动时，内部也发生着分化，整体化的司法分化成条条块块的部门和领域。外部独立和内部分化是历史性的过程，今后相当一段时期内仍然会是法律发展的主题。

2. 司法专业化的内涵

所谓司法专业化是由专业化的司法主体在专业化的司法制度下运用法律专业知识解决社会纠纷的过程。专业化体现在司法制度专业化、主体专业化、裁判依据专业化、伦理专业化等。[①] 司法专业化在理论上可以划分为两个层次：第一层次是就外部关系而言，是司法活动相对于其他社会活动的专业化，即外部性专业化；第二层次是对内部结构而言，司法活动内部进一步分工细化，即内部性专业化。

外部性司法专业化是社会分工细化的初步结果。社会的发展分化出许多特定功能的结构，各行各业呈现出各自独有的特征，全能全管的社会逐渐解体，代之以结构清晰、职能分明的领域有机结合的社会。司法活动作为社会活动的一种，因其法律专业性而区别于其他社会活动，从整体性的社会中脱嵌，实现司法活动与非司法活动的分化。外部性司法专业化突出的表现是，法律成为一项专门职业，法律规范的专业性逐步形成，一个共享类似价值理念、技术知识的法律共同体发展起来，同时出现专司纠纷解决的机构，司法机关能够相对独立地行使司法职能。

内部性司法专业化是司法活动进一步分化的结果。司法主体专门化可以在三个层面展开：第一层面是机构层面的专业化，即机构整体从普通司法机构独立开来，从事专门性的纠纷审理，典型的是各种专门性法院；第二层面是机构内审判组织的专门化，即机构内部形成专业化的审判业务组织，专门审理某一类型的案件，如法院内部的民一庭、民二庭；第三层面是机构内人员的专门化，即机构中具体审判人员专门从事某一领域案件的审判，人员的专业化是机构专业化和机构组织专业的必然结果，但是在某些情况下，即使前两种专业化

---

① 学者对司法专业化的阐述有不同认识。如贺卫方认为，司法职业化的含义是强调在司法制度设计和司法权行使过程中的专业化，具体内容上包括司法官员选任上的专业化、裁判消极中立、司法管理制度的职业化、司法职业伦理的确立。参见贺卫方：《司法改革的难题与出路》，载《南方周末》2008 年 9 月 18 号，"大参考"版。

尚未实现，人员专业化也可以发生。①

（二）司法专业化的社会分工基础

社会分工在人类社会文明发展之初就已经初现端倪，伴随着人类历史的发展，社会分工愈加细化。从某种程度上而言，分工与文明一同发展。目前为止，在一般的分工层面，人类社会历经了三次社会大分工：第一次是原始农业和原始畜牧业分离，第二次是农业与手工业分离，第三次出现了不从事生产的商人阶级。在特殊的分工层面，② 行业部门层出不穷，《国际标准产业分类体系》（ISIC）3.1 版将所有行业分为 17 个大类、62 个部门、161 个组和 298 个子组。我国目前统计运用的行业分类标准分为制造业、金融业等 20 大类和 921 个具体行业，③ 美国在 1972 年颁布的国家产业标准分类法中更是把各个产业部门的产品分为 99 个主要大类，然后层层细分，一共分为 7500 个不同的产品种类。④ 这些理论和政策对产业和产品的细致划分，实际上反映的是现实社会分工的深入。分工让特定的人群从事自己擅长的工作，每个人生产自己有比较优势的物品，经济的总产量比原来就增加了，可用于改善每个人的状况。⑤ 在社会学家看来，分工最大的作用不在于功能分化提高了生产率，而在于这些功能彼此紧密结合，分工不仅改变和完善了现有社会，而且使社会成为可能。⑥

1. 司法专业化与社会分工的一般关系

社会分工是持续进行的过程，司法专业化也是永不停歇的事业，两者之间存在着内在的联系：社会分工细化推动着司法专业化的发展，司法专业化以社会分工为基础。

第一，司法专业化是社会分工的表现形式和发展结果。社会活动一直以来就是整体性的存在，但是整体的内部关系是变化着的。早期的社会犹如孕育不久的胚胎，内部混沌交织，功能没有分化，组织尚未独立，社会主体以全能的

---

① 内部司法专业化是外部司法专业化的进一步延伸，后者包括制度、主体、裁判依据、职业伦理，实际上前者也是对这几方面的进一步分化，但出于本节写作目的，内部司法专业化仅仅讨论主体层次的专业化，即机构、组织、人员专业化。

② 关于一般的分工和具体的分工的论述，参见《马克思恩格斯全集》（第 23 卷），人民出版社 1972 年版，第 389 页。

③ 参见中华人民共和国统计局网站：http://www.stats.gov.cn/zjtj/tjbz/hyflbz/，最后访问时间：2017 年 3 月 12 日。

④ 参见苏东水：《产业经济学》，高等教育出版社 2000 年版，第 27 – 29 页。

⑤ 参见［美］曼昆：《经济学原理》（第 6 版），梁小民、梁砾译，北京大学出版社 2012 年版，第 56 – 59 页。

⑥ 参见［法］涂尔干：《社会分工论》，渠东译，生活·读书·新知三联书店 2000 年版，第 24 页。

姿态穿梭于社会的全部领域。分化后的社会出现多样态的结构，特定的社会功能由特定的结构承担。司法活动从一般社会活动中脱嵌，司法结构在整体社会结构中孕育形成，原来由集体日常活动所承担的纠纷解决职能转移到专司调解裁判的社会专门机构。社会分工起步发展，司法专业化即开始萌芽，司法活动专业化是社会活动专业化的一种形式，其他社会活动的专业化进一步推动了司法活动的专业化。总之，司法活动专业化是社会活动分化的外在表现，社会活动分化是司法活动专业化发展的内在动力。

第二，司法专业化与社会分工之间通过纠纷专业化的纽带连接。社会分工直接解构了人们之间经验的同质性，也导致了社会纠纷内容专业化。在分工后的社会，纠纷实际表现在特定专业分工领域内的纠纷，与社会分工前相比，社会纠纷内容呈现专业化特征，即纠纷场域专业化、纠纷主体专业化、纠纷对象专业化。社会要维系自身的存在和发展，必然要解决纠纷，在社会分工深入之前，社会生活中的纠纷以及涉及的问题一般可以为社会大多数人所理解，并可以依据社会中普遍习惯的行为规则作出判断，因此人们无须进行职业训练也可以依据常识作出比较恰当而又相当有效的"判决"，当时行政兼理司法是符合节省交易成本原则的。[①] 但是社会分工细化后，仅以社会生活阅历培养出的人员已远远不能满足社会对法律的需求，需要有专业的法律人员、专业的法律机构、专业的法律规范对专业化的纠纷作出裁决。也就是需要专业的司法活动应对专业的社会纠纷。因此，社会分工导致纠纷专业化，纠纷专业化要求司法专业化。

2. 司法专业化与社会分工关系的具体展开

司法专业化是在内部和外部两个维度展开的。外部性司法专业化在社会分工到一定程度就已发生，及至当下已经取得相当大的成果，人们主观上已经认可、社会客观上已经形成司法专业。曾经发生的司法专业化和司法民主化之争已化为司法发展的插曲，[②] 外部性司法专业化继续发展，这不是本节讨论的重点，本节意在以论述司法专业化理论为基础，讨论税务司法是否应当以及如何实现专业化。因此，下文所指司法专业化乃是针对内部性司法专业化。

---

① 参见苏力：《法律活动专门化的法律社会学思考》，载《中国社会科学》1994 年第 6 期。

② 虽然现在看来是插曲，但是在当时却产生了巨大的社会影响。主要的争论是司法民主化与职业化，赞同民主化的有何兵：《"司法民主性建设理论与方法"》，何兵博客：http://blog. sina. com. cn/s/blog_486bea1a0100b3qa. html，最后访问时间：2017 年 3 月 14 日；陈忠林：《中国法治应该怎样向前走》，载《经济观察报》2008 年 10 月 20 日，第 6 版；主张职业化的有张千帆：《司法大众化是一个伪命题》，载《经济观察报》2008 年 7 月 26 日，第 6 版，贺卫方：《司法改革的难题与出路》，载《南方周末》2008 年 9 月 18 号，"大参考"版。还有相对中立的观点，如陈端洪：《司法与民主：中国司法民主化及其批判》，载《中外法学》1998 年第 4 期。

司法专业化的基础是社会分工细化，这一观点只是从宏观层面说明了司法专业化的条件，并没有阐释社会分工与司法专业化具体是怎么样的关系，即何种程度上的社会分工才能导致司法专业化，社会分工是否就一定会导致司法专业化，司法专业化是否还需要其他条件。下文将对此进行分析。

首先分析第一个问题，社会分工与司法专业化之间具体是怎样的关系。

同司法专业化层次性类似，社会分工的发展也呈现出序列性。马克思认为，社会分工可以分为三种。他把社会生产分为农业、工业等大类，叫作一般的分工；把这些生产大类分为种和亚种，叫作特殊的分工；把工场内部的分工，叫作个别的分工。前两者可以被归结为社会内部分工，后者可以被归结为企业内部分工。结合马克思关于三种社会大分工的论述，则可以把农业、工业、商业，加上服务业①理解为一般的分工，把农业、工业、服务业底下的种、亚种、项、目等称为特殊的分工。一般的分工与特殊的分工时间上是继起的，先一般再特殊；特殊的分工与个别的分工是空间上并存的，特殊分工发展的同时企业内部也在分工。企业内部分工近年来还衍生出新的状态，可以称之为企业社会性分工。② 所以，社会一般分工、社会特殊分工（企业内部分工同时进行）、企业社会性分工是分工的三种类型、三个阶段、三个层次。

实际上，在社会分工尚未开始时，社会已经具备纠纷解决功能。在社会分工还处于一般分工阶段时，生产力进步、个体意识萌芽、纠纷增多，纠纷解决功能在社会的重要性提高，司法外部专业化破土发芽。及至近代商品经济广泛发展，农业、工业、服务业成形，并有进一步内部分化的趋势，特殊分工发展起来，社会纠纷则更紧密地依赖于专业的法律活动解决，司法活动逐步凸显自身的特征，外部专业化基本成形，同时孕育内部司法专业化。到了19、20世纪，三大产业市场迅猛开枝散叶、细化发展，涌现许多细分的市场、细化的行业。专一的司法机构（组织、人员）再也不能承担全能审

---

① 服务业有服务产业和服务事业之分。以增值为目的提供服务产品的生产部门和企业集合叫服务产业，以满足社会公共需要提供服务产品的政府行为集合叫服务事业。如果不局限于服务业的现代性，那么历史上国家所存在的纠纷解决制度，实际上属于服务事业。现代商业已经归属到服务业，所以严格来说商业与服务业不能并列。

② 所谓"企业社会性分工"，即若干家企业在一定空间或产业领域以某种或某几种联系方式组成一个相互依赖的企业簇群，进而合作生产最终产品的社会分工形式。企业社会性分工的显著特征在于：与企业分工相比，它由多个企业共同完成一个生产过程，生产出一个最终产品；而企业分工则是在企业内部完成一个生产过程，生产出最终产品。与社会分工相比，它是在网络内部，一个企业为另一个或几个企业生产，企业之间存在着特定的经济关系；而社会分工则是一个企业为一般的企业即市场生产，企业之间不存在特殊的经济关系。参见李翀：《论社会分工、企业分工和企业网络分工》，载《当代经济研究》2005年第2期；钱书法、李炳炎、崔向阳：《马克思社会分工制度理论研析：一个视角和两个维度》，载《经济学家》2011年第6期。

理的重任，司法内部出现专业划分，审判有专攻的专业司法机构（组织、人员）也随之登场。现代企业社会性分工只是分工细化后一种反向联合，实质上也是分工发展的结果，引起的纠纷逐渐专业化、领域化，进一步推动司法内部专业化。

所以，社会分工与司法专业化的大致关系是：社会一般分工推动司法外部专业化，社会特殊分工推动司法内部专业化。这是对"司法专业化的基础是社会分工"的具体化。但我们无法为两者划出更准确的对应线，因为在社会分工与司法专业化各自的历史脉络上都没有清晰的刻度，在纷繁复杂的关联世界和以定性分析为主的法学理论背景下（客观条件和主观因素），要准确地指出何种程度的社会分工推动何种程度的司法专业化，实是为难。

其次，又带来一个新问题：既然社会分工推动司法专业化，那么在社会分工持续发展的情况下，方式有限的司法专业化如何回应？司法外部专业化无法直接回应这个问题，而司法内部专业化，也只有机构、组织、人员三个可能应对路径，机构可以适当细分，但不能无限设置，审判组织也是如此，唯一可能对持续分工导致的纠纷内容专业化进行有效跟踪应对的是人员专业化，即让专业化的裁判人员面对专业化的纠纷，纠纷可以专业化，人员可以与时俱进专业化。同时，即使是机构、组织层面的专业化，也必然是以具体的裁判人员的专业化为前提，所以不管纠纷专业化到什么程度，不管是否设置多个专业化的纠纷解决机构、组织，裁判人员的专业化是社会分工深入条件下的必然结果。

最后，承接上一段文章的脉络，我们对司法专业化发展的问题可以集中到一点：机构、组织层面的司法专业化的条件。社会分工引起的纠纷专业化，最后都需要专业化的裁判人员，司法外部专业化和司法内部人员层面的专业化已经不存在争议，那么问题的关键是，我们在什么条件下需要设立专门化的司法机构和司法审判组织。

（三）机构、组织专业化的条件分析

司法专业化是在多种层次展开的，但如上文指出的那样，司法外部专业化和司法内部人员层面的专业化是必然要求，而且本节意在探讨税务法院（法庭）建立的理论和实践，因此，下文主要在司法机构专业化和组织专业化层面讨论司法专业化，所用司法专业化概念也特指这两者。

理论的发展是从具体到抽象再到具体的过程，在抽象出司法专业化的一般条件之前，先考察某种专业化司法机构设立的条件。

国外机构通过对世界范围的知识产权专业审判模式进行研究后，提出了建立知识产权法院应考量的因素：①建立及维护知识产权法院的投入是否值得；

②是否有足够的知识产权诉讼案件供知识产权法院处理；③是否有足够的具有知识产权知识的法官；④知识产权法院是否方便当事人诉讼。① 第四个因素是关于知识产权法院如何建立的制约条件，前三者才是关于是否应当建立知识产权法院的考量因素。其中，第一个因素是整体上对知识产权司法机构专业化的成本收益考量，所谓"值得"即收益大于成本，这是知识产权法院设立的整体条件。第二个因素是设立知识产权专业司法机构的收益的前提条件要求，如果没有足够多的知识产权案件供知识产权法院审理，那么设立知识产权法院就不能实现有效收益，这是知识产权法院设立的关键条件。第三个因素也是实现知识产权法院有效收益的前提，没有专业性的法官，就很难保证专业性法院能很好发挥专业性职能。这个条件在本节的分析框架中属于司法人员的专业化，它可以是司法机构专业化的前提条件，但是反过来，也可以作为司法机构专业化的结果，专业化的司法机构本身就是培养专业化司法人员的有效途径。

从知识产权法院设立的条件中，可以抽象出专业司法机构（组织）设立的一般条件。这种一般条件具体可以分为两个层面：一是整体条件，要求设立的收益大于成本；二是关键条件，要求具备实现收益的关键要素。

司法专业化的整体条件即收益大于成本实际上是法律的经济分析思维。（波斯纳意义上的）经济学是关于理性选择的科学，法律的许多领域无不被打上了经济理性的烙印，② 因此，法律是可以用经济方法来分析的，作为学科而兴起的法律经济学就是其实践运用。经济分析思维强调的是对收益和成本的双重分析，而收益、成本不局限在经济领域，政治领域、社会领域等也在考虑范围之内，这也是法学的"本益分析"方法的重要特点。③ 我们把成本收益放宽到社会各个领域，借用经济学上的"收益"来表示司法专业化可以带来的各种"好处"，用"成本"来指代各种"支出""不利"或"弊端"，能够全面考虑各种可能影响因素，可能有失效用衡量的准确性，但是一般可以得出定性的比较结果，至少能够深化对问题的理解。

司法专业化的关键条件是影响整体条件能够实现的核心。所谓关键，是指针对设置某种专业性的司法机构的社会大背景，某种条件具有不确定性而可能

①　See *Study on Specialized Intellectual Property Courts*, International Intellectual Property Institute（IIPI）and the United States Patent and Trademark Office（USPTO）：http：//iipi. org/2012/05/study – on – specialized – intellectual – property – courts – published/，最后访问时间：2017 年 3 月 15 日。

②　参见［美］理查德·A. 波斯纳：《法律的经济分析》（上），蒋兆康译，中国大百科全书出版社 1997 年版，第 3、27 页。

③　参见张守文：《经济法理论的重构》，人民出版社 2004 年版，第 168 – 184 页。

影响该机构设立后的实质作用的发挥。整体条件在每个专业司法机构（组织）设立时都是相同的，即收益大于成本，而关键条件则是个性化的，各个专业性司法机构（组织）设立时的关键条件很可能不一样，如设立宪法法院的关键条件可能是政治体制，设立环境法院的关键条件可能是公益诉讼或集团诉讼的有效实施。在关键条件没有满足的情况下，贸然设立专业性的司法机构，可能导致收益落空。专业化的司法机构在理论论证上需要先分析整体条件，但是在实际设立时需要先满足关键条件。

实际上，整体条件和关键条件主要是司法专业化的客观条件，即客观环境能够保证专业司法机构正常运行，以及机构运行的收益大于成本（虽然这个比较也可能存在主观性，但一般而言客观成分较多）。在民主化社会，司法体制变革常常需要经过公众公开讨论、民主投票，而公众的意见常常受到观念、习惯和其他偏好的影响，虽然公众的意见不排除，甚至主要是受到成本收益比较的影响，但是仍然有必要把社会主流意见考虑在内，即把它作为设立专业司法机构的主观条件。

综上，司法机构（组织）专业化的条件，包括主观条件和客观条件，其中客观条件又可以分为整体条件和关键条件。下文分析税务法院（法庭）的设立条件即以此逻辑展开。

三、税务司法专业化的理论分析

税务司法专业化（即设立税务法院或者税务法庭）是司法机构、组织专业化的具体表现，后者的实施条件适用于前者。下文先分析设立税务法院或税务法庭（为行文方便，以下仅指出税务法院）的主观条件，再分析客观条件。

（一）设立税务法院的主观条件

需求引导供给，制度的建立往往首先基于人们的主观需求，因而在探讨是否要求建立税务法院（法庭）时，需要分析人们的主流观点。

学界基本形成循序渐进建立税务法院的共识。[①] 以"税务法院"为篇名在中国知网检索到 11 篇关于我国是否设立税务法院的文章，其中 10 篇赞同设立，1 篇反对；以"税务法庭"为篇名搜索到 10 篇有关税务法院的文章（包括学位论文），全部赞同设立税务法院。这些文献论述了设立税务法院的必要性，并给出了具体的制度建议。

---

① 参见王平：《第九届中国财税法前沿问题高端论坛在京举办》，载《国际税收》2015 年第 7 期；万静：《尽快成立跨行政区域税务法院》，载《法制日报》2015 年 6 月 26 日，第 6 版；朱大旗、何遐祥：《论我国税务法院的设立》，载《当代法学》2007 年第 3 期。

1996 年 3 月，国家税务总局政策法规司起草完成了《中华人民共和国税收基本法（草案)》（讨论第一稿），该讨论稿第七章对税务法院作了相关规定。① 全国人大常委会、最高人民法院、最高人民检察院、国家税务总局等国家机关工作人员也一直在关注建立税务法院（法庭）的讨论。②

虽然司法体制变革需要基本法律作出规定，而制定基本法的全国人大及其常委会乃是全国各族各界人们的代议机关，设立税务法院（法庭）应该考察多层次宽领域的主流意见，但是实践的开展往往以理论研究为先导，中国的变革也主要是由上而下推动，因而，理论界和政府部门普遍赞同设立税务法院，则基本可以代表主流意见，而且只要设立税务法院对其他层面没有大的负面影响，其他领域的代表也会通过该项改革。因此，可以认为，设立税务法院（法庭）的主观条件基本满足。

（二）设立税务法院的整体条件

整体条件是对设立税务法院的成本和收益比较，下文分别予以讨论。

1. 税务法院的收益

首先，设立税务法院有利于推动税收法治。税收领域法治是现代法治社会的一个重要组成部分，是现代国家税收治理的基本目标，税收法治也是建设法治社会的突破口。税收是国民财产权与国家财政权的纽带，在租税国家，税收法律关系是国民与国家最频繁的联结点，国家与国民关系的和谐很大程度上取决于税收的征收和使用是否公正。税务法院通过便利的渠道、专业的裁判、公正的结果，平衡国家与国民的利益关系，以权威的法律方式解决双方的纠纷，促进税收的法治化。

其次，设立税务法院有利于提高税收诉讼效率，保障纳税人权利。税务案件具有专业性、技术性、复杂性，在缺乏专业的审判机构情况下，专业法官不足会造成案件积压，税务案件也往往需要在税务机关的"指导"下结案。而专业的审判机构中法官都有一业之长，具有专业的财税知识和法律知识，能够清楚地解读双方的证据，无须依赖税务机关人员的辅助，既保证了判决的公正性，也提高了税收争议解决的效率。美国税务法院比普通法院的裁判更加详细、上诉被推翻的概率更小，而被引用的频率却是后者的三倍，③ 这可以成为税务法院诉讼效率的实证。

---

① 转引自华国庆：《制定我国税收基本法刍议》，载《安徽大学学报》1998 年第 5 期。

② 参见王平《第九届中国财税法前沿问题高端论坛在京举办》，载《国际税收》2015 年第 7 期。

③ Ellen R. Jordan, "Specialized Courts: A Choice", 76 *Northwestern University Law Review* 745 (1981 – 1982), pp. 745 – 785.

最后，设立税务法院有利于提高公众税收权利意识、促进税法研究。专门的税务法院将税收纠纷的处理从一般司法机构抽离，强调税收纠纷的特殊性和重要性，将公民的税收权利交由特殊机构保护，有利于加强民众对自身税收权利的认识。同时，税收纠纷的重要性提高、专业化加深，对税法研究的要求也进一步提升，加上独立的税务法院乃税法独立性的表征，先有独立的税务法院，税法的研究才能得到应有的重视。①

2. 税务法院的成本

第一，设立税务法院不利于法律体系的统一。有观点认为，1983 年《人民法院组织法》修正案删除了原法第 2 条第 3 款"专门人民法院包括：军事法院、铁路运输法院、水上运输法院、森林法院、其他专门法院"。这一变动表明了立法机关对设立专门法院的否定立场。再者，按照法制统一的要求，"不能抛开全国统一的法律体系另搞一套，追求地方、部门所谓的'法律体系'，既不能在每个法律部门内形成各自的'母法'和'子法'，各地方、各部门也不能搞自己的'法律体系'"②。因此，建立税务法院不符合全国法律体系、司法体系统一的要求。③

法律体系的统一在我国单一制的背景下特别重要。但是对于法律体系、体制的统一不能简单地理解为全国法律规范相同、司法机构一致。单一制背景下的法律统一，应该是为了避免以部门利益、地方利益为导向，牺牲全体利益，造成部分法律游离于整体法律的现象。税务法院的设立，不是为了税务部门的利益，税务法院恰恰是对其部门利益的有力约束；也不是为了特定地方利益，税务法院以所有纳税人的税收权利和国家的税收利益为追求目标，体现的是公共利益。法律统一，应该是各个法律部门、各种法律制度既分工又合作，合作是以分工为基础，分工的目标是为了更好地实现法律共同的目标。因此，只要设置得当、运作合理，税务法院并不必然导致法律不统一。

同时，还有观点认为，税务法院的建立，还可能产生一种错误的导向作用，其他部门也会以各种类似的"充分"理由要求建立本部门的专门法院组织。④ 确

---

① 参见葛克昌：《税法基本问题——财政宪法篇》，月旦出版社股份有限公司 1996 年版，第 14 - 15 页。

② 参见吴邦国：《加强立法工作 提高立法质量 为形成中国特色社会主义法律体系而奋斗》，载《人民日报》2004 年 2 月 1 日，第 2 版。

③ 参见李研：《对我国设立税务法院的考量》，载《辽宁师范大学学报（社会科学版）》2009 年第 4 期。

④ 20 世纪 80 年代美国在讨论是否建立联邦巡回上诉法院时已经对专门法院的负面影响（成本）提出了诸多见解，See Randall R. Rader, "Specialized Courts: The Legislative Response", 40 *American University Law Review* 1003 (1991), pp. 1003 - 1014.

实，达到税务法院同样条件的其他部门也会要求司法专业化，但是社会分工专业化的推进必须以司法专业化应对，只要其他部门满足司法机构专业化的主客观条件，设立专业性的司法机构又有何不可？其他部门设立专业性司法机构怎么能反过来作为否定税务司法专业化的理由呢？担心专业性司法机构因此而过度设立，其实不是一个有效的理由。由于主客观条件的限制，在专业性司法机构到了一定程度时，再推进专业司法机关的设置其阻力就会增大，即对特定领域司法专业化，特定部门推之，社会整体阻之，从而形成推拉平"双向运动"，此时专业性司法机构的设立将达到一个平衡状态。

第二，设立税务法院将加重财政负担。自上而下建立税务法院（法庭），庞大的机构体系需要投入大量的物力、财力；同时，把现在能够在普通法院解决的纠纷强行转移到专业性法院，会造成原有的司法资源浪费，而且现在税务纠纷并不多，专门的税务法院可能难以充分发挥专业作用。[①]

经济负担是设立税务法院的最直接的成本，办公场所、人员工资、办案经费等，是设立新机构最基本的物质条件。但是是否会造成资源空置的浪费却值得细致考虑的。首先，现在的普通法院能够有效解决税务纠纷吗？现在税务纠纷属于行政案件，归于行政庭审理。虽然税务机关与纳税人之间的纠纷在税收法律关系权力说的背景下，可以认为是行政机关与行政相对人之间的纠纷，是行政诉讼的一种类型，但是在税收法律关系债权债务关系说逐渐成为主流观点、税法（学）取得独立地位、税法相对于一般的行政法和行政原则呈现出个性特征时，以行政思维主导的行政法所制约的行政诉讼能否实现税收法律关系中的公正裁判则是值得怀疑的。因此，现代普通法院能够有效解决税务纠纷的观点则是难以成立的，至少在案件专业深度上是难以成立的。其次，现在的税务案件不多，事实确实如此。这是作为税务法院能否发挥职能的关键条件，下文将予以专门分析。

综上，从成本收益分析的角度看，设立税务法院能够促进税收法治、提升税务纠纷的解决效率和公正性，同时可以增强税法意识、推动税法学研究；而认为设立税务法院不利于法律体系的统一、会带来财政压力，则难以成立。不过，案件不足导致机构空转却是现实存在的问题，而且该因素还会导致所有的预期收益落空。到此，我们大致可以认为，目前设立税务法院成本高于收益的，其中一个关键条件是税务案件不足。如果案源充足，整体条件便会发生逆转，即收益将高于成本。下文将探究关键条件存在的问题。

---

① 参见熊伟：《中国大陆有必要建立税务法院吗?》，载《月旦财经法杂志》2006 年第 5 期。

（三）设立税务法院的关键条件

1. 税务案件的现状

如果有足够多的税务案件，那么设立税务法院的收益很可能大于成本。因此，税务案件的数量成为设立税务法院的关键条件。我国13年（2002—2014年）的税务案件的数量，如表3-2所示。

表3-2　2002—2014年我国税务案件数量

年度	一审总数	税务数量	行政数量
2002	5132199	1496	80728
2003	5130760	803	97919
2004	5072881	1032	92613
2005	5161170	815	96178
2006	5183794	359	95617
2007	5550062	306	101510
2008	6288831	334	108398
2009	6688963	293	120312
2010	6999350	398	129133
2011	7596116	405	136352
2012	8442657	436	129583
2013	8876733	362	123194
2014	9489787	398	141880

从表3-2数据可知，2002—2014年间，年均税务案件不到600件，2006—2014年间更是稳定在每年400件左右。然而我国基层法院的数量超过3000个，即每个法院每年平均受理的税务案件不足1件。因此，在现实的条件下，要在每个法院设立税务法庭是不现实的。即使是设立一个税务法院，审理所有的涉税案件，也是不经济的。一方面，税务案件分布于全国，所有案件起诉到一个固定的法院，徒增当事人的来往负担；另一方面，设立一个税务法院一年审理不到600个税务案件，很可能造成资源浪费，要知道，现在基层法院平均每年审理的案件达3000件。

所以，就目前的案件数量而言，税务法院不必要，税务法庭也没有必要，目前的行政庭只要有一两个精于税务案件的法官即足以应付现实需要。

2. 税务案件不足的原因分析

我国税务案件一年不到600件，而我国近10年来（2007—2016年）就业总人口为 7.4 亿～7.7 亿，法人单位数量从 500 多万个增长到 1000 多万个，①所有自然人纳税人和企业纳税人发生的税务事项以 10 亿数计，而最后需要法院解决的税务纠纷不到百万分之一，确实有点过少。

此外，与美国相比，虽然在 2009—2013 年间我国 GDP 占美国 GDP 的比重不断上升，超过 50%，但是我国税务案件的数量只有美国的 1% 左右（美国税务诉讼案件情况见表 3-3）。这从侧面也说明，我国税务案件数量较少。

表 3-3　美国税务诉讼初审案件一览表②

年度	2009	2010	2011	2012	2013	平均
税务法院结案数量	31697	30909	29442	31135	31886	31068
其他法院③结案数量	288	320	397	275	267	309
案件总数	31985	31229	29839	31410	32153	31337

我国税务案件过少，可能的原因有：

第一，我国存在厌讼传统。漫长的封建社会以秩序、和谐为目标，人们崇尚合和、厌恶诉讼。厌讼价值观在中国很早就有，孔子"听讼"的目标就是"必也使无讼乎"，通过长期的道德伦理教化和统治阶级的以身作则以达到"间里不讼于巷，老幼不讼于庭"的和谐恬静的理想境界。此外，传统社会多是熟人交往，些许争执诉诸公堂有伤情面，同时也意味着熟人关系的崩塌。因此，在一般的老百姓的看来，对簿公堂往往是不体面的事情。在这种心理的指导下，人们要么大事化小、小事化无，要么通过人身依附关系或者熟人关系解决纠纷。虽然封建社会已经瓦解，但是这种厌讼的心理依然影响着人们的思维方式，不仅在自然经济占主导地位的农村是如此，城市里的人们"农民意识"也不比农民少，往往呈现"都市里的村庄"。④

传统的厌讼心理在 21 世纪对人们还能产生多大的影响不好评判，但是将厌讼心理与税务案件过少联系起来，则欠缺说服力。从表 3-2 的数据可以看

① 数据来源：国家统计局年度数据库（就业与工人工资子库和综合子库）。就业人员数是指在 16 周岁及以上，从事一定社会劳动并取得劳动报酬或经营收入的人员。就业人员包括：职工，再就业的离退休人员，私营业主，个体户主，私营企业和个体就业人员，乡镇企业就业人员，农村就业人员，其他就业人员。法人单位数指执行企业会计制度的法人单位数。

② 数据来源：Internal Revenue Service Data Book（2009—2013），http://www.irs.gov/uac/SOI-Tax-Stats-IRS-Data-Book，最后访问时间：2014 年 10 月 10 日。

③ 在美国，除了税务法院受理税务案件，初等法院和索赔法院也能受理税务案件。

④ 参见秦晖、苏文：《田园诗与狂想曲——关中模式与前近代社会的再认识》，中央编译出版社 1996 年版，第 232-241 页。

出，我国法院一审收案数量稳步增长，从 2002 年到 2014 年几乎翻了一番，但是税务案件的数量增增减减，并没有大的变化。如果问题在于厌讼心理，为何诉讼总量增长呢？因此，厌讼心理并不能作为税务案件过少的关键原因。

第二，税务案件属于民告官，畏官心理导致纳税人不敢起诉税务机关。虽然根据税收法定要求，纳税义务是否成立、应缴税额是多少以及纳税时间地点等都有专门的法律规定，纳税人只需依法纳税即可，税务机关并没有多少权力管束纳税人；但是，税务机关在税收程序法上裁量权力巨大，可以相当自由地检查、稽查纳税人的税收状况，烦琐的资料报送、理由说明让纳税人不堪重负，而且税务机关在纳税人税收违法情况下享有处罚的裁量权。

权力是一种让权力者意志即使遇到阻碍也能贯彻的力量，权力是让人畏惧的。畏权怕官是现实，但是行政案件都是民告官，表 3 - 2 的数据表明行政案件总数量在稳步增多，为什么作为行政案件的税务案件数量却那么少也没有增长呢？原因在于税务关系不同于其他行政关系。税务关系是持续的大额的经济关系，而且税收缺口（tax gap）的存在是常态。由于"死亡税率"① 的存在，一些企业纳税人不可避免要偷税、漏税、逃税，税务机关可以选择性地查处某些不友好的纳税人，因此纳税人就不得不维护好与税务机关的关系，更不会去起诉税务机关。

第三，税务诉讼程序设置加重了纳税人的负担。2001 年修订的《税收征收管理法》第 88 条规定行政复议前纳税人需要清缴税款或者提供担保，复议又作为诉讼的前置程序。纳税人需要预先支付税款、经过两道程序才能得到法院的判决，而税款及长期累积的滞纳金处罚导致预先支付款项巨大，有些企业本身已经身负重担，无力支付有争议的大额税款，只能望"诉"兴叹。税务诉讼的双重前置也是阻碍税收诉讼的一道门槛。

因此，在一审收案数量、一审行政收案数量同时增长和我国税收收入增加的背景下，有理由认为我国的税务纠纷应该会增多，但是表现出来的税务行政复议、税收诉讼数量却是极少的，其原因可以归结为税收司法制度不健全、税收法治不彻底、征税权力不规范。税务案件数量过少并不是因为不存在纠纷的种子，而是制度和现实的原因压制了纠纷的爆发。所以，把扭曲的税务征纳关系理顺后，大量的税务纠纷就可能涌现出来。税务纠纷真实涌现之日，就是税务法院需要建立之时。

---

① 参见《学者揭秘当前经济持续低迷的真实原因：死亡税率》，凤凰财经网：http://finance. ifeng. com/a/20161114/15005333_0. shtml，最后访问时间：2017 年 3 月 16 日。

四、我国税务司法专业化的路径

前一部分已经论证：设立税务法院整体条件方面是成本高于收益，其中关键条件是税务案件不足，因此目前设立税务法院（法庭）时机尚不成熟。但是，理论的分析不应停留于解释现实，还应能够指引未来。税务案件过少，主要原因是税务机关权力大，税务缺口（tax gap）背景下的选择性稽查导致民畏官，以及双重清税前置导致救济程序过度苛刻等。因此，应当先理顺征纳关系和救济程序，让税务案件真实涌现，然后再视情况决定税务司法专业化是在审判机构层面（法院）还是在审判组织（法庭）层面进行。

（一）让税务案件真实涌现

1. 税收征纳关系法治化

税务缺口是由主客观多方面原因造成的。宏观税负过高是税务缺口的客观原因。名义税负过重，如果纳税人严格按照现在的税法纳税，许多企业的利润可能降低很多，甚至出现负利润，也就是存在所谓的"死亡税率"。在巨大税收压力下，纳税人不得不寻求少缴税的方式。税收法定执行不到位是税务缺口的主观原因，包括纳税人的税法不遵从和税务机关的执法不严格。纳税人是理性的经济人，其思维和行为以自身利益最大化为目标，虽然"税收是文明的对价"，但是物质条件未十分充裕、精神条件未高度发达的条件下，作为个体的纳税人会为了自己的利益而使用各种手段，包括合法和非法的方式逃避税收。纳税人以非法的方式逃税，实际上是违法行为，税务机关应当及时查处；纳税人以合法的方式避税，虽然形式合法，可能也违反了税法精神，实质上也是违法，对此种情况，税务机关应该依据一般反避税条款依法调查。税务机关执法不到位，存在不严格查处纳税人的税法不遵从的情形。

本来税务部门应该是为人民服务的，但是由于税务缺口的存在，造成纳税人有求于税务机关，不敢提出复议，不敢起诉税务机关。因此，要让税务纠纷真实暴露出来，就应当使税收征纳关系法治化，让扭曲的官民关系正常化。法治的前提是良法，制定符合经济实际、税负承担合理的税法，是税收法治的前提。在此基础上，一方面，纳税人应当增强税收遵从意识，依法以正常的经济形式交易、正确面对税收；另一方面，税务机关应当执法严格，不缺位、不越位，及时查处税收不遵从行为，禁止滥用权力减免税收。同时，税务机关裁量权力过大也可能导致税务机关随意加重纳税人的程序负担，虽然行政权力天然地需要有裁量的空间，但是裁量也是有界限的。对税务机关的权力予以规范，就不应该拘泥于法制思维，而应当树立法治思维。"法治不在于法条，而在于宪法和民主法治机制。"① 法治也意味着民主问责制，税收征纳关系的法治化，关键在于税务机关权力的法治化：第一，需要正确地配置税务机关的权力和责任；第二，在权力的运行过程中，税务机关要对自身的行为作出充分说明，及时回应公众的质疑；第三，追究税务机关违背角色职责和不履行说明回应义务所应承担的各种不利的法律后果。②

在税法合理的基础上，如果税务机关权力及其执法法治化、规范化，则税收缺口将大大减小，纳税人不再有不正当利益求于税务机关，其正当利益也不会随意受到税务机关的减损威胁，那么，面对特定税务纠纷，纳税人将直接考虑该纠纷复议、诉讼的成本收益，而不受其他因素的影响，税务案件涌现的渠道将会极大地畅通。

2. 取消清税前置

根据我国税收征管相关规定，当事人对税务机关的处罚决定、强制执行措施等不服的，可以自由选择救济途径；而如果当事人对征税决定不服，需要"先复议再诉讼"，即诉讼对复议存在"路径依赖"。③

我国现行法律严格要求纳税人在提起税收复议和税务诉讼之前，必须清缴税款。法律如此规定主要是考虑到税款及滞纳金的及时入库。当事人如果提起复议和诉讼，在现有体制下，到二审审结要经历大半年的时间，如果税收不事先入库，那么将对财政收入造成很大的负面影响，即使事后税务机关胜诉，税收管理的难度也会增加。

以上理由是否成立是值得商榷的。首先，从加拿大的经验看，即使允许纳税人不清税而复议诉讼，只要设置适当的配套制度，并不会导致大规模的纳税人恶意复议诉讼拖延缴税时间。④ 其次，税务机关胜诉后，并不会增加事后税收征管的难度。难道时间延后就可能造成纳税人转移、隐匿财产？至少没有研究证明此种假设。再次，清税前置，其前提是把税额的确定及相关事项作为税务机关的具体行政行为，并使之具备公定力、执行力，但是，如果把税收法律关系认为是债权债务关系，那么税额确定就不一定是税务机关的行为，其确定行为也难以被称为具体行政行为，其行政优先权的基础就受到动摇。也就是

---

① 参见史际春：《政府与市场关系的法治思考》，载《中共中央党校学报》2014 年第 6 期。

② 关于民主问责制，参见史际春、肖竹：《论分权、法治的宏观调控》，载《中国法学》2006 年第 4 期。

③ 参见张守文：《税法原理》，北京大学出版社 2016 年版，第 376 页。

④ 在加拿大，纳税人对应纳税额、税率或处罚不服的，必须先针对税务局的征税决定提出异议，启动加拿大税务局的内部申诉程序，如果征税决定被维持，则纳税人可以向法院提起诉讼。除非是某些大公司，争议的税款在被最终解决之前不必先行缴纳。

说，在税收债权债务关系说的理论基础上，清税前置可能难以自洽。最后，即使这些理由成立，但是仅以它们就限制当事人申请复议和诉讼，其手段和目的之间缺乏必要的平衡，违反了依法治国所要求的比例原则。①

因此，取消清税前置，辅之以配套措施，让纳税人能够正当、顺利行使救济权，而又能够有效限制复议诉讼的泛滥，既有实践的经验，也是理论的要求。当然，具体是取消复议清税前置还是取消诉讼清税前置，这可以进一步考虑。

（二）推进税务司法专业化的主要措施

1. 依据现实情况推进税务司法专业化

税收征纳关系法治化、取消清税前置后，扭曲的征纳关系得以理顺，纳税人能够自由地决定是否对税务纠纷复议、起诉。交往密度越大，纠纷的可能性越大，作为公民与国家的联系纽带，税收领域的案件数量应该会有一定程度的增长。那时，税务司法专业化的关键条件可能实现，整体条件也可能满足。加上多年来形成的税务法院（法庭）的主观共识，推荐税务司法专业化建设可能就是大势所趋。届时，根据税务案件的数量和集中程度，考虑是在机构层面建立税务法院，还是在组织层面建立税务法庭；是普遍性设立还是区域性设立。而实践中很可能是，随着法治化和制度改革的推进，税务案件在发达地区首先较快地涌现出来，此时很可能需要在这些地区先设立税务法院，对其他地方的分散税务案件，建立巡回税务法院（法庭）。

2. 完善税务复议制度

税务司法专业化的核心还是保护纳税人权利。但追求纳税人权利保护的途径是多元化的，应该避免的一个误区是过于夸大税收司法的作用，盲目否认税务行政复议制度。应当充分利用复议人员的专业知识，发挥复议程序简便、成本低廉、裁决快速等优势，过滤诉讼案件，节省司法资源。其中的关键是要增强复议机构的独立性，从事调查和处理的税收工作人员不能作为复议裁决的决策人员，这是职能分离的基本要求。是完全的职能分离还是内部职能分离，存在诸多争论。② 前者主张建立独立的复议机构，后者认同增强税务机关内部复议机构的独立性。实际上，在税务机关之外建立独立的复议机关不可取。一方面，复议不同于司法，它不仅强调公平，也要求效率和一线的专业知识，独立的复议机构导致工作人员缺乏全盘经验，难以掌握政策和案情；另一方面，独立的复议机关可能仅仅是对司法机关职能的模拟，会增加机构的数目，加重财

---

① 参见刘剑文、熊伟：《税法基础理论》，北京大学出版社 2004 年版，第 492 页。

② 关于职能分离的论述，参见王名扬：《美国行政法（上）》，北京大学出版社 2016 年版，第 327－336 页。

政开支。因此，应当采取内部职能分离，具体而言，在税务机关首长的统一领导下，将复议部门与其他业务部门并列，但是每个工作人员既要有一般业务部门的工作，同时也要分配到复议部门，以丰富他们的经验，当进行税收复议时，实施回避交叉复议。①

3. 加强税务专业司法人员培养

为了应对征纳关系正常化后税务纠纷急剧增加的局面，从现在起应当有序推进税务专业法官的培养。不管是建立专业法院还是专业法庭，都离不开专业法官；正是法官的专业化知识极大提升了税务诉讼的效率，使得法院、法庭的专业化发挥出价值。② 而目前相关的税务专业人才的培养非常不足，财税法教育和研究水平均有待提高。如只有北京大学和厦门大学设有单独的财税法硕士点，只有厦门大学单独设有财税法博士点，没有专门的财税法学术期刊等。③

人才的培养首先需要理论的熏陶。为此需要加强财税法学研究队伍建设，给予财税法研究以更多的支持；还要适当增加财税法学生的招生人数，同时增加财税法课程学习。需要特别强调的是，税法专业司法人员是能够全面掌握民刑、行政和诉讼的法律调整原理和知识，并精通税务业务的税法专家。④ 税务司法专业化人才的培养同样离不开实务的训练，法学院校要吸收经验丰富、理论性强的税务律师、税务机关工作人员和税务法官等实务界人士参与到学生的训练当中，同时为学生提供良好的税务实习机会。如此，才能培养出足够的既掌握理论也懂实务的税务司法人员。

五、结语

司法专业化是社会分工的表现形式和发展结果，社会分工的发展导致社会纠纷内容专业化，客观上要求作为纠纷解决重要途径的司法进一步专业化。社会一般分工推动司法外部专业化，社会特殊分工推动司法内部专业化。社会特殊分工条件下，司法内部专业化可以在司法机构层面（专业法院）、司法组织

---

① 这一做法启示源于法国最高行政法院的诉讼组与行政组双重职位设置。参见王名扬：《法国行政法》，北京大学出版社 2007 年版，第 483 页。

② 美国国会一般是拒绝设立专业化的法院，但是由于税法技术的复杂性而需要具备对应专业知识的法官，才允许设立税务法院。See Lawrence Baum, *American Courts* (*Fourth Edition*), Houghton Mifflin Company, 1998, pp. 37 – 40.

③ 参见刘剑文：《财税法总论》，北京大学出版社 2016 年版，第 339 – 440 页。

④ 税务专业法官培养不能落入传统的部门法人才培养的窠臼，应该以社会活动的领域和法律调整的宗旨（用现在流行的说法，就是领域法学思维）为标准，将民、刑、行政、诉讼等法律知识作为法学基本理论，而把某一特定领域作为其专长（税务法官则以税法为其专长）。关于法学教育的如上论述，参见史际春、邓峰：《经济法总论》，法律出版社 2013 年版，第 120 – 126 页。

层面（专业法庭）、司法人员层面（专业法官）三个层次展开，具体路径取决于主客观条件，其中整体的成本收益条件和直接影响收益条件实现的关键条件是考虑的重点。这是本节提出的司法专业化理论的主要内容。司法专业化理论着重解决司法专业化是什么、为什么、怎么办的问题，是各个领域推进专业化司法的共同分析框架，任何领域不能仅仅强调其特殊、重要而简单地认为就应该设立专业化的法院（法庭），各个领域的司法专业化论证应当遵循一个共同有效的论述范式，能够相互之间展开对话，这是学术共同体发展的需要、是司法理论发展的需要，也是理论指导实践的需要。

本节以司法专业化理论为基础，探讨了税务司法专业化的基础、面临的困境以及问题解决的主要方向。完善的税务司法体制是保护纳税人权利、保障财税体制改革的重要路径，也是实现财税法治的重要环节。推进税务司法专业化、建立税务法院，在全面推进依法治国的背景下具有更加突出的意义，但必须在分析中国税务纠纷基本现实问题的基础上选择适合国情的路径来实现税务司法专业化。

第四章　新兴领域的税制探索

新兴经济领域往往需要新的税法制度予以应对。近年来，集成电路产业与数字经济备受关注。集成电路产业属于战略新兴产业，高端集成电路制造成为我国经济发展的"卡脖子"技术，如何协调市场与政府的力量促进集成电路发展是我国经济决策方面的重要问题。税收是政府调控产业发展、促进集成电路技术提升的有力手段，需要系统梳理集成电路产业的税收政策，在此基础上仔细审视其存在的问题，并提出完善建议，以有效促进该产业发展。数字经济对以工业经济为基础的传统税收制度造成了巨大冲击，尤其是数据作为经济生产新要素，无论是存在形态还是价值生产方式都与传统资源、土地、人力等生产要素差异巨大，要素化与商品化的数据是否可以征税及如何征税，急需理论与制度回应。在此背景下，本章对于新兴的集成电路产业税收问题与数据征税问题进行专门研究，以期探索新兴前沿领域的税法发展新趋势。

第一节　集成电路产业发展与税法的促进性规制①

2018 年 4 月 15 日，美国商务部认定中兴通讯对涉及违反美国出口管制规定的部分员工未及时扣减奖金和发出惩戒信，而且向美国政府提交的两份函件中存在虚假陈述，因此决定激活曾对中兴通讯和中兴康讯公司颁发而又暂缓执行的拒绝令，两家公司及作为其利益代表的企业、机构和人员，不得直接或间接参与与美国法律禁止的商品、软件和技术等有关的贸易，美国任何个人与企业也不得直接或间接向前述拒绝实体出口或再出口前述项目，不得对其予以融资或并购等任何支持。② 拒绝令对中兴的正常运营和发展影响重大，若不能在

---

① 本节主体内容曾发表于《大连海事大学学报（社会科学版）》。参见邓伟：《集成电路产业发展促进的财税法路径研究》，载《大连海事大学学报（社会科学版）》2019 年第 5 期。

② See Order Activating Suspended Denial Order Relating to Zhongxing Telecommunications Equipment Corporation and ZTE Kangxun Telecommunications LTD. https://www. commerce. gov/sites/commerce. gov/files/zte_denial_order. pdf, 最后访问时间：2018 年 12 月 20 日。该命令对中兴事件的来龙去脉有详细的交代。中兴通讯对此事件的全过程有不同说法，参见《中兴通讯董事长发内部信　首次公布美国制裁事件全过程》，凤凰网科技：http://finance. ifeng. com/a/20180420/16158514_0. shtml, 最后访问时间：2018 年 12 月 20 日。

1～2 个月内达成和解，其通信设备和手机等业务的正常生产与销售均会受到影响。① 中兴方面也承认"制裁将使公司立即进入休克状态"。② 后来，中兴与美国商务部达成新的和解协议，但 6 月 19 日美国参议院通过的《国防授权法案》却又加入恢复中兴与美国供应商禁令的条款，随后有报道称特朗普亲自游说议员反对制裁中兴。最后中兴支付高额保证金后禁令得以解除。③ 美国的制裁能够对中兴产生生死攸关的影响，根源在于中兴存在严重的技术依赖性。美国供应商为中兴提供了最为核心的零部件，中兴产品的多种芯片等核心零部件都来自高通、博通、英特尔等企业，导致短期内无法找到能保持相同竞争力的替代产品，甚至根本没有替代产品。④ "中兴事件"深刻揭露了中国集成电路产业的窘境。

实际上，中国一直高度重视集成电路产业的发展，该产业已经有很大进步，只是在最先进的技术方面存在一定差距。在促进集成电路产业发展的政策中，税收一直扮演了重要角色。本节在分析集成电路产业现状的基础上，论证了促进该产业发展的必要性，同时检视了我国在该领域的关税、增值税、所得税等税收政策变迁及其经验，最后提出了完善相应税收政策的建议。

一、中国集成电路产业现状

集成电路产业是中国发展相对滞后的产业之一，"缺芯之痛"一直困扰着中国电子及相关领域产业。⑤ 衡量集成电路工艺先进水平的主要指标是线宽，20 世纪 90 年代以来，线宽已从亚微米发展到深亚微米再到超深亚微米。⑥ 近年来技术进步飞速，2014 年英特尔实现 14 纳米（nm）的工艺生产，2017 年台积电、英特尔、格罗方德实现 10 nm 芯片的量产，2018 年台积电率先

---

① 参见《中兴生产若受美禁令影响 或威胁全球运营商网络》，新浪财经：http://finance.sina. com. cn/7x24/2018 – 04 – 17/doc – ifyuwqfa2629819. shtml，最后访问时间：2018 年 12 月 20 日。

② 参见《中兴董事长：美国禁令可能导致中兴进入休克状态》，新浪科技讯：http://news. ifeng. com/a/20180420/57745588_0. shtml，最后访问时间：2018 年 12 月 20 日。

③ 中兴事件的来龙去脉，参见《2018 年美国制裁中兴事件》，百度百科：https://baike. baidu. com/item/2018 年美国制裁中兴事件/22497216? fr = aladdin，最后访问时间：2018 年 12 月 20 日。

④ 参见《中兴被禁后的"自救与他救"》，全天候科技：http://www. sohu. com/a/228725550_99981833，最后访问时间：2018 年 12 月 20 日。

⑤ 集成电路（integrated circuit，IC）是指组成电路的有源器件、无源元件及其互连一起制作在半导体衬底上或绝缘基片上，形成结构上紧密联系的、内部相关的具有特定功能的电子电路。芯片（chip）就是半导体元件产品的统称，是集成电路的载体，也是集成电路经过设计、制造、封装、测试后的结果，通常是一个可以立即使用的独立的整体。一般而言，"芯片"和"集成电路"可以相互代替使用。不过我国官方在技术层面多使用"集成电路"一词。

⑥ 参见陈志、胡晓珍：《集成电路产业现状与发展前景》，广东经济出版社 2015 年版，第 4 – 7 页。

实现 7 nm 生产工艺量产，2020 年可以生产 5 nm 工艺芯片。中国大陆技术水平较为落后，代表性的集成电路设计与生产企业——中芯国际，至 2018 年提供芯片代工与技术服务范围是 0.35 μm 到 28 nm，仅具备 NAND Flash24 纳米技术和 Logic 14 nm 技术，[①] 14 nm 制程在 2019 年底之前才能争取量产。可见，中国大陆的集成电路与世界最先进的制程技术差距在两代以上。具体情况见表 4-1。[②]

表 4-1　全球六大 IC 晶圆厂制程技术演进情况表

线宽单位：纳米（nm）

IC 晶圆厂	2011	2012	2013	2014	2015	2016	2017	2018	2019E	2020E	2021E	2022E	2025E
台积电	28	—	—	20	16	—	10	7（新竹）16（南京）	—	5	—	3	2
英特尔	22	—	—	14	—	—	—	—	10	7	—	—	—
三星	—	28	—	20	14	—	10	—	7	5	—	—	—
格罗方德	—	—	28	20	14	—	10	—	7（搁置）	—	—	—	—
联华电子	—	28	—	—	—	—	14	—	—	—	—	—	—
中芯国际	—	—	—	—	28	—	—	—	14	—	—	—	—

同时，中国市场集成电路产品需求量巨大，国内技术与产能难以满足。根据海关数据，2017 年中国进口集成电路 3769.96 亿块，同比增长 10.1%，进

① 《晶圆代工解决方案——工艺技术》，中芯国际官网：http://www.smics.com/chn/foundry/foundry.php，最后访问时间：2018 年 12 月 24 日。

② 《Global Foundries 重大战略转变，无限期搁置 7 奈米 FinFET 研发计划》，科技政策研究与资讯中心科技产业资讯室：iknow.stpi.narl.org.tw/Post/Read.aspx? PostID = 14762，最后访问时间：2018 年 12 月 26 日。台积电（TSMC，中国台湾）、英特尔（Intel，美国）、三星（Samsung，韩国）、格罗方德（Global Foundries，美国）、联华电子（UMC，中国台湾）、中芯国际（SMIC，中国大陆）这六大企业中，中芯国际的技术明显落后前五家企业。

口金额 17593.97 万元（约 2600 亿美元），同比增长 17.3%。[①] 集成电路超过石油成为中国第一大进口商品。计算机系统中的 MPU、显示及视频系统中的 Display Driver 以及通用电子系统、通信装备、存储设备中的核心芯片，国产芯片占有率都是零。[②] 近些年来，尽管该产业快速发展，但是"两个在外"的严峻现实并没有从根本上改观：集成电路设计产业的产品主要在海外或外资企业加工，制造企业的主要业务也是在海外。[③] 在当前国际竞争日益激烈的背景下，中国集成电路及相关产业面临的环境更加严峻。

二、集成电路产业促进政策的必要性分析

建设和完善社会主义市场经济是我国当前进行经济体制改革的重要目标，社会主义市场经济要求市场在资源配置中起决定性作用、恪守非歧视原则和公平竞争原则。但是也要注意更好地发挥政府的作用，在具备充分的社会公共利益诉求并且有足够的法律依据等前提下，也可以对不同产业、不同类型的企业做有差别性的制度安排，包括对主导产业或者战略产业加以扶持。[④] 基于集成电路产业的战略地位和发展现状，需要通过一定的政策扶持其发展。

（一）集成电路产业的战略意义

集成电路是信息技术产业的"粮食"，其技术水平和发展规模已成为衡量一个国家产业竞争力与综合国力的重要标志之一。[⑤] 集成电路产业在信息技术产业中占据核心地位，对于经济社会发展和国家安全保障具有基础性作用。

集成电路的应用具有普遍性，几乎任何领域都离不开集成电路，它通过支持其他产业发展、在每一个应用领域产生倍增器的作用，对综合国力的增长做出重要贡献。[⑥] 当前，日常生活的种种主要产品都渗透着集成电路的身影：冰箱洗衣机等不断利用集成电路增加产品功能、提高产品的控制性能；公交一卡通、银联卡、校园一卡通、身份证等卡片也都离不开集成电路；医用的 CT 扫描仪、血样分析仪等设备的大脑都是集成电路；更不必说使用集成电路更为集中的电视、手机、计算机等电子产品，每年的产销量数以亿计。没有高水平的集成电路，许多产品的效用将大打折扣；离开了集成电路，很多产品甚至无法使用。

---

① 《2017 年 12 月全国进口重点商品量值表》，中华人民共和国海关总署官网：http://www.cus-toms.gov.cn/customs/302249/302274/302275/1416441/index.html，最后访问时间：2018 年 5 月 20 日。

② 参见魏少军：《2017 年中国集成电路产业现状分析》，载《集成电路应用》2017 年第 4 期。

③ 参见周子学：《中国集成电路产业投融资研究》，电子工业出版社 2015 年版，第 338－339 页。

④ 参见叶卫平：《产业政策法治化再思考》，载《法商研究》2013 年第 3 期。

⑤ 参见布轩：《集成电路是信息技术产业的"粮食"》，载《人民邮电》2014 年 6 月 25 日，第 1 版。

⑥ 参见王阳元、王永文：《我国集成电路产业发展之路》，科学出版社 2008 年版，第 46 页。

集成电路对现代经济的发展具有不可替代的重要性。21 世纪是信息经济时代，现代经济数据表明，国民经济总产值增长部分的 65% 与集成电路有关，每 1～2 元的集成电路产值能够带动 10 元左右的电子信息产业产值，进而带动 100 元左右的 GDP 增长。① 此外，集成电路属于高附加值产品，根据"微笑曲线"理论，产业价值链上的不同环节的附加值不同，两头高、中间低，而且中间环节的竞争日趋激烈，利润空间越来越小。② 集成电路在产业链中则涉及上游的关键技术研发、关键零部件生产，附加值高，增值性强。以手机为例，组装手机的价格中，相当大的一部分就是关于集成电路等专利技术的成本费用，大部分利润被技术垄断者占有。

集成电路的战略性还体现在国家安全方面。集成电路和计算机在军事上的应用引起了武器智能化和信息化的变革。由于集成电路的作用，武器装备的电子系统重量减轻，其机动性和隐蔽性大大提高，打击精确性也发生了质的飞跃。微电子技术已经成为新技术革命的关键，几乎所有高技术武器的研制和发展都与微电子技术的应用有关，甚至有人提出"信息制胜论"，谁掌握了战场信息权谁就掌握了制胜权。③ 集成电路在现代军事和国家安全中具有重要影响，没有先进的集成电路技术，所有军事实力都是空中楼阁。因此，当时技术先进的日本才有自信说"不"："不使用日本的半导体，导弹精度就无法得到保障。不管美国如何继续扩充军备，只要日本说一声停止尖端部件，他们就会陷入一筹莫展的境地。"④ 要实现中华民族伟大复兴的中国梦，军事实力是不可或缺的部分，集成电路技术的崛起则是关键一环。

因此，集成电路对于满足社会需求、发展经济产业、保障国家安全具有战略意义。只有拥有先进的集成电路技术，才能生产充分满足人民需求、具有市场销路的产品，才能促进相应的产业发展，一国的大量财富也不至于被外国技术垄断者攫取；同时，只有独立自主地掌握先进集成电路技术，国家安全才不受制于人。在中国发展集成电路产业的重要性不言而喻。

---

① 参见周子学：《中国集成电路产业投融资研究》，电子工业出版社 2015 年版，第 74－75 页。

② "微笑曲线"概念最先由台湾宏碁公司总裁施振荣先生提出，详细介绍其对高新技术发展的启示，参见余建形、徐维祥、楼杏丹：《"微笑曲线"和高技术产业发展》，载《经济问题探索》2005 年第 9 期。

③ 参见李有祥：《军事高技术与信息化战争》，东南大学出版社 2010 年版，第 3－4 页。

④ 石原慎太郎、盛田昭夫：《日本可以说"不"：新日美关系的对策》，军事科学院外国军事研究部译，军事科学出版社 1990 年版，第 102 页。

（二）集成电路市场的有效性考察

1. 集成电路产业的特征

第一，技术变革更新快。集成电路技术发展符合摩尔定律：当价格不变时，集成电路上可容纳的元器件的数目每隔 18～24 个月便会增加一倍，性能也将提升一倍。集成电路线宽越小，功耗就越少，工作频率则越高，单位面积芯片上能够集成的元件相应地也越多，因而性能越强大。集成电路企业需要持续投入巨额资金研究新的制程工艺，才能跟上技术变革的步伐。

第二，竞争格局稳定，赶超难度大。芯片公司前期投入巨大，行业进入门槛高，先进企业如果抓住市场先机，摊销掉设备成本，将形成强大的市场竞争优势，一步领先、步步领先，后来者成本压力远大于竞争对手，在缺乏政府补贴支持的情况下几乎没办法追赶和超越。后进企业瞄准当前市场技术标准进行研发，产品面世之时，先进企业已经有更先进的技术；后进企业要想在缺乏技术积累的条件下实现技术跨越式进步，几乎不可能。如此一来，集成电路产业中容易形成强者恒强、弱者恒弱的局面。

2. 集成电路产业中的市场失灵

集成电路产业的特征决定了该领域的市场结构是由少数大企业唱主角的不完全竞争。实际上，现代经济体系中多数行业属于不完全竞争，尤其是近年来新兴的互联网产业，由于规模经济和客户黏性，市场几乎被几家公司垄断。但是与其他产业不同，集成电路产业产品缺乏可替代性，技术垄断程度高，行业准入门槛高，不像其他产业，领先的大企业拒绝提供服务后，其他企业可以迅速取而代之（比如，如果微信拒绝服务，那么另一种即时通信工具应用可以马上填补），一旦集成电路大企业拒绝供货，则没有任何渠道能够进行补救。即使如此，集成电路产业也不必然是市场失灵；但是与发达国家不同，中国的集成电路产业则存在明显的市场失灵：

第一，中国集成电路技术落后于国际先进水平。如前文所述，在其他国家和地区的企业能够实现集成电路 14 nm、10 nm、7 nm 甚至 5 nm 工艺生产时，中国大陆集成电路相对先进的中芯国际，至 2018 年提供芯片代工与技术服务的范围是 0.35 μm 到 28 nm，仅具备 NAND Flash 24 nm 技术和 Logic 14 nm 技术，[①] 14 nm 制程在 2019 年年底才量产。中国大陆的集成电路制程技术落后于世界最先进水平两代以上，时间上落后三四年，而在电子设备的应用上，一点

---

① 参见《晶圆代工解决方案概览》，中芯国际官网：http://www.smics.com/chn/foundry/foundry.php，最后访问时间：2018 年 12 月 24 日；《中芯国际宣传册》，中芯国际官网：http://www.smics.com/download/2Q18.pdf? LMCL = kTohzh，最后访问时间：2018 年 12 月 24 日。

领先就意味着整体领先，赢者通吃。

第二，集成电路产业投资期限长、风险大，造成了中国民间投资严重不足。集成电路技术的研发需要投入巨资，随着制程工艺的进步，研发的难度不断增大，新建工厂所需投资随之大幅增长，从几千万美元跃升到数亿美元，再到上百亿美元。2015 年投资 12 英寸 31/28 nm 的规模生产线需要超过 40 亿美元，12 英寸 14 nm 的生产线高达 100 亿美元，[①] 台积电为建立 3 nm 工艺芯片制造厂计划投入 200 亿美元，三星、英特尔和台积电建造的 7 nm 生产厂，投资额都已经超过 200 亿美元。[②] 20 年前中国实际投入少，造成当前技术水平落后于国际。资本是追求利润的，社会风险投资偏好于能快速实现最大收益的项目，自然不会青睐集成电路企业。而且长期投资也难以保证可以成功研发先进的产品，其中失败的风险不可忽视。集成电路产业投资期限长、风险大，对民间投资缺乏吸引力。

第三，集成电路技术国际交易市场严重扭曲。如果可以通过市场交易购买先进技术，也不失为提升产业水平的可选途径。但是这一路径基本已被堵死，中国通过市场获取技术转让几无可能，这源于国际社会的军事技术及高技术封锁。1949 年建立的巴黎统筹委员会（巴统）是美国及其盟友管制对苏联集团和中国出口的工具，1996 年后《瓦森纳协议》替代"巴统"，作为常规军品和军民两用物项出口的新的管制机制。[③] 虽然该协议没有强制限定成员国的出口安排，但美国主导《瓦森纳协议》的根本目的是遏制中国等国家的科技发展，控制欧洲并阻挠欧盟等国的对外军售解禁和高科技对外出口，[④] 美国必然千方百计实现自己的限制意图。由于存在或明或暗的技术出口限制，中国很难获取国外的最新科技。据称，2015 年英特尔、三星、台积电就能买到 ASML 生产的 10 nm 光刻机，但同年大陆的中芯国际只能买到 ASML 2010 年生产的 32 nm 的光刻机。5 年的时间已经足够让集成电路产品市场更新换代 3 次了。[⑤]

---

① 参见中国电子信息产业发展研究院：《2016—2017 年中国集成电路产业发展蓝皮书》，人民出版社 2017 年版，第 112 页。

② 《台积电 200 亿美元建 3 纳米工艺芯片制造厂》，凤凰科技：http://news.ifeng.com/a/20171010/52556024_0.shtml，最后访问时间：2018 年 12 月 24 日；《被误解的国产芯片投资格局，能否让"芯酸"成过往？》，清科资本：http://www.sohu.com/a/231988512_728123，最后访问时间：2018 年 5 月 18 日。

③ 参见侯红育：《瓦森纳安排的缘起与发展》，载《国际论坛》2005 年第 4 期。

④ 参见许晔、孟弘：《〈瓦森纳协议〉对我国高技术的出口限制》，载《科技管理研究》2012 年第 24 期。

⑤ 《一文读懂让中兴及中国半导体行业遭殃的〈瓦森纳协定〉》，DoNews：http://www.donews.com/news/detail/4/2995386.html，最后访问时间：2018 年 12 月 20 日。

因此，集成电路技术市场的国际贸易被严重扭曲。

（三）集成电路产业需要政府积极作为

政府与市场的关系是经久不衰的话题。如果自由市场经济能够实现经济的长久繁荣，那么就不会有经济危机，也不会有对市场经济质疑与计划经济思潮的勃兴；如果计划经济是自由市场的有效替代者，迄今所有主要经济体的尝试就不会无一例外地向市场经济转向。整体而言，当代社会都是既有市场成分也有指令成分的混合经济。① 实际上，所谓的纯粹市场与计划，也不过是便于理论刻画的理想模型，现实中并不存在。当然这并不否认人们通过建构抽象理论以解释和指导现实的努力。当今多数国家将市场作为配置资源的基础，同时通过各种政策手段对市场施加影响。产业政策是国家干预市场的重要形式，它的任务是尽可能地从私人部门那里获取有关外部性的存在的信息并努力克服这些外部性，实际上产业政策是企业与政府共同发现潜在的成本和机会并参与战略合作的过程，② 一个能够促进私人部门与公共部门良好合作的产业政策体系对提高资源配置效率具有重要意义。绝对的经济自由与绝对的政府干预，都是错误的，③ 争论"需要"或"不需要"产业政策已经没有太大意义，重点问题是如何科学设计和有效实施合理的产业政策。

具体到中国的集成电路产业，存在市场需求巨大与技术水平落后的基本矛盾。一方面，该产业对国家经济、军事等各方面具有战略意义，实现中华民族伟大复兴的中国梦需要先进而自主的集成电路技术作为支撑。另一方面，大陆技术有待进一步发展，人才培养不足，产业基础比较薄弱。由于技术引进受到限制，这一基本矛盾在短时间内无法通过市场解决；由于投资数额大、周期长、风险高，民间资本难以积极介入。在中国市场难以自发地孕育出先进的集成电路技术和产业时，作为公共利益的天然代表，国家对于这种后果严重的市场失灵应该积极干预。

实际上，区分不同产业类型并针对幼小产业、主导产业、衰退产业制定适当的产业政策，是推动中国制造业发展的有效路径。④ 中国集成电路产业仍属幼稚产业。理论界提出的幼稚产业保护理论以国家整体利益为出发点，通过特

① 参见保罗·萨缪尔森、威廉·诺德豪斯：《经济学》（第十六版），萧琛等译，华夏出版社1999年版，第5页。

② 参见罗德里克：《相同的经济学，不同的政策处方》，张军扩、侯永志等译，中信出版社2009年版，第98－99页。

③ 参见姜达洋：《我们需要什么样的产业政策？——兼论林毅夫与张维迎有关产业政策的争议》，载《商业研究》2017年第11期。

④ 参见闫坤：《支持制造强国战略的财税政策研究》，中国社会出版社2017年版，第94－96页。

别扶持和保护政策培植幼稚产业的竞争力，以弥补市场失灵。① 国家应选择某些具有潜在比较优势和发展前途的幼稚产业，给予适当的、暂时的保护，即使保护性关税会牺牲一些价值，但是却有利于提高生产能力，这不仅保证国家有无限量的物质产品，而且还能在战争期间确保工业的独立性。② 虽然有人提出所谓的"李斯特陷进"，③ 但是，良好且得到正确执行的产业政策的积极意义不容忽视，政府在产业发展初期积极引导、扶持主导产业，发挥部分资源配置的作用，可以减少单纯依靠市场机制所导致的资源和时间的浪费。④ 依据幼稚产业论实施倾斜生产方式，也是日本经济发展经验的重要启示。⑤

综上，集成电路产业对于国家具有重要战略意义，但是该产业存在严重的市场失灵。单纯依靠市场，集成电路产业无法取得有效的发展，它需要政府通过积极适当的产业政策予以扶持。税收政策是其中重要的工具。

三、中国集成电路产业税收政策的实施路径分析

中国通过税收优惠等政策扶持集成电路产业发展有着充分的现实必要性。改革开放以来，国家在不同时期针对集成电路的不同发展状况实施了差异性的税收政策。

（一）实施关税优惠以降低生产成本

关税对于生产产品的最终价格具有重要影响，降低进口关税有利于降低集成电路成本，提高产品的竞争力。关税优惠是我国针对集成电路产业的最早的扶持政策之一。改革开放之前，我国处于计划经济时期，集成电路单位不具备独立核算和经营的条件，也就没有相应的税收政策。1986 年国务院决定，对于集成电路企业重大技术改造项目，经批准进口设备、仪器和备品备件，免征进口关税；企业免征产品增值税和减半征收所得税。2002 年，财税部门决定对在中国境内设立的投资额超过 80 亿元或集成电路线宽小于 0.25 微米的集成电路生产企业进口"本通知"附件所列自用生产性原材料、消耗品，免征关

---

① 参见杨韶艳：《"幼稚产业论"与中国幼稚产业政策的现实优化》，载《商业研究》2006 年第 3 期。

② 参见［德］李斯特：《政治经济学的国民体系》，邱伟立译，华夏出版社 2009 年版，第 108 - 110 页。

③ 参见覃成林、李超：《幼稚产业保护与"李斯特陷阱"——一个文献述评》，载《国外社会科学》2013 年第 1 期。

④ 参见刘慷、王彩霞：《从产业政策到竞争政策——由日本学者对产业政策的质疑说起》，载《对外经贸》2008 年第 11 期。

⑤ 参见陈晓春：《日本产业政策理论与启示》，载《国外财经》2001 年第 4 期。

税和进口环节增值税,① 符合规定的净化室专用建筑材料，配套系统和集成电路生产设备零、配件，免征关税和进口环节增值税。②

改革开放初期，关税是促进集成电路企业发展最重要的手段之一。原因在于，当时我国技术与国外差距较大，许多技术与生产零配件需要进口，如20世纪80年代初提出"建立南北两个基地和一个点"的发展战略，在南方的上海、江苏、浙江，北方的北京、天津、沈阳，以及西安建立集成电路产业前沿阵地，这些地区的诸多工厂积极引进国外设备和技术，如742厂从日本引进包括设备和成套工艺的电视集成电路生产线。③ 由于此时的集成电路企业主要以引进技术为主，免征进口关税切实减轻了企业的税收负担，有力地推动了国内集成电路产业的发展。需要注意的是，关税优惠的对象不是集成电路成品，而是生产零配件或者技术，对于后者的优惠才能促进国内企业的技术进步、降低成本，如果对于前者实施优惠，反而会抑制国内企业的发展。

（二）实施增值税优惠以促进国内集成电路产品流通消费

我国集成电路产业的增值税政策在各个时期变化很大。1986年国务院决定对集成电路企业免征产品增值税；1994年国家进行税制改革，取消了这一政策；2000年国务院通过18号文，规定了集成电路企业的增值税退税政策，④财税部门进一步制定了落实退税政策的细则：自2000年6月24日起至2010年年底以前，对增值税一般纳税人销售其自行生产的集成电路产品（含单晶硅片），按17%的法定税率征收增值税后，对其增值税实际税负超过6%的部分实行即征即退；⑤ 2002年进一步扩展了优惠适用范围，实际税负达到3%即可即征即退。⑥ 考虑到当时我国集成电路制造工艺难以满足集成电路设计的要求，2002年财税部门作出规定，国内设计并具有自主知识产权的集成电路产品，因国内无法生产，到国外流片、加工，其进口环节增值税超过6%的部分

---

① 《财政部关于部分集成电路生产企业进口自用生产性原材料、消耗品税收政策的通知》（财税〔2002〕136号）。

② 《财政部关于部分集成电路生产企业进口净化室专用建筑材料等物资税收政策问题的通知》（财税〔2002〕152号）。

③ 参见王阳元、王永文：《我国集成电路产业发展之路》，科学出版社2008年版，第291–294页。

④ 《国务院关于印发鼓励软件产业和集成电路产业发展若干政策的通知》（国发〔2000〕18号），第42条。

⑤ 《财政部 国家税务总局 海关总署关于鼓励软件产业和集成电路产业发展有关税收政策问题的通知》（财税〔2000〕25号）。

⑥ 《财政部 国家税务总局关于进一步鼓励软件产业和集成电路产业发展税收政策的通知》（财税〔2002〕70号）。

实行即征即退。①

由于增值税最终是由消费者承担，理论上不直接影响企业的收益，而且改革开放初期国外集成电路产品进入有限、国内市场供不应求，因此，增值税对于集成电路产品销售情况的影响并不明显，增值税优惠对集成电路企业的扶持效果也不突出。但是随着市场的进一步放开，国内外产品竞争加剧，我国针对"增值税一般纳税人销售其自行生产的集成电路产品"实施退税政策，这使得国内生产的产品相较于进口产品具有销售价格优势，这可以促进国内企业的发展，也有利于吸引国外企业到国内投资设厂。但是这也引起美国等国家的反对，他们认为中国增值税政策存在歧视待遇而向 WTO 提起投诉，最终中美签订谅解备忘录，中国政府同意取消"即征即退"政策。② 增值税退税政策从2005 年起停止执行。③ 2011 年后又在一定程度上恢复了"即征即退"，即集成电路企业销售其自行开发的软件产品，按 17% 税率征收增值税后，对其实际增值税税负超过 3% 的部分实行即征即退。④

另外，考虑到集成电路企业投资初期设备采购费用巨大，与产品销售之间存在时间差，该过程形成的大量增值税留抵额可能导致企业资金被占用。为了降低集成电路企业资金使用成本，财税部门针对集成电路产业制定了不同于一般企业结转下年留抵的政策：自 2011 年 11 月 11 日开始，对该产业企业因购进设备形成的增值税期末留抵税额予以退还。⑤

（三） 实施所得税优惠以激励投资与技术进步

企业所得税税负的高低对于企业的税后利润有着显著的影响，企业所得税优惠可以有效提升预期获利企业的投资激励。1986 年国务院决定对集成电路企业减半征收所得税，后来优惠力度进一步提升，2008 年财税部门规定，投资额超过 80 亿元人民币或集成电路线宽小于 0.25 μm 的集成电路生产企业，

---

① 《财政部　国家税务总局关于部分国内设计国外流片加工的集成电路产品进口税收政策的通知》（财税〔2002〕140 号）。

② 具体过程及相关法律问题辨析，参见《世界贸易组织动态与研究》编辑部：《关于集成电路增值税问题中美正式签署谅解备忘录》，载《世界贸易组织动态与研究》2004 年第 11 期；汪成：《中美集成电路产品增值税政策争端的 WTO 法律分析》，载《世界贸易组织动态与研究》2005 年第 4 期。

③ 《财政部　国家税务总局关于停止集成电路增值税退税政策的通知》（财税〔2004〕174 号）。《财政部　国家税务总局关于停止执行国内设计国外流片加工集成电路产品进口环节增值税退税政策的通知》（财关税〔2004〕40 号）。

④ 参见《关于软件产品增值税政策的通知》（财税〔2011〕100 号）。

⑤ 《财政部　国家税务总局关于退还集成电路企业采购设备增值税期末留抵税额的通知》（财税〔2011〕107 号）。需要指出的是，2018 年增值税退税的范围有所扩大，参见《关于 2018 年退还部分行业增值税留抵税额有关税收政策的通知》（财税〔2018〕70 号）。

可以减按 15% 的税率缴纳企业所得税，其中，经营期在 15 年以上的，从开始获利的年度起，第一年至第五年免征企业所得税，第六年至第十年减半征收企业所得税。对生产线宽小于 0.8 μm（含）集成电路产品的生产企业，经认定后，自获利年度起，第一年和第二年免征企业所得税，第三年至第五年减半征收企业所得税。① 2012 年，在沿袭前述企业所得税规定的基础上，增加了 2017 年 12 月 31 日的限制，② 同时增加了集成电路设计企业在 2017 年 12 月 31 日前企业所得税"两免三减半"的规定。这些优惠政策并不限于中资企业，只要在中国注册即可，但是要求拥有核心技术，且研发费用不少于销售额的 5%，在中国境内的研发费用不少于总研发费用的 60%。2015 年政策规定，可以享受这一优惠的企业，从集成电路生产和设计企业，扩展到集成电路封装、测试企业以及集成电路关键专用材料生产企业、集成电路专用设备生产企业，但优惠期的时间起算点不晚于 2017 年。③ 2016 年，对享受优惠的集成电路生产企业、设计企业的条件进一步明确。④ 2018 年规定，对于满足财税〔2012〕27 号规定且在 2017 年 12 月 31 日前设立但未获利的集成电路生产企业，可以继续享受自获利年度其企业所得税"两免三减半"，但是对于 2018 年 1 月 1 日后投资新设的生产企业，技术标准、投资额度都有所提高。⑤ 由于特殊的国际贸易形势，2019 年将 2012 年作出的优惠起算时间从 2017 年 12 月 31 日放宽到 2018 年 12 月 31 日。⑥

国家针对集成电路产业专门制定了企业所得税优惠政策，很重要的原因是，2007 年通过的《企业所得税法》统一了内资、外资企业的所得税待遇。原来双轨制下，生产性的外商投资企业从获利年度起享受"两免三减半"的优惠，虽然其名义税率与内资企业所承担的中央（30%）和地方（3%）共计

---

① 参见《财政部、国家税务总局关于企业所得税若干优惠政策的通知》（财税〔2008〕1 号），但因财税〔2012〕27 号文，这些规定停止执行。

② 《财政部　国家税务总局关于进一步鼓励软件产业和集成电路产业发展企业所得税政策的通知》（财税〔2012〕27 号）。

③ 《财政部　国家税务总局　发展改革委　工业和信息化部关于进一步鼓励集成电路产业发展企业所得税政策的通知财税》（〔2015〕6 号）。

④ 《财政部　国家税务总局　发展改革委　工业和信息化部关于软件和集成电路产业企业所得税优惠政策有关问题的通知财税》（〔2016〕49 号）。

⑤ 《财政部　税务总局　国家发展改革委　工业和信息化部关于集成电路生产企业有关企业所得税政策问题的通知财税》（〔2018〕27 号）。技术标准从小于 80 微米提高到小于 130 纳米，投资额度从大于 80 亿提高到大于 150 亿。

⑥ 《财政部　税务总局关于集成电路设计和软件产业企业所得税政策的公告财政部》（财政部税务总局公告 2019 年第 68 号）。

33%的所得税税率一致，但外资企业还可以享受 24%、15% 等多档优惠税率。[①] 据估计，内资企业实际所得税税负平均约为 25%，而外资企业平均仅 12%左右，后者实际税负仅为前者的一半左右。[②] 国内很多集成电路企业是合资企业，可以按照外资企业享受所得税优惠；统一企业所得税后，这一类企业的税收负担有所增加，虽然税负不会超过普通行业，但是税收激励的降低不利于扶持集成电路产业，因此，有必要在统一的企业所得税法之外，另行制定集成电路企业的所得税优惠政策。

特定技术水平的企业享受所得税优惠都先后设定了时间限制，而且越是晚近设立的集成电路企业要享受到同等税收优惠所要求的技术条件越高，原因在于，由于摩尔定律的存在，集成电路制造工艺快速更新换代，当年的先进制造工艺在几年后可能已变成成熟工艺，对于成熟技术予以税收优惠失去了政策意义，增加期限的规定有助于精准激励先进工艺。

四、中国集成电路产业税收政策的经验与完善

（一）税收政策促进集成电路产业发展的经验

1. 注重税收政策与产业发展阶段的匹配度

各种税种具有不同的政策效果，在集成电路产业的不同发展阶段，需要有与之匹配的税收政策。在这一方面，我国的税收政策与产业发展阶段基本匹配。在改革开放初期，集成电路生产技术落后，生产物资短缺，需要进行大量技术引进与零配件进口。我国针对集成电路产业最早的税收政策就包括对进口符合规定的生产原材料设备免征关税。在国内集成电路产业已经有了初步发展，国内外竞争不断加剧的情况下，为了鼓励和促进境内企业的生产和发展，我国对于增值税一般纳税人销售其自行生产的集成电路产品实施即征即退政策，这在短期内有利于缓解境内企业的竞争劣势，同时吸引境外企业在境内投资生产。在集成电路产业初具规模后，企业能够保证基本的生存和获利，获利多少成为主要问题时，我国适时加大了集成电路企业所得税优惠力度，提升企业的盈利能力。

2. 提升税收政策与市场规律的契合度

税收政策本身是为了弥补集成电路市场失灵，但是政策的实施要以恢复市场有效运行为目标，不能以行政手段替代市场机制。在早期，集成电路税收政策存在较多的行政计划色彩，如经批准的重大技术改造项目，其进口设备、仪

---

① 参见《中华人民共和国外商投资企业和外国企业所得税法》。

② 参见刘剑文：《统一企业所得税法的若干问题》，载《法学杂志》2006 年第 5 期。

器等才可以免征进口关税；后来规定只要投资额超过 80 亿元或集成电路线宽小于 0.25 微米的集成电路生产企业，其进口规定的物资可以免征关税，无须政府批准，满足要求的企业可以按照市场规律进行商业活动。此外，我国集成电路产业基本成熟、中低端产品可以与国外产品竞争，同时考虑到国际因素，我国取消了对境内生产企业的增值税退税政策，这短期内可能加剧国内生产企业的竞争压力，但长期来看已经具备基本实力的国内企业会在竞争中越战越强，这也更加符合世界贸易组织所要求的非歧视待遇原则。总之，在市场竞争能够发挥作用的领域，税收行政主管部门要尽可能地少干预企业市场决策；在我国集成电路企业具有基本的竞争能力后，税收扶持政策要适当调整，以更好地发挥市场机制的调节作用。

3. 加强税收制度与政策目标的融合度

税收政策是为实现一定政策目标服务的，税收制度的设计应当有利于政策目标的实现。改革开放之初，我国集成电路产业基本上算是"一穷二白"，虽然 1958 年世界上第一个集成电路诞生，我国在 20 世纪 60 年代也有多种电路研制成功，但是不管是在技术的先进性还是实用性方面，我国的集成电路仍处于起步阶段。为了实现集成电路"从无到有"的转变，需要建立更多的集成电路企业，生产更多集成电路产品；为此，关税政策大力鼓励相关技术和设备进口，企业所得税政策也鼓励建立中外合资企业并对其实行特定优惠。为了实现集成电路产业"从弱到强"的转变，需要先进电路技术的发展；为此，我国适时放开了集成电路市场的竞争，通过竞争激发企业的创新能力；同时对于先进电路技术予以区别性的优惠，以鼓励企业加大投资、促进先进技术发展。

（二）集成电路产业税收政策的完善

1. 税收政策扶持力度的不足与提升

集成电路产业的税收优惠主要集中于企业所得税方面，主要形式是"两免三减半"。曾经存在的增值税优惠后来被取消，主要保留对增值税留抵税额予以退还，但随着 2018 年增值税留抵退税产业范围的扩大，[①] 集成电路所享受的优势不复存在。就单一税种而言，减免力度已经够大，毕竟企业所得税优惠也要考虑对财政收入的影响，再加强企业所得税优惠程度不太现实。但是从整体税制而言，目前税收扶持力度还有提升的空间。如前所述，集成电路产业投资多、周期长、风险大，企业所得税只有在企业有利润产生时才能享受到优惠，而在盈利前的较长时间内并不能获得税收利益；缺乏其他税收减免的支

---

① 《财政部　税务总局关于 2018 年退还部分行业增值税留抵税额有关税收政策的通知》（财税〔2018〕70 号）。

持，投资成本进一步增加；而投资中的失败风险更是难以弥补。

在深化税制改革、降低企业税负的大背景下，集成电路产业的税收优惠力度整体上可作进一步提升。增值税有17%、11%、6%三档税率设置，销售芯片产品按照17%的标准税率征收（2018年5月1日起，调整为16%）①，2019年进一步将增值税税率调为13%、9%、6%、0%四档，芯片产品销售按13%税率征税。电路设计属于现代服务业，已经执行6%的税率。为了降低集成电路产业的负担，可以考虑统一按照6%的税率征收集成电路相关服务和产品的增值税。② 虽然增值税环环抵扣后由最终消费者承担，但是高税收的存在毕竟推高了产品和服务的价格，增值税减负有利于提高集成电路产品和服务的市场需求，反过来促进该产业的发展。市场需求的扩大，也扩大了增值税的税基，整体上对增值税总收入的影响并不大。

2. 税收政策行政控制的越位与规范

通过产业政策引导稀缺资源向决定宏观经济发展格局、对国民经济产生系统性影响的产业集中，进而促进社会经济向更高水平均衡跃迁，③ 是集成电路产业税收优惠政策的基本逻辑。扶持落后的战略性产业需要政府的合理介入，但是当前经由不严格的授权立法赋予行政机关过大的税收权力，削弱了立法对税收行政的约束，④ 导致集成电路领域税收政策的实施存在政府过度控制的问题。

企业所得税政策存在严重的"名单把控"现象。第一，是否成为集成电路企业需要政府认定；第二，哪些是受鼓励的集成电路企业需要政府认定；第三，受鼓励的企业哪些能够享受企业所得税优惠需要再次审核，其标准包括企业的员工学历层次、研发人员比例、研发费用占营业总额的比例等达到一定的要求⑤。如2013年确定国家鼓励的集成电路企业共132家，⑥ 2010年确定受鼓

---

① 《财政部　税务总局关于调整增值税税率的通知》（财税〔2018〕32号）。

② 曾有人大代表提出类似的建议，参见《TCL李东生建议：半导体显示业中推行6%增值税率》，新浪财经：http://finance.sina.com.cn/roll/2017 - 03 - 04/doc - ifyazwha3818449.shtm，最后访问时间：2018年5月20日。

③ 参见张小军：《把竞争政策和产业政策有机结合起来》，载《中国价格监管与反垄断》2015年第4期。

④ 参见姜峰：《人大授权立法与财政民主价值的流失》，载《国家检察官学院学报》2018年第1期。

⑤ 《财政部　国家税务总局　发展改革委　工业和信息化部关于软件和集成电路产业企业所得税优惠政策有关问题的通知》（财税〔2016〕49号）。

⑥ 《国家发展和改革委员会　工业和信息化部　海关总署　国家税务总局关于印发国家鼓励的集成电路企业名单的通知》（发改高技〔2013〕1544号）。

励的企业 145 家①，2015 年国家认定 45 家该年度享受所得税优惠政策。② 虽然 2016 年改为备案制，也仅仅是针对第三步，且审核的标准没有变化。③ 2018 年，审核标准有所降低。④

享受优惠的多个环节需要政府认定，容易加重企业负担；在标准不明确的情况下，还可能导致权力寻租。第三步公布的标准也不合理，优惠措施的享受以集成电路企业认定为前提，一些企业如果是多元化的经营，集成电路只是作为企业整体的一个事业部门，人员与费用占比要达到整个企业的较高水平很难，该类企业难以认定为集成电路企业，因而就难以享受税收优惠。企业只能将集成电路部门分离出去，设立独立实体企业，这对集成电路部门的效率产生了消极影响。一方面，独立的集成电路企业不利于充分利用原企业的资源；另一方面，由于集成电路投资风险大、周期长，如果作为原企业分支机构，集成电路事业部门在没有盈利之前可以与原企业其他部分合并纳税，减少企业整体的税收负担。

因此，为了规范集成电路税收优惠的行政控制，应当落实税收法定原则，以更高层次的法律文件明确优惠标准，减少政府的裁量权，同时调整集成电路企业的认定方式，采取新的优惠策略：如果企业在集成电路方面有所投入、技术达到一定水平，只要该部分的投资与收入能够独立核算，相应的利润就可以享受企业所得税优惠。如此一来，行政色彩浓厚的集成电路企业认定制度便被替代为明确的、实质标准的核算制度，促进了集成电路产业的税收普惠。

3. 税收政策的技术性激励乏力与补强

按照技术水平区分适用税收优惠，是我国针对集成电路一贯的政策。早在 2000 年就规定投资额超过 80 亿元人民币或集成电路线宽小于 0.25 μm 才能享

---

① 《国家发展和改革委员会 工业和信息化部 海关总署 国家税务总局关于发布 2010 年度国家鼓励的集成电路企业名单的通知》（发改高技〔2011〕699 号）。

② 《国家发展改革委、工业和信息化部、国家税务总局关于印发 2015 年度享受所得税优惠政策的集成电路生产企业名单的通知》（发改高技〔2015〕893 号）。

③ 《财政部 国家税务总局 发展改革委 工业和信息化部关于软件和集成电路产业企业所得税优惠政策有关问题的通知》（财税〔2016〕49 号）。

④ 享受本通知规定税收优惠政策的集成电路生产企业的范围和条件，按照《财政部 国家税务总局 发展改革委 工业和信息化部关于软件和集成电路产业企业所得税优惠政策有关问题的通知》（财税〔2016〕49 号）第二条执行；财税〔2016〕49 号文件第二条第（二）项中"具有劳动合同关系"调整为"具有劳动合同关系或劳务派遣、聘用关系"，第（三）项中汇算清缴年度研究开发费用总额占企业销售（营业）收入总额（主营业务收入与其他业务收入之和）的比例由"不低于 5%"调整为"不低于 2%"，同时企业应持续加强研发活动，不断提高研发能力。参见《财政部、税务总局、国家发展改革委、工业和信息化部关于集成电路生产企业有关企业所得税政策问题的通知》（财税〔2018〕27 号）。

受税收优惠。[①] 2002 年关税和进口环节增值税政策沿用了此标准。[②] 企业所得税优惠政策,按照企业设立时间、技术水平、投资金额区分适用:2017 年 12 月 31 日前设立的,集成电路线宽小于 0.25 μm 或投资额超过 80 亿元的"五免五减半",线宽小于 0.8 μm 的"两免三减半";2018 年 1 月 1 日后设立的,线宽小于 130 nm 的"两免三减半",线宽小于 65 nm 或投资额超过 150 亿元的"五免五减半"。[③] 从以上政策变动可以看出,中国税收优惠具备一定的区别激励功能,且技术水平要求逐步提高。但其中仍存在两个问题。

第一,激励区分仍不够明显。最先进的制程工艺从几十微米到几微米,再到几百纳米,直到现在可以量产的 7 nm,目前中国部分企业已经可以量产 28 nm。我国税收政策区分 130~65 nm、小于 65 nm 两个技术级别予以优惠区别,并不足以实现激励的有效性。实际上,线宽越小的集成电路,研发成本越高、风险越大,相应地,优惠力度也应该更强。130~65 nm 区段的技术已不是市场主流,可以针对小于 65 nm 的区段,在"五免五减半"的基础上,随着线宽缩小,进一步增加优惠。

第二,投资额度与技术水平可以互换作为优惠标准,可能不利于税收政策发挥技术激励的作用。市场上性价比最佳的可能是 28 nm 的集成电路产品。按照市场需求投资已有成熟的技术产品是企业的市场行为,不应以其投资额度作为优惠的标准,因为无论是否有税收优惠,企业都会进行市场投资,优惠并不能达到提升技术的目的。投资额度不能单独作为获取税收优惠的充分条件,需要增加适当的技术条件。

五、结语

集成电路产业的发展取决于市场拉动和技术推动。[④] 目前中国已经是世界第一大芯片消费市场,市场需求巨大;而受制于落后的技术水平,巨大的内需难以通过国内企业满足,我国不得不大量进口集成电路产品。在付出经济代价之外,整个产业体系受制于人,外国贸易政策变动严重影响到我国集成电路及相关产业的稳定运行,中兴事件则是前车之鉴。发展集成电路产业的关键是突

[①] 《财政部 国家税务总局 海关总署关于鼓励软件产业和集成电路产业发展有关税收政策问题的通知》(财税〔2000〕25 号)。

[②] 《财政部关于部分集成电路生产企业进口自用生产性原材料、消耗品税收政策的通知》(财税〔2002〕136 号)。

[③] 《财政部 税务总局 国家发展改革委 工业和信息化部关于集成电路生产企业有关企业所得税政策问题的通知》(财税〔2018〕27 号)。

[④] 参见王阳元、王永文:《我国集成电路产业发展之路》,科学出版社 2008 年版,第 46 页。

破技术瓶颈，面对私人部门投资不彰、技术贸易受限的市场失灵，必须依靠国家产业政策扶持集成电路产业的发展。

产业政策有多种实现手段，其中财税、金融等是落实扶持政策的重要工具。必须通过财政补贴、税收优惠、贷款扶持、采购优先等措施共同协作，才能更有效地促进集成电路产业发展。税收对经济有着重要影响，回顾我国集成电路产业的发展历程及相应的税收政策变动轨迹，审视其中存在的问题并对其进行优化，是推动集成电路产业发展的重要方式。

第二节　数据领域课税的理论探讨与制度选择[①]

数字经济是以数字化的知识和信息作为关键生产要素、以现代信息网络作为重要载体、以信息通信技术的有效使用作为效率提升和经济结构优化的重要推动力的一系列经济活动。[②] 在探索应对数字经济的税收政策过程中，以数据作为征税对象的数据税是重要的制度选择之一。

一、数据的可税性理论

（一）数据税中数据的含义

数据税是以数据为征税对象的税收。广义的数据税是指对数据征税的所有税种，包括对数据征收的各种直接税和间接税，狭义的数据税则是特指以数据为征税对象的专门税种。

数据税不同于数字税。数字税在数字经济时代备受关注。数字经济中的数字有多种内涵，可以理解为数据，即数字化的知识和信息，也可以理解为数字技术。人们经常提到的数字税，有学者把它概括为三个不同的层次：对电子商务征税，对数字经济征税，数字服务税。[③] 显然，数字税是与数据或者数字技术相关的税收，不同于以数据为征税对象的数据税。

数据是指对客观事件进行记录并可以鉴别的符号。[④] 数字、符号、字符、文本、声音、图像和视频等都属于数据。由于数字经济背景下各类数据往往需

---

① 本节主体内容曾发表于《税务研究》。参见邓伟：《数据课税理论与制度选择》，载《税务研究》2021 年第 1 期。

② 参见《二十国集团数字经济发展与合作倡议》，http://www.cac.gov.cn/2016 – 09/29/c_1119648520.htm. 最后访问时间：2020 年 6 月 18 日。

③ 参见冯俏彬：《开征数字服务税要从长计议》，载《中国经济时报》2020 年 8 月 5 日，第 4 版。

④ 参见张莉：《资源、资产、资本：数据的价值》，载《中国计算机报》2019 年 10 月 28 日，第 12 版。

结合网络技术和信息才能体现其重要价值，因此，数据往往是指网络空间的数据资源。数据具有三大属性：物理属性，即数据在存储介质中以二进制形式存在；感知属性，即数据以人类可感知的形式存在；信息属性，即数据具有特定的含义。① 数据与数字、信息具有紧密的联系，数据资产、数字资产和信息资产本质上都是数据，分别着眼于数据的物理属性、感知属性和信息属性。②

作为数据税征税对象的数据，并非广义的数据。广义的数据包括数据原材料和数据产品；其中，数据产品的原材料、半成品、成品都是数据，数据的再生产、再再生产的结果也还是数据，数据再生产中通过数据技术开发形成的数据技术软件也属于数据。③ 那些有实物参照的数据产品（如数字音乐、影视、图片、电子书等数据）和已经被界定为现代服务④的数据产品或服务，由于在既有的知识产权法、财产法和税法中有明确的定位，并不在数据税讨论的范围；作为数据税征税对象的数据，主要是原始数据和那些被加工但未成为前述数据产品的数据，这些数据在知识产权法、财产法和税法等法律中没有明确的规定，需要单独讨论对其征税问题。

（二）数字经济中数据的价值

在数字经济时代，数据作为关键生产要素，产生了大量经济价值。但按照现有的税法规定，数据没有被纳入征税对象，导致不同生产要素之间税负差异明显，也使传统税收制度的收入职能难以发挥作用。

传统税收制度与工业经济相适应。工业经济的价值创造主要依循价值链（the value chain）模式。在该模式中，价值是在生产、流通、分配和消费的线性过程中创造的，每一环节的物质进出有明确的价值记录。增值税、所得税等都是在准确界定各环节收入与支出的基础上进行征税。

但在数字经济的价值创造过程中，价值网络（the value network）模式以及价值商店（the value shop）模式更加普遍。⑤ 在价值网络模式中，平台企业依靠技术，将各类用户连接，帮助终端用户进行交易；用户加入平台就可以直接提升平台的网络价值，用户也可以通过形成特定内容、提供有关数据而为平

---

① 朱扬勇、熊赟：《数据学》，复旦大学出版社 2009 年版，第 1 - 20 页。

② 朱扬勇、叶雅珍：《从数据的属性看数据资产》，载《大数据》2018 年第 6 期。

③ 朱扬勇、熊赟：《数据的经济活动及其所需要的权利》，载《大数据》2020 年第 6 期。

④ 《营业税改征增值税试点实施办法》规定：现代服务，是指围绕制造业、文化产业、现代物流产业等提供技术性、知识性服务的业务活动。包括研发和技术服务、信息技术服务、文化创意服务、物流辅助服务、租赁服务、鉴证咨询服务、广播影视服务、商务辅助服务和其他现代服务。

⑤ OECD：*Tax Challenges Arising from Digitalisation-Interim Report*，Paris：OECD Publishing，2018，pp. 30 - 42.

台贡献价值。在价值商店模式中，企业为客户提供问题解决方案而创造价值，这一过程离不开数据的支撑，企业只有依靠大量数据，才能及时为客户查找问题并提出解决方案。

在数字经济时代，数据已经渗透到每一个行业和业务职能领域，海量数据的运用将预示着新一波生产率增长和消费者盈余浪潮的到来。[①] 然而，数据的价值在现行税收制度中未能体现出来。平台为用户提供服务或数字产品，用户为平台贡献数据或者内容，在某种程度上是"以物易物"的交易。平台提供数据服务以"交换"用户的数据，在现行制度下不会被"视同销售"，因而无须纳税；平台缴纳所得税时，也不会把所获取数据的价值计入应税收入。个人向平台提供数据"换取"平台的服务，但所获得的服务目前不属于法定的所得类型，也不需要缴纳所得税。由此可知，由于税收制度对数据没有明确的定性，当前这些数据还游离于征税对象之外，即使数据在交易过程中取得了货币对价，现行税制也没有明确的征税规定。

（三）数据的可税性

数据游离于征税对象之外是否合理，需要依据可税性理论进行考察。可税性理论指明了确定征税对象需要考量的因素，有利于防止任意扩大或不当限缩征税对象。可税性要求全面考量经济上的可税性和法律上的可税性。[②]征税对象具有经济上的可税性，是进一步制定法律对其征税的前提；征税对象具有法律上的可税性，才能现实地对其进行征税。

数据的收益状况对于数据在经济上的可税性具有决定性的作用。一般而言，数据是作为生产资料、商品、交换媒介等多种形式产生价值，[③] 但数据存在的状态不同，数据是否产生收益以及收益的具体形式各不相同，数据的可税性也存在差异。

第一，保有数据。若数据处于保有状态，没有被运用到生产活动中，就不可能产生收益，因而不具有经济上的可税性。当保有的数据投入生产、产生了价值时，数据具有可税性，但其可税性需要根据收益的特征具体判断。如果数据创造的价值收益可以明确计量，那么这些数据具有经济上的可税性；如果数据作为生产资料投入使用，创造了价值，但该部分价值融入了其他商品或服务，归属于数据的价值在现有条件下难以独立计量，那么该类数据不具有可税性。

[①] McKinsey Global Institute：*Big Data*：*The Next Frontier for Innovation*，*Competition*，*and Productivity*，NIST：https://bigdatawg. nist. gov/pdf/MGI_big_data_full_report. pdf.

[②] 张守文：《论税法上的"可税性"》，载《法学家》2000 年第 5 期。

[③] 傅靖：《关于数据的可税性研究》，载《税务研究》2020 年第 8 期。

第二，作为非货币化交换的数据。非货币化交换的数据分两种情况。一种情况是数据与数据之间的交换。较为典型的情形是：个人的个性化数据与平台的数据产品和服务相交换，由于在交换过程中并未使用货币工具，且缺乏衡量各类数据价值的客观标准，数据的收益难以明确计量，因此，这种情况下的数据不具有经济上的可税性。另一种情况是数据与其他非货币实物的交换。如果其他非货币实物在当前技术条件下能够被准确定价，那么数据交换所获得的非货币实物属于可计量的收益，此时数据具有经济上的可税性。

第三，作为货币化交易的数据。由于在交易过程中以货币作为数据的对价，数据的收益直接体现为货币量的多少，符合收益可计量的要求，因此，作为货币化交易的数据具有经济上的可税性。

以上各类数据，在现有技术条件下，如果不具有经济上的可税性，则没有考虑法律上可税性的必要；如果具有经济上的可税性，那么就可以通过立法对这些数据征税，从而使其具有法律上的可税性。

二、关于数据税税基的三种理论及其评析

数据税是以数据为征税对象的税收，对于如何计算数据税的税基，存在三种不同的理论。

（一）以数据的数量计算税基的理论

1. 理论内容

以通过网络传输的数据的数量计算税基的数据税，也称比特税（bit tax）。征收比特税是较早提出的针对数据信息征税的理论，其税基是通过网络传输的数据的数量。[①]

在传统经济条件下，有形物品是生产与消费的核心内容；而在数字经济时代，无形商品和服务的地位越来越重要，征税对象要从以有形物为主转向以无形物为主。在数字经济条件下，财富价值的增加主要来自数据的交互性，数据创造了网络中的生产力，网络上流动着的海量数据蕴藏着丰富的财富。数据所创造的价值大量渗透到商品生产中，虽然不能准确测量，但是该种价值确实存在。相对说来，在传统经济时代，每项投入物品的价值及其对产出的贡献很容易计算，因此，增值税等是理想的税种；但在数字经济条件下，很难计算各种要素所创造的价值，因而，可以用比特税替代传统税种，以数据的传输量替代价值增加量作为税基。

[①] L. Soete, K. Kamp, "The 'Bit Tax': The Case for Further Research", 6 *Science and Public Policy* 1 (1996), pp. 1 - 9.

2．理论评析

网络作为"信息高速公路"，对通过其传输的数据征收比特税，类似于对实体高速公路上行驶的汽车征收通行税（或过路费）。征收比特税能够增加传输垃圾数据的成本，激励用户合理使用网络，从而降低信息污染、缓解网络拥挤。然而，比特税在原理上存在不足。一是征税对象具有局限性，且不利于当前数字经济的发展。比特税只对通过网络传输的数据征税，那些不需要通过网络传输的数据被排除在外。此外，虽然比特税能够适应互联网发展初期因宽带有限而需要调节数据传输秩序的情形，但在互联网广泛普及、网络宽带比较充足的情况下，对网络数据传输行为征税，会抑制数字经济的深入发展。二是比特税忽略了数据本身的价值，容易导致税负不公。传输同样比特数量的数据，其信息含量与数据价值很可能是不一样的，因而以网络传输的数据数量作为税基是不公平的。数字经济背景下对数据征税，主要是因为数据在价值创造过程中作出了贡献，征税必然要考虑数据的价值。此外，依据数据传输的数量征税，同一份数据来回传输但没有多次产生价值的情况下还可能存在重复征税问题。

（二）以数据的价值计算税基的理论

1．理论内容

征收数据税的另一种理论是，以数据作为征税对象，以数据的财产价值作为税基征税，即对数据征收财产税。[①] 数据的估值越高，其税收负担能力则越强。因此，以数据的价值计算税基符合量能课税的要求。

确定数据的价值则成为征税的关键，这需要对数据进行价值评估。按照资产评估原理，一般可以运用三种方法对资产进行估值：一是根据成本法，可以按照被评估数据资产的现时重置成本确定其价值；二是根据收益法，可以通过估算数据资产未来预期收益的现值进而确定其价值；三是根据市场法，可以通过比较被评估数据资产与最近售出类似资产的异同，并根据类似资产的市场价格进行调整，从而确定数据资产的价值。[②]

2．理论评析

以数据的价值计算税基的数据税，体现了量能征税的原则，有利于实现税收公平。但目前而言，仍存在三方面的不足。一是以数据的价值计算税基，有违税收的一般性原理。按照税收的一般性原理，有收益才征税，即征税对象要

---

① 傅靖：《关于数据的可税性研究》，载《税务研究》2020年第8期。

② 林飞腾：《大数据资产及其价值评估方法：文献综述与展望》，载《财务管理研究》2020年第6期。

具有收益性。[①] 因此，不考虑数据的收益而直接依据数据的价值征税，与税收的一般性原理不符。二是依据数据价值征税可能抑制数字经济的正常发展。数据是数字经济的关键生产要素，对数据价值征税会增加数据持有与流通的成本，影响相关主体生产、收集和加工数据的积极性，进而对数字经济的发展产生抑制作用。三是确定数据的公允价值在目前不具有可操作性。成本法只适用于特定的单项资产和特定用途资产的价值评估，难以用于评估数据的价值。数据可产生的收益依赖于使用人与应用场景，评估数据的预期收益额存在较大的难度，因此收益法也难以适用。最能较为合理地评估数据价值的方法是市场法，但目前缺少具有较大规模且持续保持活跃的数据交易市场，因此市场法也无法适用。不能合理确定数据的价值，以数据的价值为税基的数据税就无从谈起。

（三）以数据的收益计算税基的理论

1. 理论内容

还有一种征收数据税的理论是以利用数据获得的收入为税基，对数据征税。[②] 即以收益计算税基，对数据征收数据税。数据的收益包括保有环节的收益，也包括流转环节的收益；包括货币化的收益，也包括非货币化的收益。例如，个人向各种平台企业提供数据，而从企业处获取相关服务，这种个人数据所创造的服务收益也是潜在的税基或者税源。[③]

按照收益类型的不同，可以征收不同种类的税收：对于数据的所得收益，可以对数据征收所得税；对于数据的流转收益，可以征收数据流转税。

2. 理论评析

以数据的收益为税基征收的数据税，符合税收的可税性原理。数据能够产生收益，才具有税收负担能力。征收数据税，应当以能够产生收益的数据为征税对象、以收益为税基。但其中有两个问题需要注意：一是保有环节的数据，目前不适宜纳入数据税的征税对象。在现有技术条件下，保有环节的数据难以有效监测，其产生的收益更加难以衡量，因此，目前对其征税技术上不具有可行性。但是随着技术的发展，可以适时将其纳入征税对象。二是以非货币化的服务为收益的数据，目前也不宜纳入数据税的征税对象。数据的收益，必然是

---

① 对财产本身征税是税收收益性原理的例外，一般也只是特殊情况下出于特定目的对单项具有重大价值的财产征税。参见张守文：《收益的可税性》，载《法学评论》2001 年第 6 期。

② 参见张玉洁：《国家所有：数据资源权属的中国方案与制度展开》，载《政治与法律》2020 年第 8 期。

③ T. Neubjg. *Digital Taxation：Don't Forget Personal Income Taxes*，http：//www.taxsagenetwork.com/blog/2018/11/16/digital‐taxation‐dont‐forget‐personal‐income‐taxes，最后访问时间：2020 年 6 月 24 日。

可计量的现实收益，才能征税。收益即使不是货币，但只要能被货币衡量，都属于可征税的范围。个人向平台提供数据而获取服务，虽然服务属于广义的收益，但是其货币价值难以衡量，在现有条件下不具有征税的可行性。

三、我国数据课税制度选择

如前所述，以数据的收益计算税基征收的数据税，更具有合理性。我国数据课税制度，应当以此为指引，在对数据征收的直接税与间接税中作出不同的制度选择。

（一）对数据征收直接税：改进所得税条款

目前货币化交易的数据已经能够产生现实的、可计量的收益，具有可税性基础，但现行税制对其并没有明确规定征收直接税。若任由这部分数据游离于征税对象之外，可能形成"税收漏洞"，产生税负不公的后果。因此，可以通过改进现行所得税制度，将数据收入纳入所得税的征税范围。

1. 将"转让数据收入"纳入企业所得税应税收入

《企业所得税法》第6条规定，有9类收入属于应税收入。严格而言，"转让数据收入"难以纳入其中任何一类。一方面，"转让数据"不符合"转让财产"的内涵。依据《企业所得税法实施条例》第16条，此处的财产是指固定资产、生物资产、无形资产、股权、债权等，数据不属于以上财产类型。数据虽是无形，但并不属于传统意义的无形资产。另一方面，9类收入中的"其他收入"虽是兜底性条款，但《企业所得税法实施条例》第22条对其内涵有一定程度的明确，除非有权机关通过专门规定予以明示，"转让数据收入"也无法被纳入"其他收入"中。

因此，要将"转让数据收入"纳入企业所得税应税收入，一种方式是法律明确将"转让数据收入"纳入既有的应税收入类型，另一种方式是新增一项"转让数据收入"，与既有的9类应税收入并列。由于目前货币化交易的数据并不多，可不专门新增收入类型，因而前一种方式更合适。将"转让数据收入"纳入既有的应税收入类型，有三种方式：一种是修改《企业所得税法实施条例》第16条，在第16条的财产类型中增加"数据"；二是修改《企业所得税法实施条例》第22条，在第22条的"其他收入"中增加"转让数据收入"；三是国务院财税部门明确将"数据"界定为"无形资产"，或者制定文件对《企业所得税法实施条例》的第16条或第22条中的"等"进行扩张解释，从而将"转让数据收入"纳入征税对象。

2. 将"转让数据收入"纳入个人所得税应税收入

目前《个人所得税法》第2条规定的9项应税所得，只有第8项"转让财产所得"可能与"转让数据所得"有关。但依据《个人所得税法实施条例》第6条第8款的规定，财产转让所得是指个人转让有价证券、股权、合伙企业中的财产份额、不动产、机器设备、车船以及其他财产取得的所得，数据并不属于以上财产类型。改进的办法是，国务院修改《个人所得税法实施条例》第6条第8款，将数据作为财产的一种类型，或者国务院财税部门出台文件对该款中的"其他财产"进行扩张解释，使数据作为"其他财产"的一种。

（二）对数据征收间接税：征收专门的数据税

目前对数据收益也没有明确规定征收间接税。任由数据游离于间接税的征税对象之外，也是不公平的，且不利于税制的完善。对数据征收直接税，可以通过改进既有所得税条款予以实现；但对数据征收间接税，不能通过改进既有增值税条款予以实现，而应在适当的时机开征专门的数据税。

1. 征收专门数据税的必要性与可行性

第一，数据不属于增值税的征税对象，且数据不适合按照增值税的方式征税，因此，有必要征收专门的数据税，从而对数据征收合理的间接税。

根据目前的增值税规定，数据难以纳入增值税的征税对象。一方面，数据不属于无形资产，《营业税改征增值税试点实施办法》规定，无形资产是不具实物形态，但能带来经济利益的资产，包括技术、商标、著作权、商誉、自然资源使用权和其他权益性无形资产，"其他权益性无形资产"中所列举额的项目也未包括数据。另一方面，销售数据不属于现代服务，虽然现代服务中的信息技术服务包含了对信息进行生产、收集、处理、加工、存储、运输、检索和利用等服务，但是其中涉及的数据信息一般是接受服务方自己提供的，而不是提供服务方销售的。

此外，按照增值税的方式对数据征税，并不妥当。增值税是按照销项税减进项税的方式征收，由于数据的生产与交易具有独特性，[①] 多数情况下数据并没有可明确度量的进项税，按照销项税减进项税的方式征税，将导致数据税负担偏高。

第二，数据交易市场的繁荣和数字技术的发展，有助于准确度量数据的收益，从而使征收专门的数据税具有可行性。

随着数字经济的深入发展，数据将越来越丰富，数据所创造的收益也会越来越多。准确度量这些数据收益，是征收专门的数据税的可行性前提。一方面，随着数据交易市场的发展，数据的收益可以直接体现为货币化的对价，这

---

① 参见朱扬勇、熊赟：《数据的经济活动及其所需要的权利》，https://kns.cnki.net/kcms/detail/10.1321.G2.20201027.0930.002.html，最后访问时间：2020年11月10日。

使准确衡量数据的收益具有可行性。目前全国已经建立了上海数据交易中心、哈尔滨数据交易中心、贵阳大数据交易中心等 20 多个数据交易平台，[①] 数据交易市场必将随着数据供给的增加和需求的扩大而更加繁荣，数据的市场价格将为交易环节的数据的收益提供公允的计量标准。另一方面，随着技术的进步，准确衡量数据所创造的价值具有更高的可行性。保有环节的数据虽然参与了价值创造，但如果技术水平有限，应当归于数据的价值则难以计量，由于数据产生的不是可计量的收益，就不能对其征税；而随着技术的发展，数据参与各种经济活动所创造的价值量也能够被准确度量，从而对保有环节的数据征税也将具有可行性。

2. 数据税的主要课税要素

数据税的征税对象是那些能够产生现实的、可计量的收益的数据。货币化交易环节的数据，以货币为对价，其产生的收益具有现实性和可计量性，当然具有可税性。保有环节的数据，只有参与了价值创造且可以准确衡量其所创造的价值量时，才具有可税性；那些未参与价值创造或者所创造的价值量难以衡量的数据，不属于征税的对象。

数据税的税基是数据所创造的收益。在不同的环节，数据的收益有不同的表现形式：在交易环节，数据的收益表现为数据交易的收入额；在保有环节，数据的收益为数据所创造的价值量。

由于具有可税性的数据的收益一般能够被信息技术较为准确地监测和衡量，在高度发达的信息化条件下，数据的涉税信息能够被快速整理、汇集，因此，数据税的纳税期限应该比其他税收更短。具体而言，对于交易环节的纳税期限，可以规定：数据税应在纳税义务产生后 7 天内缴纳，纳税义务产生的时间为数据交易完成后收到或者应当收到交易款项之时；对于保有环节的纳税期限，可以规定：数据税应在纳税年度终了后半个月内缴纳。

3. 征收数据税需要注意的问题

第一，征收数据税应当考虑国际税收环境。经济全球化背景下，经济要素的流动受税收制度的影响十分明显，因此，需要在充分比较我国与其他国家的整体税负和数据行业税负的基础上，对是否开征以及如何征收数据税作出合理的决策，以免削弱我国国际税收竞争能力。

第二，征收数据税要平衡财政收入与经济发展的关系。数字经济时代对丰富的数据征税，有利于完善税收制度和增加财政收入，但是过早开征数据税或

---

① 参见王培：《全国各大数据交易所/中心/平台/网站盘点罗列》，https://www.sohu.com/a/154678091_353595，最后访问时间：2020 年 10 月 20 日。

者数据税的税负过重，可能抑制数字经济的发展。因此，要在平衡财政收入与经济发展的基础上，实施适当的数据税方案。

第三，征收数据税要注意税负设计的差异性。不同内容的数据对社会产生的影响不同，对于能够产生积极社会影响的数据，应当通过减轻税负予以鼓励和促进，对于可能产生消极社会影响的数据，应当通过加重税负予以抑制。

第四，征收数据税要协调好不同税种之间的关系。数据可以通过多种方式产生不同性质的收益，可能征收所得税、增值税等多个税种。开征专门的数据税后，数据的收益将不再征收增值税，但并不排斥对数据征收其他性质的税收，如数据收益仍然可以作为所得税的应税收入。

四、结语

数据是数字经济时代关键的生产要素，数据自身具有价值，也可以单独或者与其他要素结合而产生其他价值。数据对以传统要素为基础的税收制度形成了挑战，税收制度需要适时做出回应，理论探讨则为制度设计提供参考。本节分析了数据的可税性问题以及三种计算数据税基方案的优劣，并主张通过改进所得税条款对数据征收直接税，适时征收专门的数据税。以上论述，主要是着眼于与既有制度的衔接以及短期内的可行性。从更长远的角度看，数据的形式、利用方式与价值等都存在巨大发展与变化的空间，税收制度难以一劳永逸地回应数据课税问题，需要紧密跟踪实践的发展，及时调整税收制度以适应社会发展的需要。

第五章　区域视角的税制发展

"区域"是理解税法制度的重要视角。区域有大小之分，大至一国，小至一隅。不同区域形态的税制需求不同。从一国而言，税制应当保持统一，以中性税制保障经济要素全国自由流动，促进全国统一大市场建设。从一域而言，各区域有不同的经济发展需求，在其他条件不变的情况下，一个地区减税将形成税收洼地、提升经济要素吸引力；但各区域地位平等，一动全部动，往往造成税收逐底竞争，扰乱税收与经济秩序。因此，通常情况下，应当以全国税制统一为原则，以区域税制特殊为例外。贯穿全国税制统一的原则，应当严格实施税收政策的公平竞争审查，约束各地各部门实施区域性行业性税收优惠，助力全国统一大市场建设。在特殊区域税制例外的情形中，自由贸易试验区因其试验性质与点燃经济新增长点的潜在效率优势而允许其实施不同于全国其他区域的税制，但其税制如何构建以及如何完善，是区域视角税制完善的重要主题。在此背景下，本章从区域角度审视税收制度，以公平竞争审查保障全国范围内税收制度的统一，详细审视自贸区税收制度的构建路径与完善方向。

第一节　全国统一大市场视角下税收政策的优化：公平竞争审查路径[①]

一、全国统一大市场建设、公平竞争审查与税收政策

2016 年国务院印发《关于在市场体系建设中建立公平竞争审查制度的意见》（以下简称《意见》），就市场体系建设中建立公平竞争审查制度作出部署，2017 年多部委联合印发《公平竞争审查制度实施细则（暂行）》（以下简称为《实施细则（暂行）》），就落实公平竞争审查制度作出具体规定，2021 年印发了完善后

---

① 本节主体内容曾发表于《法商研究》。参见邓伟：《税收政策公平竞争审查制度的问题及其对策》，载《法商研究》2021 年第 6 期。（《人大复印资料》2022 年第 3 期全文转载）

的《公平竞争审查制度实施细则》（以下简称为《实施细则》），2023年5月12日市场监管总局公布了《公平竞争审查条例（征求意见稿）》（以下简称《征求意见稿》）①。公平竞争审查制度对于规范政府有关行为，防止出台排除、限制竞争的政策措施，协调各类公共政策，促进市场体系建设，具有重要意义，并在制度构建方面有不少创新之处。②

学界对公平竞争审查制度已有深入研究，但当前税收政策③领域的公平竞争审查问题鲜有专门论及。④ 实际上，研究税收政策的公平竞争审查具有重要的现实意义：一方面，税收既是筹集财政收入的主要方式，也是调控市场运行、实现社会目标的重要手段。在一国的经济政策体系中，财政政策（与货币政策）是"基本政策"，是影响公平竞争的核心问题，因此，完善公平竞争

① 《实施细则（暂行）》第十六条：2. 没有法律法规依据或者未经国务院批准，减免特定经营者应当缴纳的税款。《实施细则》第十五条：2. 没有专门的税收法律、法规和国务院规定依据，给予特定经营者税收优惠政策。《征求意见稿》第十四条【影响生产经营成本】政策制定机关没有法律、行政法规或者国务院规定依据，不得制定含有下列影响生产经营成本内容的政策措施：（一）给予特定经营主体税收优惠政策。由于《征求意见稿》与《实施细则》关于税收审查标准的实施内容变化不大，且《征求意见稿》尚不具有法律效力，后续还可能修改相关条文，因此，本书的论述主要以已生效的《实施细则》规定为依据。

② 参见刘继峰：《论公平竞争审查制度中的问题与解决》，载《价格理论与实践》2016年第11期。

③ 在法律语境中，"政策"概念具有三种不同的内涵。一是法律指导性政策，在法律之上，政策指导和影响法律的制定。二是法律性政策或法理政策，在法律之中，政策作为特定法律的基本原则和方针。三是规范性政策，在法律之下，政策作为行为规范和裁判规范。参见彭中礼：《政策概念的法规范分析——基于1979—2016年现行有效法律文本的解读》，载《安徽大学学报（哲学社会科学版）》2016年第3期。在第一种意义上，税收政策指导税收立法，属于税收领域的"大政方针""顶层设计"，最抽象，层次最高；在第二种意义上，税收政策是法理政策，作为特定税法的基本原则；第三种意义上的税收政策，确定了税收征纳双方权利义务的行为规范。有文献就是在第一种意义上理解税收政策的，如王惠：《论税法与税收、税收制度、税收政策的联系与区别》，载《浙江政法管理干部学院学报》2000年第4期。本节所称税收政策，是在第三种意义上而言的，即所有确定税收权利义务的规范性文件都属于税收政策，具体包括狭义的税收法律以及经由法律授权主体制定的税收法规、规章等规范性文件，省级及以下的国家机关也常发布税收规范性文件，影响当地税务机关执法、纳税人权利义务，因而也视为税收政策。税法学界也多是在第三种意义上理解税收政策和税收优惠政策，如刘剑文、翟继光：《国外促进科技社团发展的税收政策评析与借鉴》，载《税务研究》2007年第9期；熊伟：《法治视野下清理规范税收优惠政策研究》，载《中国法学》2014年第6期；邢会强：《税收优惠政策之法律编纂——清理规范税收优惠政策的法律解读》，载《税务研究》2014年第3期；叶姗：《税收优惠政策制定权的法律保留》，载《税务研究》2014年第4期；曹胜亮：《我国地方税收优惠政策的检视与法律治理——以竞争中立原则为指引》，载《法商研究》2020年第5期。

④ 如曹胜亮：《我国地方税收优惠政策的检视与法律治理——以竞争中立原则为指引》，载《法商研究》2020年第5期。谭崇钧、杨小强：《税收应更加关注竞争中立》，载《财政科学》2020年第1期。沈伟、黄桥立：《竞争中性原则的欧盟实践和经验——兼议对我国国有企业改革的启示》，载《德国研究》2020年第4期。以上文献从竞争中立的角度，提出了针对不同类型的税收优惠政策进行公平竞争审查这一问题，但对于如何审查没有进一步探讨。

审查制度需要着重关注对财税政策的审查。① 另一方面，制定合理的税收政策需要产业政策法、财政法和竞争法的协同治理，② 在市场经济不断深化的背景下，公平竞争审查制度可以发挥更大的作用，因而合理的税收政策离不开公平竞争审查。基于此，本节聚焦于税收政策的公平竞争审查制度，分析当前制度存在的问题，对税收政策与公平竞争之间的复杂关系进行类型化阐释，探讨不同类型关系中对税收政策进行公平竞争审查的可能性和具体标准，以促进税收政策公平竞争审查制度的完善。

二、税收政策的公平竞争审查制度存在的问题

《意见》及《实施细则》初步建立了税收政策的公平竞争审查制度，然而当前税收政策的公平竞争审查制度存在多方面的问题。

第一，审查范围界定不恰当，导致审查税收政策的目标基本落空。当前制度过于迁就法律法规，一方面，整体上公平竞争审查制度仅仅是针对国务院以下（含国务院）的行政机关所制定的政策措施，地方立法机关所制定的文件不属于审查的对象③；另一方面，审查的对象仅仅是那些违法给予特定经营者优惠的税收政策④，而违法的标准乃是"没有专门的法律法规依据或者未经国务院批准，给予特定经营者税收优惠政策"⑤。如此一来，不仅法律法规制定机关制定的税收优惠政策游离于公平竞争审查范围之外；国务院部门所制定的税收政策，由于一般冠以"经国务院批准"，⑥ 几乎都符合目前的公平竞争审查要求；只要是省级立法机关或者设区的市的立法机关有相关规定，同级或者下级行政机关就可以"合法地"制定税收政策。这导致绝大部分税收政策脱离了公平竞争审查的实质约束。

第二，审查标准设置不恰当、不清晰，容易导致部分合理的税收政策违反公平竞争要求，部分不合理的税收政策却符合公平竞争要求。税收政策的实质审查标准由一般的违法性审查标准和作为例外的豁免标准两部分组成。违法性

---

① 参见张守文：《公平竞争审查制度的经济法解析》，载《政治与法律》2017 年第 11 期。

② 参见姚海放：《论政府补贴法治：产业政策法、财政法和竞争法的协同治理》，载《政治与法律》2017 年第 12 期。

③ 参见《关于在市场体系建设中建立公平竞争审查制度的意见》审查对象部分。

④ 参见《关于在市场体系建设中建立公平竞争审查制度的意见》审查标准中的影响生产经营成本标准。

⑤ 参见《公平竞争审查制度实施细则》第 15 条第 1 款第 2 项。

⑥ 在税收法律保留和禁止转授权的背景下，冠以"经国务院批准"为税收政策制定提供了一定的合法性基础，参见侯卓：《"经国务院批准"的税法意涵》，载《法学评论》2020 年第 5 期。但是这并不能保障税收政策符合公平竞争的要求。

审查标准针对"给予特定经营者税收优惠政策",问题在于税收优惠的表述过于模糊,能够给纳税人带来利益的不仅仅是税款减免,实际上各种课税要素都可能减轻税收负担:纳税时间的变化可以带来间接税收收益,税基、税率的调整可以直接影响税收负担,但是这些是否属于税收优惠的范围,并不清晰;此外,"特定经营者"尤其模糊,多少经营者才算"特定"?是针对一个行业的"特定",还是针对一个地区的"特定",都需要进一步明确。《意见》与《实施细则》对豁免标准设置了四项条件:公共利益条件、必要性条件、限度条件、期限条件。① 必要性条件过于严苛,限制竞争的税收政策若要得到豁免,需要"对实现政策目的不可或缺,即为实现相关目标必须实施此项政策措施"。但是很多情况下一个政策对于某一目标的实现并不是不可或缺,政策的选择往往是基于相对效率的考量;只要税收政策比其他政策对于实现某一目标具有较大程度的优势,就应当得到豁免。有学者甚至认为,只要是"并非完全不合适"即可正当化②;如果要求达到"不可或缺"的程度,严格执行的话,那些给予特定纳税人税收优惠的政策几乎没有豁免的可能。

第三,公平竞争审查制度采取"普遍审查 + 例外规定"的模式,忽略了税收政策与市场竞争的复杂关系。表面上看,审查仅仅针对影响市场主体经济活动的政策,即能够对市场准入和退出、商品和要素自由流动、生产经营成本和生产经营行为的产生影响的政策。但是,市场主体的范围非常广泛,过去遍布于科教文卫等社会各领域各层面的事业单位,为了降低成本、提高效率,内部推行企业化管理,被置于受付费顾客和激烈竞争者支配的处境,③ 外部形式上,不少单位也以公司的面目运营。在经济社会化的背景中,几乎任何一个社会主体都可以成为市场主体,从而任何税收政策只要影响了特定主体都属于审查的范围,这就是"普遍审查"。在此基础上,对于限制竞争的税收政策,再分析其是否符合豁免标准的四项条件,这属于"例外规定"。"普遍审查 + 例外规定"的模式将税收政策与市场竞争的关系简单化了,认为竞争目标都绝对地优先于其他政策目标,且所有的情况下都需要先进行一般性审查再进行例外审查。这种做法忽略了税收政策与市场竞争各自的机制功能与适用界限,不仅可能妨碍税收政策正常作用的发挥,在一定程度上也会影响社会资源的合理配置和社会各领域的协调发展,同

---

① 参见《关于在市场体系建设中建立公平竞争审查制度的意见》"例外规定"部分,《公平竞争审查制度实施细则》第 17 条。

② 参见陈清秀:《税捐、规费、受益费与特别公课》,载《律师通讯》1993 年第 12 期,第 45 - 54 页。

③ 参见窦胜功、王君、刘莹莹:《关于事业单位企业化管理的思考》,载《东北大学学报（社会科学版）》2004 年第 6 期,第 424 - 426 页。

时泛化的公平竞争审查也浪费执法资源。

以上三个问题相互关联。审查范围的合理界定是审查模式与审查标准适用的基础；审查标准与审查模式也紧密联系，审查模式着眼于税收政策与公平竞争的整体关系构造，两者之间关系的具体类型决定了审查标准的微观设置。只有正确地认识了税收政策与公平竞争之间的关系，才能构建合理的审查模式，设置恰当的审查标准。

三、税收政策与公平竞争关系的类型化分析

公平竞争审查的目的是约束各种规范性文件不得破坏市场主体之间的公平竞争，但是，只有市场竞争可以适用且需要市场竞争的领域，才有维护公平竞争的必要，继而才需要对各种规范性文件进行公平竞争审查。因此，要对税收政策进行公平竞争审查，必须科学地认识税收政策与公平竞争之间的关系：一方面，需要从适用的领域分析两者在哪些领域共存、哪些领域不可以共存；另一方面，在共存领域分析税收与竞争的相互影响。循此思路，下文先分别分析公平竞争、税收政策在经济与非经济领域的功能作用与适用界限，在明确非经济领域和部分经济领域中两者不可共存的情况下，再深入辨析两者在可共存的部分经济领域的相互影响，基于此将税收政策与公平竞争的关系予以类型化，从而为后文构建类型化的审查标准奠定基础。

（一）经济与非经济领域公平竞争的功能辨析

现代市场竞争就是以自由竞争为基础的公平竞争。一般情况下，公平竞争在经济领域能够有效发挥作用，然而在部分经济领域也具有局限性；在非经济领域公平竞争往往难以发挥作用，需秉持适用除外的原则。

1. 经济领域公平竞争的功能

市场是一个配置资源的机制，市场也是一个过程，由克服无知的一系列发现造就的变化构成。[①] 市场经济的本质特征，就是市场机制在社会资源的配置过程中起基础性调节作用。市场机制包括价格机制、竞争机制和供求机制，通过市场价格的波动、市场主体对利益的竞争、市场供求关系的变化来调节经济运行；竞争作为利益再分配的手段，是市场机制的动力要素。[②] 竞争是市场经

---

① 参见［美］伊斯雷尔·科兹纳：《市场过程的含义》，冯兴元等译，中国社会科学出版社 2012 年版，第 41－56 页。

② 参见张银杰：《市场经济理论与市场经济体制改革新论》，上海财经大学出版社 2006 年版，第 1、6、11 页。

济的基本原则，是市场经济里最重要的因素。它有助于经济福利的提升，[①] 是获致繁荣和保证繁荣最有效的手段[②]。没有竞争的市场，甚至比没有市场更危险和可怕。[③] 因此，竞争是市场机制的重要组成部分，是市场经济的主要表征。

主流经济学理论中市场竞争是配置资源的最佳方式，但是何种意义上的竞争才能达到这种效果，理论主张也经历了一个自由竞争到公平竞争的发展过程。古典自由竞争理论把竞争理解为个人对国家的自由，主张消除国家对竞争的限制；新自由主义的竞争理论不仅要破除国家的限制，还要防止和消灭市场权力导致的私人经济主体之间的竞争限制，从而使市场参与者不仅在国家面前，而且在其他私人经济主体面前，都是自由的。[④] 现代竞争理论强调竞争的有效性，不再以完全自由竞争作为理想模型，而是将竞争视为动态过程，从现实竞争效果看待市场结构和市场行为。在理论发展过程中，国家权力从被驱逐于市场，到深度介入市场，自由市场逐渐发育成熟，国家与市场也密切耦合，现代的经济都是两种机制密切联系的混合经济。[⑤] 在保持相当程度的市场自由竞争的同时，需要规范国家介入市场的方式与程度，此时，公平竞争的要求应运而生。公平竞争权是市场主体重要的经济法权利。[⑥] 一方面是市场主体之间交易与竞争应当公平，另一方面是国家对待市场主体应该公平。市场主体之间由于市场势力的存在所造成的不公平交易与竞争，可以通过反垄断法、反不正当竞争予以规制。而公平竞争审查，则是要求政府在实施有关政策的同时要不能扭曲市场主体之间的竞争。

因此，一定程度的自由竞争与公平竞争等都是实现市场有效竞争的基本条件，只是在不同的历史阶段，所要解决的主要矛盾不同，政策侧重点也不相同。当代自由竞争不断完善，国家介入市场更加深入的背景下，以公平竞争规范国家各种政策，具有重要的现实意义。现在的市场竞争就是要求以自由竞争为基础的公平竞争。

竞争对于经济的重要作用是不言而喻的，竞争在市场经济中发挥着促进资源优化配置、促进企业创新、促进初次分配公平等多种作用。在创新驱动发展

---

① 参见〔德〕弗里德曼·诺伊曼：《竞争政策——历史、理论与实践》，谷爱俊译，北京大学出版社2003年版，第30页。

② 参见〔德〕艾哈德：《来自竞争的繁荣》，祝世骧等译，商务印书馆1983年版，第11页。

③ 参见吴敬琏、刘瑞吉：《论竞争性市场体制》，广东经济出版社1998年版，第81、83页。

④ 参见陈秀山：《现代竞争理论与竞争政策》，商务印书馆1997年版，第47页。

⑤ 参见〔美〕萨缪尔森、诺德豪斯：《宏观经济学（第16版）》，萧琛等译，华夏出版社1999年版，第5页。

⑥ 《经济法学》编写组：《经济法学》，高等教育出版社2016年版，第86页。

的现代社会，竞争在促进创新方面的重要作用尤其值得重视。由于生存和利润的竞争，由于内在动力和外在压力的驱使，市场主体总有强烈创新欲望；一些企业通过把一种从来没有过的生产要素和生产条件的新组合引入到现有市场体系，① 从而成为"先锋企业"，可以暂时获取"优先利润"。其他企业也会作出"追踪反应"，从而导致利润平均化，此时又孕育着新一轮的创新。② 这是一个创造性毁灭的过程，通过创新的竞争，所打击的不是现存企业的利润和产量，而是打击他们的基础，危及他们的生命。③ 因此，竞争的一个特别重要的结果是，企业会变得乐于创新。

2. 经济领域公平竞争的局限性

竞争无疑是市场经济的基础，但是市场经济中也有不少问题并不能靠竞争机制解决。竞争机制得以运行的动力机制是个体逐利理性，在缺乏利润实现机制的地方，竞争机制就不能运行。例如，由于公共产品具有非竞争性和非排他性，竞争机制就无法激励这些产品的供给。市场竞争贯彻的是按效率分配的原则，但是高效率个体与低效率个体所处的两大阶层如果收入差距过大，又会严重危及市场机制的可持续运行。此外，个体理性并不等于整体理性，微观竞争存在的盲目性、滞后性等，使得宏观经济出现周期性的危机，这在历史过程和经济学理论中已经得到充分验证和说明。总之，"即使是纯粹的竞争性市场机制支配着整个市场领域，使之能够取得有效的资源配置、生产效率和技术革新等卓越成就，判断整体经济的市场成就方面，仍然存在问题"④。所以，在适合竞争的经济领域，有些问题竞争机制不能解决。

此外，经济领域中，竞争机制并不能普遍有效和适用。必须看到，竞争不是万能的，它只是经济政策的一个组成部分。⑤ 一方面，在竞争之外，垄断也可能实现资源的有效配置，从而成为效率垄断，其典型形式有：企业由于创新和技术进步形成的垄断不是真正的垄断，而是"技术意义上的垄断"，先锋企业的创新所带来的利润，是保证动态竞争过程的前提，也是动态竞争的结

---

① 参见［美］熊彼特：《经济发展理论》，郭武军、吕阳译，华夏出版社2015年版，第56-57页。

② 参见［美］克拉克：《竞争与经济政策目标——竞争作为动态过程》，转引自陈秀山：《现代竞争理论与竞争政策》，商务印书馆1997年版，第57-59页。

③ 参见［美］熊彼特：《资本主义、社会主义和民主》，绛枫译，商务印书馆1979年版，第104-106页。

④ 参见［日］植草益：《微观规制经济学》，朱绍文译、胡欣欣等译校，中国发展出版社1992年版，第6页。

⑤ 参见［德］弗里德曼·诺伊曼：《竞争政策——历史、理论与实践》，谷爱俊译，北京大学出版社2003年版，第240页。

果；① 自然垄断也可能是效率垄断，在某些经济领域单个企业大规模生产经营比多个企业同时生产经营更有效率，自然垄断辅之以相应的规制，垄断也有可能比市场竞争更有效率。另一方面，在市场之外，政府计划也是配置经济资源的方式。正如科斯所提出的，市场的运行是有成本的……企业实际上是一个小的统制经济，竞争性体制的优势并不是它消灭了此种统制经济，而是保证了它们只能在比其他类似的统制经济或者市场运行的结果更有效率时，才能生存下去。② 同样，政府与市场都是配置资源的机制，由于交易成本的存在以及政府与市场各自的禀赋差异，某些经济领域更适合政府发挥资源配置作用，某些领域更适合市场配置资源。随着市场化程度加深，市场发挥作用的领域更广泛、效用更显著，但是并不能完全排除政府的配置作用。

3. 非经济领域的公平竞争除外适用

市场公平竞争在经济体系的大部分领域能够有效适用，但在经济之外的领域往往缺乏完全有效适用的基础。第一，人并不只是经济动物，人具有多面向、多层次的价值需求。从马斯洛的需求层次理论来看，人的需求从低到高为生理需求、安全需求、归属和爱的需求、自尊需求和自我实现需求。③ 经济利益对于满足衣食住行等生理需求至关重要，但是越往上，物质所能带来的满足程度越小。市场竞争以物质利益为驱动力量，从物质利益出发，归宿于物质利益，并不能满足人类所有的需求，更不能实现人的全面发展。而且更高层次的需求满足使得更低层次需求变得较为不重要、偏离生活中心，也容易被忽略。④ 第二，人类社会的每一个领域都有其自身的运行规律，用一个领域的运行机制渗透到另一个领域，可能由于"鲇鱼效应"而在短期内一定程度上促进该领域的发展，但是完全替代另一领域的机制则很可能违背该领域的发展规律。过去30年所展示的最致命的变化并不是贪婪的疯涨，而是市场与市场价值观侵入了它们本不属于的那些生活领域。⑤ "市场经济思维侵蚀到社会各个领域，甚至党内关系、家庭关系、师生关系、医患关系都被市场经济原则所支

---

① 参见陈秀山：《现代竞争理论与竞争政策》，商务印书馆1997年版，第58-59页。

② 参见［美］罗纳德·科斯：《企业、市场与法律》，上海三联书店1990年版，中译本序第2页，第7页。

③ 参见［美］亚伯拉罕·马斯洛：《动机与人格》，许金生等译，中国人民大学出版社2012年版，第19-30页。

④ 参见［美］亚伯拉罕·马斯洛：《动机与人格》，许金生等译，中国人民大学出版社2012年版，第190-191页。

⑤ 参见［美］迈克尔·桑德尔：《金钱不能买什么——市场的道德界限》，邓正来译，中信出版社2015年版，第XIV页。

配，其效果是非常负面的。"① 应当尊重每一个领域独特的价值追求和相应的实现机制。

因此，物质的发展并不是价值的全部，人类所追求的自由而全面的发展，离不开身心的和谐，离不开物质与精神的平衡，这就需要经济、政治、文化、环境等制度的协调进步。我们不能从一个"市场经济"滑入一个"市场社会"，市场具有道德局限，导致无法克服的不平等使某些具有道德性质的物品或行为产生贬损效应。② 经济领域的机制不能轻易替代其他领域的机制，作为经济领域核心机制的市场竞争，在非经济领域应该恪守适用除外的原则。

（二）经济领域与非经济领域税收政策的适用阐释

税收政策基于其自身特质，在经济领域与非经济领域都有适用的空间，只是在经济领域，税收政策的适用存在税收调控与税收中性的争议，而在非经济领域，实施各种税收政策并无明显的分歧。

1. 经济领域的税收中性与税收调控

税收中性的理解大致可以分为两类。一类观点认为，税收中性原则是指税收在税款之外不能给纳税人带来额外负担，税收不打乱市场经济调节，不扭曲经济资源配置；要求税收制度不干扰正常的经济决策过程，既不鼓励也不抑制特定的经济活动——不影响纳税人的经营、购买、投资和融资的决策，不影响他们在消费与储蓄、工作与闲逸等之间的抉择。税收以完成收入为主要目的，不使纳税人有额外负担或遭受经济损失。③ 此类观点从静态、非生产性的视角看待税收，在理论上不够整全，故有人指出它们夸大市场配置资源的有效性，忽视其缺陷，重视税收中性的作用，忽视税收中性的局限。④

另一类观点认为，从狭义或原来意义上说，税收中性指的是税制设置应当不干预市场经济运行，应当避免对市场经济行为的扭曲，从而使市场充分发挥资源配置作用。而广义的税收中性原则可以从多个层次上理解：其一，税收中性原则与所谓"市场配置效率原则"具有等同性，应"尽可能地减少"税收制度对市场经济的扭曲，而不是"完全避免扭曲"；其二，税收中性原则还可

---

① 参见常绍舜：《市场经济思维边界不能扩大》，载《社会科学报》2018 年 9 月 27 日，第 3 版。

② 参见［美］迈克尔·桑德尔：《金钱不能买什么——市场的道德界限》，邓正来译，中信出版社 2015 年版，第 120－121 页。

③ 参见林培富：《税收中性原则与税收杠杆作用的比较与分析》，载《财经研究》1992 年第 7 期。相关观点对税收中性的解释及其变化，参见国际财政文献局：《国际税收辞汇》，国家税务局税收科学研究所译，中国财政经济出版社 1992 年版；国际财政文献局：《国际税收辞汇》，IBFD 国际税收辞汇翻译组译，中国税务出版社 2016 年版。

④ 参见樊丽明：《税收中性思想与发达国家税收调控实践的比较》，载《财政研究》1995 年第 9 期。

以从税制效率原则与公平原则的统一与权衡上加以理解；其三，税收中性原则还可以从良好税制其他基本原则的统一与权衡上加以把握。[①]

税收调控是国家为实现一定的社会经济目标，发挥税收经济职能，运用法律形式，调节经济主体的物质利益，影响其经济行为的一种调节、控制社会经济运行的活动。[②] 宏观经济的调控政策始于凯恩斯革命，并随着经济不断地回到高就业而修正。[③] 凯恩斯的宏观调控以有效需求理论为基础，强调政府运用税收和支出对经济波动进行逆向调节。凯恩斯之后，各个国家依据自身经济发展状况适时调整经济政策，但是从未放弃宏观调控。将税收作为调控的重要手段，一是因为税收的内在本质具有调控价值。税收是一种物质经济再分配，关涉各个经济主体的自我积累、自我发展的能力和动力，税制结构对产业的结构、产品的结构、地区的结构有着重要影响，因此，税收可以用于调控。二是因为经济需要调控。由于市场调节的范围是有限的，市场调节的效应也是有限的，为克服市场失灵等政府必须调控，因此，社会经济也需要税收手段予以调控。[④] 三是因为税收具有调控优势。相对于其他调控手段，税收调控机能更为突出，"在调控的范围上具有广泛性，调控力度上具有明显的刚性和强制性，在调控的对象上既有普遍性又有区别对待政策下的差别性，在调控方式上具有灵活性和配合性"[⑤]，因此，税收是宏观调控常用的手段。当然，也需要注意到税收调控的局限性，税收调控受到政府收入规模的限制，调控对象只能针对纳税人而对于非纳税人则无能为力等，因此，我们要抛却税收无用论和税收万能论的狭隘立场，做到税收调控有所为有所不为。[⑥]

税收中性与税收调控存在着对立与统一关系。两者的前提假设是不同的。税收中性假定市场自身可以使资源的使用处于有效率的状况，税收调控是基于市场存在失灵的现实。[⑦] 在此基础上，税收中性要求税收不干预市场正常的资源配置，税收调控要求通过经济杠杆调节经济运行。两者统一于经济效率原则和市场运行情况的"度"：[⑧] 一方面，税收中性强调减少税收干预对价格的扭

① 参见邓子基、邓力平：《税收中性、税收调控与产业政策》，载《财政研究》1995 年第 9 期。

② 参见卢仁法等：《中国税收调控》，中国税务出版社 1996 年版，第 2 页。

③ 参见《诺贝尔经济学奖得主专访录》，中国计划出版社 1994 年版，第 83 页。

④ 参见王伟：《中国税收宏观调控的数理分析与实证研究》，中国财政经济出版社 2003 年版，第 41－42 页。

⑤ 参见刘广洋：《税收宏观调控理论与政策》，中国财政经济出版社 2002 年版，第 22 页。

⑥ 参见岳树民：《促进政府战略目标实现的税收手段分析》，载中国税务学会学术研究委员会编：《税收政策与宏观经济调控》，中国税务出版社 2003 年版，第 75－77 页。

⑦ 参见李友元：《税收经济学》，光明日报出版社 2003 年版，第 79 页。

⑧ 参见樊丽明：《税收调控研究》，经济科学出版社 2000 年版，第 55 页。

曲，进而降低效率损失，而税收调控针对的是市场失灵和不完善造成的经济波动、产业失衡、分配悬殊所导致的资源配置效率降低问题。两者都追求经济效率。另一方面，税收中性认为市场可以有效配置资源，无须税收干预；税收调控则认为市场机制具有局限性，税收应当发挥调控作用。两者都是从市场的运行状况出发得出不同的结论。

总之，税收中性与税收调控都尊重市场配置资源的优先作用。在市场自身能够有效发挥作用时，应该保持税收中性；为了使市场更好地发挥作用或者补充市场作用不及的领域，则应该进行税收调控。

2. 非经济领域的税收政策

社会每个领域有其独特的价值追求及与其相适应的实现机制。非经济领域可能不适用市场竞争机制，但其生存和发展需要一定的物质资源支持。由于社会的每一个领域都会涉及资源的使用，都与经济因素存在一定联系，因此，有些理论家认为只要是关于资源配置效率的都可以用经济学分析，经济学理论可以应用到与市场力量没有直接联系的领域，无论是否具有商业性和商业价值，"经济帝国主义"可见一斑。① 在非经济领域，经济分析作为一种解释的路径没有问题，但作为实践的机制却万万不可；绝不能忘记，虽然经济作为基础，但每个领域都有其独立性，不能用经济机制干扰其他领域的正常发展。尤其是在目前的中国，社会不公的问题带来了巨大风险，人们试图通过在住房、医疗、教育、社会保障等方面的公共行动对不平等进行干预，满足公共利益、实现社会公正，② 税收是其中不可或缺的手段。

税收是国家对纳税人进行的强制、无偿的财富征收。按照"可税性"理论，只要有收益且收入不具有财政性，就可以作为课税的对象，③ 无论收益来自经济领域还是非经济领域。非经济领域的企业、个人也就不免受到税收的影响。税收对非经济领域的影响是间接的，税负的多寡决定从业人员的抉择与相关资源的流向。虽然人力资源与物质资源的聚集并不意味着非经济领域的发展繁荣，但是可以为该领域的进步提供必要的基础。

例如文化教育领域，物质资源的积累可以为文教事业营造宽松自由的发展氛围，进而有助于提高人们的文化品位和教育素养，但是不能将经济诱导因素作为文教发展的决定性机制。各种纪念馆、展览馆、图书馆和文物保护单位等不能以市场竞争的方式存在，不能以"价低者胜"的方式将有价值的文化单

---

① 参见［美］贝克尔：《人类行为的经济分析》，上海人民出版社1995年版，第1—21页。

② 参见郑永流：《中国公法中公共利益条款的文本描述和解释》，载郑永流、朱庆育等：《中国法律中的公共利益》，北京大学出版社2014年版，第19页。

③ 参见张守文：《论税法上的"可税性"》，载《法学家》2000年第5期。

位淘汰，也不能以"价高者得"的方式将一些低收入群体排除在文化场域之外。各种教育机构，尤其是义务教育学校，应该秉持义务教育的宗旨，无论贫富，受教育的权利都不能因为经济原因而被剥夺。因此，除了财政补贴之外，国家在这些领域制定了大量的税收优惠政策，如对于纪念馆、图书馆等场所门票收入免征营业税（现为增值税）[1]，对于国家拨付事业经费主办和企业主办的各类学校等自用的房产土地，免征城镇土地使用税[2]。

非经济领域的税收政策，主要体现在照顾性税收优惠和部分鼓励性税收优惠[3]。照顾性税收政策，是给予弱势群体的特殊待遇（如对残疾人的税收优惠），常常出于道义扶持、价值判断，很难进行所谓的经济成本收益分析，[4]它是针对市场竞争能力不足或者在市场竞争中失败的群体，基于保障人的基本生存与尊严，予以特殊的扶助，是国家之手配置资源的典型体现。鼓励性税收优惠是对于具有特殊文化、道德价值的活动予以支持促进；如果按照市场经济机制运行，此类活动要么因价格过高而将普通人群拒之门外，要么因为价格过低而无法存续，考虑到此类活动的道德文化价值对于人类全面发展的不可或缺性，国家必须以非经济思维鼓励其发展。

（三）税收政策与竞争的三维关系展开

基于以上分析可知，在经济领域，多数情况下市场竞争是最有效的资源配置的方式。在竞争机制有效运行的情况下，税收政策应该保持中性，不能扭曲市场竞争，无须税收发挥调控作用，即使为了汲取财政收入，也应该尽可能避免对市场主体的决策产生影响。此时，税收政策内含于市场竞争之中，应当对竞争不产生影响或者影响极小。

在经济运行过程中市场竞争难以有效发挥作用的情况下，可能需要税收发挥调控作用。宏观经济波动、外部性等问题是经济系统中不可避免的问题，市场竞争无能为力，税收政策通过总量调控、结构性调控等方式，弥补市场竞争的不足，促进经济平稳有效运行。当然，这不是以政府的手段取代市场竞争，根本上还是为了使市场竞争更好地发挥作用。此时，税收政策处于市场之上，

---

[1] 参见《营业税暂行条例实施细则》（财政部 国家税务总局第 50 号令）第 22 条，《财政部、国家税务总局关于全面推开营业税改征增值税试点的通知》（财税〔2016〕36 号）（附件 3：营业税改征增值税试点过渡政策的规定）第 1 条。

[2] 《财政部 国家税务总局关于教育税收政策的通知》（财税〔2004〕39 号）第 2 条。

[3] 参见刘海峰、陈占锋：《中国税收优惠制度改革研究》，西南交通大学出版社 2007 年版，第 30－32 页。

[4] 参见叶金育、顾德瑞：《税收优惠的规范审查与实施评估——以比例原则为分析工具》，载《现代法学》2013 年第 6 期。

作为竞争的外在因素对市场内部要素予以诱导指引，税收政策配合市场竞争配置资源。

在经济领域也存在市场竞争不能适用的情况。如自然垄断的水、电、气等行业，由于规模效益，不适用多个企业竞争；由于初始投资大，为了吸引企业进入，国家可能制定税收优惠政策。同时，为了企业不至于过分追求经济利益而不当定价，国家也可能通过税收政策调节其价格行为。在非经济领域，税收政策大量存在。市场竞争虽然能够影响物质资源的流通，但是不能因竞争机制而扰乱非经济领域本身发展的轨迹，在这些领域，市场竞争应该谨慎适用，如果不是完全排除的话。在这两种情况下，市场竞争几乎没有适用的余地，税收政策却大有作为。此时，税收政策在市场竞争之外，税收政策与市场竞争不存在实质的紧密联系。

综上，税收政策与市场竞争的关系可以概括为三类：税收政策在市场竞争之中、税收政策在市场竞争之上和税收政策在市场竞争之外，如表5-1所示。

表5-1　税收政策与市场竞争

领域		市场状况	竞争状况	税收政策	两者关系
经济领域	市场调节领域	市场有效	有效竞争	税收中性	税收政策在市场竞争之中
		市场失灵	竞争受限	税收调控	税收政策在市场竞争之上
	非市场调节领域	市场不能	不适用竞争	税收调控	税收政策在市场竞争之外
非经济领域	非市场调节领域	市场不能	不适用竞争	税收调控	

四、税收政策公平竞争审查实质标准的类型化构建

由于税收功能的多样性，税收政策公平竞争审查也具有复杂性。税收的多种功能已经得到广泛认同。[①] 税收政策的多重目的与维护公平竞争之间存在复

----

① 参见 R. S. Avi-yonah, "The Three Goals of Taxation", 60 *Tax Law Review* 1 (2006), pp. 1-28。税收目标的实现需要税法功能的发挥，因此，有学者将税法的功能定位为规范理财行为、促进社会公平、保障经济发展三大功能。参见刘剑文：《财税法功能的定位及其当代变迁》，载《中国法学》2015年第4期。

杂的关系。一方面，税收是组织财政收入的必不可少的手段，任何其他目的都不可能全面禁止税收的课征；另一方面，税收还具有公共经济和社会管理的功能，作为管理调控工具，它需要兼顾维护公平竞争的目标。税收的收入目的优先于公平竞争目标，但是税收的管理目的与维护公平竞争目标属于同一序列，甚至后者更优先，两种情况应该适用不同的审查方式。以收入为目标的税收，不应当因为公平竞争而不征税，但是在何种情况下受到公平竞争何种程度上的限制，需要细致探讨；以调控为目的的税收，在哪些情况下与公平竞争目标处于同一序列且如何协调两者关系，哪些情况下公平竞争目标更优先且应当如何规制等等，都是对税收政策进行公平竞争审查的难题。此外，两种目的的税收辨别也并不容易：以收入为目的的税收常常以管理的名义出现；为了实现管理目的，税收也常常以收入的方式出现；曾经作为管理工具的税收，也可能变异为实现收入的手段。

税收本身已是如此复杂，探讨其与公平竞争的关系也不会容易。作为一项阶段性的研究，也为了使分析简单化，本节假定，公平竞争之内的税收政策仅仅以收入为目的，公平竞争之上和之外的税收仅仅以调控为目的。在此基础上，构建三种情况下税收政策的公平竞争审查标准。

（一）公平竞争之中的税收政策审查标准

税收政策在公平竞争之中，意味着市场竞争可以有效发挥资源配置的作用，税收政策应该保持中性，不能扭曲竞争机制。此种情况对于税收政策的公平竞争审查，可以从税收政策本身与公平竞争要求两方面进行。

1. 指导原理：税收公平原则

由于市场竞争有效，税收政策无须发挥调控功能，税收应该完全以组织财政收入为目的。然而，税收本质上属于经济杠杆，影响着纳税人与国家之间财富的分配，征税必然会影响市场主体的经营成本。公平竞争是以最大化自由公平竞争环境来优化资源配置，而税收政策等作为政府规制经济的重要手段，本身带有弥补市场缺陷和干扰破坏市场竞争的双重属性。[①] 税收不可避免，公平竞争审查并不是要杜绝税收对经营者的影响，而是要尽可能实现所施加影响的公平性，毕竟促进经济公平也是该制度的工具性价值。[②] 要使税收不影响公平竞争，税负应当公平地课征于市场主体，即应当遵循税收公平原则。

---

① 参见孙晋：《新时代确立竞争政策基础性地位的现实意义及其法律实现——兼议〈反垄断法〉的修改》，载《政法论坛》2019 年第 2 期。

② 参见袁日新：《论公平竞争审查制度的逻辑意蕴》，载《政法论丛》2018 年第 5 期。

税收公平原则要求税收必须普遍课征和平等课征。[1] 如何衡量与实现平等课征，学界曾提出各种不同的理论。利益原则认为，应当根据纳税人从政府提供的公共物品中受益多少来判定其应纳税多少，受益多者多纳税，受益少者少纳税。能力原则主张根据纳税人的纳税能力来判定其应纳税多少，"拥有相同能力的人必须缴纳相同的税收，而具有较高能力的人们，则必须缴纳更多一些"。[2] 一般而言，利益原则只适用于少量受益税，大部分收入目的的税是遵循量能课税。

为了不扭曲公平竞争，市场主体承受的税收应当保持公平，以量能课税原则为指引，相同能力同等课税，不同能力差异课税。这是市场竞争有效时审查税收政策公平性的基本原则。不过，该原则的理论意义大于实践意义，市场主体的纳税能力也有不同的测量因素，即使测量因素统一，也难以精确测度每一主体的纳税能力，因此，审查税收政策的公平性，还需要设计可操作的制度。

2. 实践标准："选择性"审查

按照市场主体的实际纳税能力征税，是税收公平原则的理想状态。实践中的税收制度往往是一种"次优"方案，常常为了征收效率、生产效率而放弃对实际纳税能力的严守。一方面，假定市场主体普遍具有纳税能力，因而普遍被征税。这也符合市场的一般认识，每个经营者在生产经营的过程中都会形成相应的收益，具有征税的基础；每个消费者所具有的消费能力也一定程度上彰显了纳税能力。另一方面，减少累进税级距。所得税等税种原则性地将纳税能力划分成为数不多的几个层次，施行累进税率差别征税。美国企业所得税改革降低税率级次，我国个税改革也是减少累进档次，增值税改革合并税率档次趋势也很明显。前一种做法无法顾及实际的纳税能力差异，后一种做法甚至有意放弃纳税能力准则。总之，实践中的税收遵循平等负担、普遍征收的准则，且越来越趋向于比例税率而非累进税率的平等，税负普遍化、扁平化成为基本趋势，这也是20世纪80年代以来，全球进行的"宽税基、低税率"税制改革的大方向。

对税收的公平竞争审查应该以此为基础。在市场竞争有效的情况下，税收应该普遍平等征收；若违反税收普遍化、扁平化的一般标准，给予特定市场主体减轻税负或者加重税负，将扭曲市场主体之间的竞争，违反公平竞争原则。此时，税收违反公平竞争的构成要件有三：市场竞争基本有效、选择性征税、

---

[1] 参见张守文：《财税法学》，中国人民大学出版社2010年版，第160页。

[2] 参见［美］理查德·A. 马斯格雷夫、佩吉·B. 马斯格雷夫：《美国财政理论与实践》，邓子基、邓力平译校，中国财政经济出版社1987年版，第195－196页。

优惠或重课。①

选择性征税是违反公平竞争的中心要件。② 选择性意指税收政策并非适用于所有纳税人，仅针对某些地区、某些行业适用。③ 在原本公平有效的竞争秩序下，对特定主体区别性征税，将使该主体获得不当的市场优势或者面临不合理的竞争劣势，从而破坏公平竞争秩序。无论是依据企业的地域标准、规模标准还是技术标准等，选择性地征税都会扭曲公平竞争。在这个问题上，欧盟通过国家援助制度对税收条款予以规制。④ 优势和可选择性是考察税收条款是否构成国家援助的两个标准，对于特定企业或行业授予的优势是否符合选择性标准，关键看那些没有被授予优势的企业是否具有事实和法律方面的可比性。是否具有事实和法律可比性，不能单独考虑某一因素，需要整体比较，需要看本质的特征。法律并不是普遍要求平等对待，而是禁止可能导致扭曲竞争的不平等对待。所有的公司，只要处于相当的竞争关系中，都可视为具有可比性；但是否具有法规所要求的可比性，取决于竞争的激烈程度。可比性并不是要求禁止所有区别对待，没有前述竞争关系的企业可以区别对待。⑤

选择性征税意味着，就实现该税收的目标而言，授予税收优惠或者重课的企业与其他企业在事实和法律方面具有可比性，但政策只对前者优惠或重课。当前我国审查标准中所规定的"特定经营者"，即应该以此作为细化标准。

（二）公平竞争之上的税收政策审查标准

1. 以竞争失灵为前提

税收政策在公平竞争之上，即税收作为外在调节力量，从恢复市场有效性的目的出发，对竞争要素进行调控。税收政策要保持竞争中立，需要从特定领域实现市场化为基础，且该领域市场竞争必须有效化。⑥ 与市场有效时税收保

---

① 部分案件中，欧盟对国家援助的审查从"选择性"与"优势"两方面展开，参加 Judgments 15. 11. 2011 joined Cases C – 106/09 P and C – 107/09 P, Commission and Spain vs. Government of Gibraltar and United Kingdom［2011］ECR n. y. r. 本节审查标准的构建对此有借鉴。

② 欧盟对国家援助的审查中，也把选择性为作为核心标准，参见 Cristina Romariz, "Revisiting Material Selectivity in EU State Aid Law—or The Ghost of Yet-to-Come", 13 *European State Aid Law Quarterly* 39（2014）。

③ Claire Micheau, "Tax Selectivity in European Law of State Aid: Legal Assessment and Alternative Approaches", 40 *European Law Review* 323（2015）.

④ Article 107 paragraph 1 TFEU（The Treaties of the European Union）.

⑤ Michael Lang, "State Aid and Taxation: Recent Trends in the Case Law of the ECJ", 11 *European State Aid Law Quarterly* 411（2012）.

⑥ 参见丁茂中:《竞争中立政策研究》，法律出版社 2018 年版，第 35 – 45 页。虽然最初竞争中立针对的是政府对国有企业与私营企业之间的竞争态度，实际上包括政府对待所有企业之间的竞争态度，参见该书第 20 – 22 页。

持中性、恪守公平原则不同，市场失灵时税收政策要积极主动作用于市场机制，最终提高市场运行效率。但是在调控过程中，税收政策高于市场竞争。整个逻辑主线表现为：市场失灵—税收调控—市场恢复（图5-1）。

图5-1　税收调控对市场的影响

税收调控的前提是判断市场失灵的存在，否则就可能违反税收中性原则，但是税收调控不一定违反公平竞争。税收政策可以进行总量调控，也可以进行结构调控。① 当宏观经济过热或者疲软时，如果是整体均衡地提高或降低税收总量，以紧缩或者释放市场主体持有的货币量，那么市场主体的税负是平等地提高或者降低，并不违反市场公平竞争；当然，税收负担的变化直接影响市场主体的财富的持有量，必然对经营与消费决策产生影响。但是如果要发挥税收的结构性调控功能以扶持特定产业，不仅要求市场失灵，而且该产业的企业应该具有自生能力（要素禀赋密度比较匹配）②。结构性调控必然是差异性的税收课征，偏离了税收公平原则，这必须在市场失灵的前提下才可以实施。

2. 税收调控的有效性检验

偏离了公平原则的税收调控，应当能够克服市场失灵，接受"有效性"的检验。税收公平对于保护纳税人的财产和限制国家征税权滥用具有重要作用，也是法律所倡导的公平原则在税收领域的落实与体现。税收公平原则的基础在于，传统上认为税收是汲取国家所需财政收入的手段，税收收入是用于支持国家机器运行，因此应公平分配于国民，国家也不应当征收超过国家运行所需的正当支出。但税收公平原则既不是税收的唯一原则，更不是最高原则。随着经济的发展，税收在经济发展过程中所发挥的作用日益明显，理论上和实践中越来越多地把税收作为公共经济管理的工具。此时，部分税收"逃逸"了公平原则的制约，但是应当受到效率原则的"有效性"检验。

"有效性"要求税收政策能够在较大程度上实现该政策所计划达到的目标，就是通过税收调控帮助克服市场失灵。有效性并不要求通过税收工具完全

---

① 参见经济法学编写组：《经济法学》，高等教育出版社2016年版，第138-139页。
② 参见王勇：《论有效市场与有为市场——新结构经济学视角下的产业政策》，载林毅夫主编：《产业政策：总结、反思与展望》，北京大学出版社2018年版，第171页。

恢复市场的有效运行，市场运行是诸多复杂因素共同作用的结果，税收不是万能工具、能解一切难题，对于税收调控有效性的审查也不应过于苛刻。只要税收能够在调控市场的过程中能够发挥较为明显的积极作用，就可以认为是有效的。

需要注意的是，这里有效性审查也应该重视调控的限度与偏离公平的程度。实际上有效性审查应当结合手段与目标的适当性、手段与结果的比例性，适当性要求税收"能够"克服市场失灵，比例性要求税收积极的作用"较为明显"。也就是要遵循税收政策公平竞争审查的比例原则，[①] 但不能要求税收是恢复市场有效运行的唯一手段才可以进行调控。现行公平竞争审查制度要求税收政策"对实现政策目的不可或缺，即为实现相关目标必须实施此项政策措施"，则过于严苛。

3. 税收政策的"调控公平"

税收调控虽然整体上无须考虑太多税收公平原则的要求，但在调控的过程中应当受到另一种公平要求的制约，即"调控公平"。税收调控应当对于那些在法律和事实方面具有可比性的课税对象予以同等的税收待遇，换言之，对市场有效性能够产生同样影响的对象需要公平调控、平等课税。税收调控的有效性并不需要调控公平，例如，某战略性产业发展落后，通过税收优惠政策扶持该产业的部分企业发展，经过一段时间，可以有效吸引资源向部分企业集中，促进该产业的进步。但是，若该产业的其他企业与受政策支持的企业具有法律和事实方面的可比性——同处于一个产业，同样受到竞争无效的影响，同样受到市场和成本的制约，若得到同样的政策支持同样可以实现技术进步和产品升级——那么，税收政策就没有理由只针对此部分企业而忽略彼部分企业。这就要求税收政策受到"调控公平"的约束。

"调控公平"与"税收公平原则"所要求的不是同一个层面的公平。税收公平原则是从分担国家机器运行所需要的资金的角度所要求的公平，从公平竞争的角度看，是在市场机制有效的情况下保持税收中性的整体约束条件。"调控公平"是将税收作为公共经济管理的工具，在市场出现失灵的情况下，用税收手段进行调控的一种局部控制机制，从调控的角度而言，调控公平是一个辅助性的约束，调控公平的缺失并不影响调控的有效性。

---

① 参见孟雁北：《产业政策公平竞争审查论》，载《法学家》2018 年第 2 期。也有学者明确提出按照比例原则审查税收优惠的正当性/合理性，与本节所述"有效性审查"本质相同，参见熊伟：《法治视野下清理规范税收优惠政策研究》，载《中国法学》2014 年第 6 期；叶金育、顾德瑞：《税收优惠的规范审查与实施评估——以比例原则为分析工具》，载《现代法学》2013 年第 6 期。

(三) 公平竞争之外的税收政策

从系统理论的角度看，经济系统只是社会系统的分系统，"其所有的运作始终是在社会中的运作"[①]。市场竞争有效适用的范围是经济的部分领域，另一部分经济领域由于环境条件的影响并不能依靠竞争配置资源，在非经济领域的广阔空间更是因为价值的多元化而难以依照以利益为驱动的竞争机制得到有效发展。在这些领域税收却大有作为，一方面，非经济领域并不是以收入为目的的税收的"课税禁区"[②]；另一方面，税收也可以作为公共管理的工具在非经济领域发挥作用。因此，这些公平竞争之外的领域所实施的税收政策，基本不用考虑进行公平竞争审查。

公平竞争之外的税收政策虽然不适用公平竞争审查，但是作为整体税收政策的一部分，应该受到一定程度的制约。如果以收入为目的，应该参照公平竞争之内税收政策的要求，恪守税收公平原则，不得进行选择性征税；如果是为了促进或限制某一非经济领域的发展，可以参照公平竞争之上税收政策的要求，保障税收政策调控的有效性和公平性[③]。具体而言，对于社会领域的各类税收优惠，应当受到两方面的限制：第一，实质方面而言，事前需充分论证优惠的必要性、合理性，不得随意予以税收优惠；事后适时对优惠政策的效果予以评估，未能达到预期效果或者没有产生积极效果的政策，应当及时修正或者废除。第二，从程序上而言，优惠政策的出台，应当充分听取各方面的意见，并且应当设定政策实施期限，避免优惠"一次立法、长期有效"的弊端。

五、改进税收政策公平竞争审查制度的三重路径

由前述理论分析可知，税收政策与公平竞争在不同的领域存在三种不同的关系，相应地，每一种关系中公平竞争审查的可能性和审查标准存在差异。借鉴国外制度经验，结合我国实际情况，可从以下方面完善税收政策的公平竞争审查制度。

(一) 公平竞争审查的二阶秩序构建

不同于一般经济调控或者市场规制措施，税收政策的特殊性之一体现在它要受税收法定原则的约束。这一由历史沉淀并经现实检验过的法律原则，对于

---

① ［德］卢曼：《社会的法律》，郑伊倩译，人民出版社 2009 年版，第 14－15 页。

② 参见王婷婷：《课税禁区法律问题研究》，西南政法大学博士学位论文，2014 年，第 20 页。

③ 如有学者对垄断行业（本节所谓的公平竞争之外的领域）的公平竞争审查制度进行了研究。参见孟雁北：《论公平竞争审查制度的逻辑意蕴》，载《价格理论与实践》2018 年第 11 期。这是一个很好的尝试，但是对该领域的审查应该是"软约束"，公平竞争标准只能作为一种"参考"，毕竟该领域不是竞争性领域，不具有公平竞争审查制度完全适用的基础。

落实人民主权、保护人民财产权、提高税收立法的民主性与科学性等具有重要意义。落实税收法定原则也是我国当前重大的政治任务，党的十八届三中全会对此有明确规定，并制定了详细的落实时间表。这应当成为实施税收政策公平竞争审查的基础。

公平竞争审查本质上是对税收政策的合理性审查，在此之前，应该对政策进行合法性审查，即构建"先合法性后合理性"的审查秩序。在建设社会主义法治国家的过程中，应当在法治的引领下推进改革，在法治的框架内规范改革，"良性违法"的政策行不通。所以，在对税收政策进行合理性审查前，有必要对其进行合法性审查。对于违法制定的政策，应当进行合法性责任追究。否则，对一个缺乏合法性的政策进行公平竞争审查并予以合理性确认，无疑是对违法行为的"背书"。

我国现有的税种立法，多数为国务院制定的暂行条例；根据1984年的税收授权规定，国务院进行税收立法并无合法性疑问。在这些税种立法之中，还有一些授权条款，允许其他行政机关制定有关税收政策、调整课税要素。国务院作为被授权者，在制定的税收暂行条例中再次转授权其他行政机关制定相应税收政策，其合法性值得讨论。更重要的问题是，国务院财政税收部门、各级地方政府在各种税收法律、暂行条例并没有授权的情况下，制定了许许多多的税收规范性文件。《企业所得税法》仅仅在第36条赋予了国务院制定税收优惠的权力，但是不少地方政府却把企业所得税优惠作为招商引资的措施。① 即使企业所得税是中央与地方共享税收，地方也无权对属于地方的收入予以优惠，税收法定的一个重点要求是税收应当依法稽征，既不能越权征收更不可擅自放弃征收。

对于税收政策的合法性审查，应当由立法机关进行，但是可以由人民代表提出审查建议。此外，虽然逻辑上需要先审查合法性再进行公平竞争审查，但是公平竞争审查机关在审查税收政策是否违反公平竞争要求时，税收政策可能并未完成合法性审查，因此，以后建立的独立于规范性文件制定机关的公平竞争审查机关可以就涉嫌违反税收法定的政策向立法机关提出合法性审查建议。

（二）公平竞争审查的对象范围拓展

目前公平竞争审查制度所审查的税收政策范围是国务院之外的行政机关所制定的规范性文件。省、直辖市、自治区及设区的市的人民代表大会及其常务

---

① 如霍尔果斯规定，相关企业自取得第一笔生产经营收入所属纳税年度起，五年内免征企业所得税，免税期满后，再免征企业五年所得税地方分享部分。《霍尔果斯经济开发区企业所得税税收优惠管理办法》（霍特管办发〔2013〕33号）。

委员制定的税收政策，国务院制定或者经其同意的税收政策，全国人民代表大会及其常务委员会所制定的税收政策，都排除在审查之外。小范围的审查是制度初建时的可行选择，但是长远看必须适当扩大审查范围，才能真正实现公平竞争审查的价值。对于税收政策的审查范围多大较为合适，可以参考其他国家与地区的经验，结合本国国情确定。

欧盟对于竞争的保护力度比较大，对于任何成员国的税收政策，都应该符合统一市场的竞争原则，也就是各个层次的法律都属于竞争政策的审查范围。澳大利亚"国家竞争政策"1991年原则通过并于1995年实施，致力于排除各级政府及其部门的限制竞争措施。对所有限制竞争的法律法规进行审查和评估，以尽可能减少对竞争的限制和损害。在1995年之后的六年，其根据竞争审查制度，对所有法律制度都经过了独立和透明的审查。澳大利亚采用财政激励机制①，因而争取到了全国各级政府政治支持，且程序设计精致，能够依靠立法和其他政府机构较好运行。②

美国基于独特的政治结构，对于税收政策的竞争规制可以从地方和联邦两个层面展开。在州政府层面，州议会有权制定税收政策，且一般不受到反垄断法审查，其依据是州行为理论③。但是州行为理论也要限制，其中最重要的是联邦宪法的贸易条款，州的税收权和管理权的行使都不能对州外的商品或劳动力设置竞争障碍。在美国联邦层面，总统享有基于国家安全理由征收关税的权力，④ 其他税收立法权集中于国会，最高法院对税收政策一般不会过多干预，国会根据宪法行使征税权力，可以选择对某些对象征收，而对另一些不征。⑤对于税率的轻重，司法机构不可以对税负过重予以救济，"这样的错误只能通过人民选举代表的方式予以纠正"⑥。

澳大利亚的审查范围最大，所有的法律法规均需要经过竞争审查；美国的审查标准最为宽松，地方政府只要不是违反州际贸易规制等宪法要求，就可以在区域内选择性实施税收政策，最高法院对于国会的税收立法更是保持司法克

---

① 参见郑鹏程、黎林：《澳大利亚公平竞争审查中的竞争支付制度及其启示》，载《价格理论与实践》2017年第11期。丁茂中：《公平竞争审查的激励机制研究》，载《法学杂志》2018年第6期。

② 参见［澳］艾伦·费尔斯：《行政垄断的规制——中国、澳大利亚、美国和欧盟之间的比较》，叶高芬译，载王晓晔主编：《反垄断法实施中的重大问题》，社会科学文献出版社2010年版，第311－313页。

③ 州行为理论的发展脉络，参见李海涛：《美国行政垄断管制及其启示——兼评我国〈反垄断法〉关于行政垄断的规定》，载《东方法学》2008年第3期。

④ 美国《1962年贸易扩展法》第232条款。

⑤ Sonzinsky vs. United States, 300 U. S. 506 (1937).

⑥ B. R. A. Lee, *A History of Regulatory Taxation*, University Press of Kentucky, 1973, p. 8.

制。两者都不适应我国国情。一方面，澳大利亚严格贯彻竞争优先的做法在我国没有存在的土壤。与西方的三权分立制度不同，我国的根本政治制度是人民代表大会制度，作为最高权力机关，全国人大制定的法律不必受到其他机关审查。另一方面，美国对税收调控政策的控制相对宽松，因为美国的自由主义传统甚为强大，民主与制衡机制较为成熟，同时存在联邦与州的权力结构划分；而我国的行政干预特别是地方干预动力较大，过于宽松的税收约束不利于形成统一的国内市场。

对于税收政策的公平竞争审查范围，我国虽然不必像澳大利亚那样扩大到所有的法律法规，但是把公平竞争置于更高层面仍有必要。全国人民代表大会及其常务委员会制定的法律、决定等，不必受到公平竞争审查，只是起草的时候应该说明对竞争、对环保、对人权等各方面可能产生的影响。这种说明本身就证明，立法已经考量了各种影响因素，是否限制竞争已经在政治上作出了决断。随着我国人民代表大会制度的不断完善，这种价值判断会更加具有合理性。对于国务院制定或同意的文件，应该纳入公平竞争审查；地方权力机关制定的税收政策更应该纳入，地方税收竞争所呈现的负面影响越来越大，地方保护主义也通过税收政策得以隐性实施，需要通过审查促进各地落实公平竞争。总之，除了中央立法机关之外，各级行政机关、地方各级权力机关所制定的税收政策均应该纳入审查范围。另外，一般而言下级机关制定的规范性文件不得约束上级机关，行政机关制定的规范性文件不得约束权力机关。要实现前文所述的公平竞争审查范围扩围，必须提升公平竞争审查立法位阶，这也将促进公平竞争审查成为一个"大制度"，使其有效实施，成为相关部门法协同保障的共同目标[①]。

（三）公平竞争审查的模式与标准完善

1. 域外审查模式的考察

澳大利亚首先对所有法律制度进行审查，以判定它们是否会阻碍竞争；如果不阻碍竞争，则就此为止；如果阻碍，就进一步评估其是否基于社会公共利益的考虑。[②] 因此，澳大利亚采取的是"普遍审查＋例外豁免"模式。该模式能够充分发挥公平竞争审查机制的作用，把"竞争"作为优先价值予以保障，但是可能对审查机关苛以过重压力，特别是在社会公共利益普遍存在的背景下，容易造成执法资源的浪费。

---

① 参见张守文：《公平竞争审查制度的经济法解析》，载《政治与法律》2017 年第 11 期。

② 参见叶高芬：《澳大利亚行政性垄断规制经验及其启示——基于"国家竞争政策"的解读》，载《中国社会科学院研究生院学报》2015 年第 3 期。

在 WTO 规则中，依据国民待遇原则、最惠国待遇原则，一国的税收政策应该对国内企业与国外企业、一方国外企业与另一方国外企业实施相同的税收政策，平等对待各方的竞争地位。就税收政策而言，WTO 主要考察该政策是否属于补贴，通过补贴与反补贴制度予以规制。① 《补贴与反补贴措施协议》一方面规定了特定补贴（无论是否具有专向性）与专向性补贴可诉，另一方面规定了非专向性补贴、特定专向性补贴不可诉。② WTO 补贴规则对于税收政策的竞争审查看似复杂，但是采取的是可诉与不可诉的二元结构，特定税收政策非此即彼，并不会在可诉的范围内又出现不可诉的、具有裁量性质的豁免情形。WTO 的模式可以概括为"审查范围 + 适用除外范围"。该模式适用简单，在事实清楚的基础上，属于可诉讼审查范围则适用规制程序，属于不可诉讼范围就不能启动相关程序；这兼顾了各方利益，减少了规则的模糊性，有利于主权国家之间定分止争，维护贸易秩序。但是如果在主权国家之内，这种模式则显得生硬，对于利弊影响复杂的政策"一刀切"有些草率。

欧盟法律中对税收政策的审查存在两种方式。一种是对成员国税收政策明确作出要求，不得因国别差异而选择性征税，不能过度退税。③ 另一种是将税收政策纳入国家援助制度范围，成员国与共同市场不相容的税收政策应该予以修改或停止执行，与共同市场相容的税收政策可以有效实施，并通过法律明确规定相容政策的范围及条件，对于特定的税收政策还可以通过欧共体委员会酌定是否豁免。④ 总的来说，欧盟法律一方面规定了哪些税收政策与共同市场不相容，另一方面也规定了在特定领域的税收调控政策也是与共同市场相容的；而对于不相容的政策，还存在特殊情况豁免制度。欧盟的模式是"审查范围 + 适用除外范围 + 审查后豁免"。该模式既能够区分审查范围和适用除外

---

① 参见尹德永：《WTO 补贴与反补贴实体规则研究》，中国政法大学博士学位论文，2004 年，第 94 – 109 页。

② 《补贴与反补贴措施协议》第 1—8 条。

③ 《欧盟运行条约》（Treaty on the Functioning of the European Union）第 110—113 条。

④ 《欧盟运行条约》（Treaty on the Functioning of the European Union）第 107 条。与共同体市场相协调的国家援助：（a）为了推动生活水平特别低的地区，或者就业严重不足的地区的经济发展而提供的国家援助；（b）为了推动欧共体整体利益的重要规划，或者为消除成员国经济生活中的严重混乱而提供的国家援助；（c）为推动某些经济部门或者经济区域的发展而提供的国家援助；（d）为推动文化和保护文化遗产而进行的国家援助；（e）理事会根据委员会的提议以特定多数同意的其他国家援助。欧盟法院已经在判决中明确成员国为实现欧盟整体经济发展目标而制定的特定税收优惠措施，不满足选择性要求。参见 Case C – 338 /11, *Santander Asset Management SGIIC SA vs. Directeur des résidents à l'étranger et des services Généraux*, 10 May 2012, https://eur – lex. europa. eu/legal – content/EN/TXT/？uri = CELEX％3A62011CJ0338，最后访问时间：2021 – 03 – 20。根据 2009 年生效的《里斯本条约》（Treaty of Lisbon）主管机构名称有所变化。

范围，使得审查范围有所限制，同时还可以对属于审查范围内的政策进行权衡，特殊情况能够适用豁免制度，较好地实现了公平竞争与其他价值之间的平衡。

2. 我国审查制度完善的具体方式

第一，完善税收政策公平竞争审查的模式。

前文已述，现在我国公平竞争审查模式是"普遍审查 + 例外规定"，类似于澳大利亚的"普遍审查 + 例外豁免"模式。这种模式过于强调竞争的优先性，对于多元价值的协调不甚理想，还可能耗费执法资源。尤其是我国政策取向中经济价值让位于社会价值的领域相较于西方国家更多，因而这种审查模式的弊端更加突出。

公平竞争是一种重要的价值，但不是唯一的价值，甚至有些领域也不是最高价值。竞争只是各种价值取向的一种，竞争有特定适用的领域，虽然该领域很广泛，但是其他领域的税收调控政策不应该受到竞争政策的限制。因此，有必要规定公平竞争审查适用除外制度。此外，对于竞争领域的调控政策，部分是弥补市场失灵，部分是相对于竞争可以产生更高的效率，因而也是允许的，因此，也有必要规定审查范围内的豁免制度，以此促进各种价值的协调。所以，我国可以参考欧盟的做法，将"普遍审查 + 例外规定"模式调整为"审查范围 + 适用除外范围 + 审查后豁免"模式。

审查范围包括公平竞争之内和公平竞争之上的税收政策，即适用除外范围之外的税收政策，都应该进行公平竞争审查。适用除外范围是针对公平竞争之外的税收政策而言，由于该类税收政策所处的领域不属于市场竞争所能发挥作用的领域，所以不适用公平竞争审查。适用除外范围可以采用"列举 + 概括"的立法技术，对于典型的领域如义务教育、基本社会保障、环境保护等，可以明文列举；对于非典型的领域或者难以预期的新领域，可以概括规定。这样能够保证适用除外范围的稳定性与明确性，同时兼顾灵活性。

第二，完善税收政策公平竞争审查的标准。

按照前文对于税收政策与市场竞争关系的阐释，不同关系类型下，税收政策审查的标准应当不同。在审查的过程中，发现符合在公平竞争之上/之内的条件，则按照对应的标准予以审查：一方面，如果不存在市场失灵，则税收政策应遵循税收公平原则，公平竞争审查时按照"选择性"标准进行，只要是对于法律和事实方面具有可比性的纳税人予以选择性征税，就违反了公平竞争原则。另一方面，如果存在市场失灵，则按照税收调控的有效性标准予以审查，具体考察税收手段与调控目标的适当性、税收手段与调控结果的比例，同时兼顾"调控公平"。对于能够有效恢复市场功能的税收政策——虽一定程度上限制了公平竞争但可实现更高效率——应该规定豁免制度，其他情况则属于违反公平竞争原则。

第三，针对特定类型的税收政策，强化公平竞争审查的力度。

其一，强化对税收优惠政策的审查。可能违反公平竞争要求的税收政策，既可能加重特定主体的负担，也可能减轻特定主体的负担；前者是加重课税，实践中出现较少，后者是减轻课税，也称为税收优惠，在实践中更为常见。税收优惠应当作为公平竞争审查的重点。不少学者提出统一编撰税收优惠政策[1]，可利用此契机，对税收优惠政策统一进行公平竞争审查。其二，强化对地方税收优惠政策的审查。相较于全国性税收政策，我国地方性税收政策日趋碎片化，也更容易导致"税收洼地"，众多影视企业向霍尔果斯迁徙就是地方税收政策违反公平竞争的后果之一，[2] 因此，需要强化公平竞争审查。其三，重视对个案税收征管政策的审查。与税收立法政策相比，个案的税收征管政策仅仅适用于特定企业的特定经济活动，常见的措施是税收预约定价协议和税收事先裁定[3]，然而所适用的企业往往是大企业，这些大企业在个案征管政策中容易获得税收利益更加强化其竞争优势，爱尔兰通过税收裁定给予苹果关联公司税收利益[4]就是典型。为此，欧盟将竞争法适用范围从审查成员国的税收立法延伸到了审查税收征管行为。[5] 在此背景下，我国有必要强化对个案税收征管政策的审查。

---

① 参见熊伟：《法治视野下清理规范税收优惠政策研究》，载《中国法学》2014 年第 6 期；邢会强：《税收优惠政策之法律编纂——清理规范税收优惠政策的法律解读》，载《税务研究》2014 年第 3 期；叶金育：《税收优惠统一立法的证成与展开》，载《江西财经大学学报》2016 年第 2 期。

② 曹胜亮：《我国地方税收优惠政策的检视与法律治理——以竞争中立原则为指引》，载《法商研究》2020 年第 5 期。

③ 预约定价协议是税收征管机关与特定企业就将来一段时间内发生的交易与收支往来所适用的定价方法达成的协议，侧重确定交易定价方法。详细内容可参见叶姗：《税法之预约定价制度研究》，人民出版社 2009 年版。税收事先裁定是指由税务机关向纳税人提供的就一系列特定事实如何解释和适用税法所作出的自身受其约束的书面报告，侧重确定经济活动的税法适用。参见朱大旗、姜姿含：《税收事先裁定制度的理论基础与本土构建》，载《法学院》2016 年第 6 期；邓伟：《税收事先裁定制度：本质、理念与实践》，载史际春主编：《经济法学评论》（第 16 卷），中国法制出版社 2016 年版，第 203－221 页。

④ Commission Decision（EU）2017/1283 of 30 August 2016 on State aid SA. 38373（2014/C）（ex 2014/NN）（ex 2014/CP）implemented by Ireland to Apple, 2021－03－22. 国内相关研究参见张智勇：《苹果税收援助案的再思考》，载《国际税收》2021 年第 8 期。

⑤ 参见李娜：《欧盟竞争法实施的新扩张——适用国家援助制度来审查成员国的税收征管行为》，载《欧洲研究》2016 年第 1 期。

六、结语

公平竞争审查制度的建立对于完善市场经济体制具有重要价值，然而，当前制度所存在的不足使得该价值大打折扣，在审查税收政策方面甚至流于形式。但是公平竞争审查制度从无到有，本身就是一个重大进步，也是决策层所释放的更积极地推进市场经济建设的信号。但我们不能止步于此，没有执行力的法律会被束之高阁，没有调整效果的规则也会被弃之荒野。当前税收政策公平竞争审查所存在的范围不当、标准不当、模式不当的瑕疵，是今后立法必须重视的问题，否则该制度的执行力、调整效果难以保证。而针对当前公平竞争市场的内部自查模式，是否要建立外部审查模式，甚至建立专门的审查机构，也有待继续研究。

实际上，本节对税收政策公平竞争审查制度的完善建议也为公平竞争审查制度的整体改进提供了有益启示：其一，不仅税收领域应该建立"先合法性后合理性"的二阶审查秩序，公平竞争审查的所有对象都应该以政策形式上合法为前提，任何政策应该具备形式合法性才有公平竞争审查的必要，只是税收领域合法性问题更加突出；其二，由于数字经济"空间的多元化""主体的平台化"以及"行为的信息化"，市场主体竞争的领域、手段和方式已发生诸多变化，[①] 不仅要扩大税收政策文件的审查范围，为了全面实现公平竞争审查的意义，也必须扩大整个审查制度的对象范围，这也就意味着需要提升审查立法效力层级[②]。当然，整体完善公平竞争审查制度是否需要借鉴本书针对税收政策的理论逻辑和制度建议，建立相同的审查模式、类似标准，可能还需要细致研究、谨慎谋划。制度的完善也不是一朝一夕之事，建立良善的公平竞争审查制度，仍任重道远。

第二节　中国自由贸易试验区税收政策：构建路径与制度完善[③]

自 2013 年中国（上海）自由贸易试验区（以下简称"上海自贸区"）成立以来，我国先后设立了 21 个自由贸易试验区（以下简称"自贸区"）。通过梳理各个自贸区总体方案可以发现，自贸区税收政策体系的构建主要有三种路

---

①　张守文：《数字经济与经济法的理论拓展》，载《地方立法研究》2021 年第 1 期。

②　目前公平竞争审查制度已经纳入反垄断法。

③　本节主体内容曾发表于《国际税收》。参见邓伟、赵浇锋：《自由贸易试验区税收政策构建的"原则上可再试点"路径研究》，载《国际税收》2022 年第 10 期。

径：“沿用既有政策”“试点新政策”和“政策再试点”（具体为“原则上可再试点”）。第三种路径具有重要的现实意义，当前实务界与学界对此路径关注与研究均有不足。在此背景下，本节拟对“原则上可再试点”的内涵、存在问题及完善方向进行初步探讨。

一、中国自贸区税收政策构建的三种路径

通过梳理我国各个自贸区设立的总体方案可以发现，自贸区税收政策体系的构建主要有三种路径。

第一种路径是“沿用既有政策”。部分自贸区的总体方案没有详细规定该自贸区内所适用的税收政策，只是提及执行现行税收政策，有的甚至根本没有涉及税收政策。法律的效力具有普遍性，按照法律解释的规则，没有新的法律排斥既有法律的适用，既有法律当然在自贸区内发生效力。因此，此类自贸区的税收政策应当理解为“沿用既有税收政策”。以《国务院关于印发6个新设自由贸易试验区总体方案的通知》为例，《中国（山东）自由贸易试验区总体方案》仅提及“执行现行税收政策”，而中国（江苏）、中国（广西）、中国（河北）、中国（云南）、中国（黑龙江）等五个自贸区的总体方案则没有关于该自贸区内税收政策适用的整体规定。没有规定特别适用的税收政策不代表没有税收政策，既有税收政策在区内正常适用。

第二种路径是“试点新政策”。部分自贸区的总体方案专门规定了在区内适用的税收政策。这些政策不同于既往政策，可能是在保持既有税收政策有效的基础上新构建的政策，也可能是对既有税收政策进行替代适用而构建的政策。如上海自贸区总体方案要求“探索与试验区相配套的税收政策”，并具体规定了“促进投资”和“促进贸易”两方面的税收政策。[①] 作为我国第一个自贸区，上海自贸区所实施的税收政策具有实验性和创新性，为其他自贸区税收政策的构建提供了有益借鉴。

第三种路径是“原则上可再试点”。此种方式原则上允许其他自贸区已试点的税收政策在本自贸区内再次试点适用。根据可试点其他自贸区数量不同，“原则上可再试点”又可分为两种表现形式。一是以中国（广东）自贸区为代表，只试点一个在先自贸区已经试点的税收政策，其总体方案明确规定，“中国（上海）自由贸易试验区已经试点的税收政策原则上可在自贸试验区进行试点”；[②] 二是以中国（辽宁）自贸区为代表，试点多个在先自贸区已经试点

---

① 《中国（上海）自由贸易试验区总体方案》。
② 《中国（广东）自由贸易试验区总体方案》。

的税收政策，其总体方案规定，"中国（上海）自由贸易试验区、中国（广东）自由贸易试验区、中国（天津）自由贸易试验区和中国（福建）自由贸易试验区已经试点的税收政策原则上可在自贸试验区进行试点"。①

各自贸区的税收政策可能并不是仅依靠一种路径构建，而是根据需要运用以上三种方式中的一种或若干种。但由于所处发展阶段与经济社会背景存在差异，每个自贸区构建税收政策的侧重方式有所不同，如山东自贸区基本沿用既有政策，上海自贸区以试点新政策为主，广东、福建等自贸区以原则上再试点为主。

以上三种自贸区税收政策构建路径中，第三种路径形式上与其他两种明显不同。"沿用既有政策"可以最大限度保持税收政策的稳定性；"试点新政策"是我国常见的改革方式；相对于第二种方式的"政策初次试点"，第三种方式属于"政策再试点"。"原则上可再试点"对于自贸区税收政策的构建方式、政策内容等具有重要影响，目前仅见于自贸区设立总体方案这一类型的规范性文件中，且与"参照""参照适用"等传统的转致性语词差异明显。

二、"原则上可再试点"路径的内涵及价值

（一）"原则上可再试点"的内涵

1."原则上"的政策内涵揭示

根据"原则上可再试点"路径，将特定自贸区初次试点的税收政策在其他自贸区再次试点，需要遵循"原则上"的要求。对"原则上"一词的理解将对可以试点的税收政策的范围产生重大影响。

一方面，"原则上"意指"以可以试点为原则"，即在先自贸区已经试点的税收政策一般情况下，应当于在后自贸区继续试点。从整体视角看，"原则上"一词所具有的限制作用实际上是为了确保各自贸区的税收政策在大体上能够保持一致，避免各自为政等情况的出现。因此，对于"初次试点政策"而言，应当以"全面试点"为原则。另一方面，"原则上"也隐含着允许"例外"存在的内涵，为变通适用留下空间。原则与例外是矛盾统一体，相互对立、相互转化，客观条件的变化将使原来"原则上可再试点"的税收政策，

---

① 目前我国共建立21个自贸区，上海自贸区最早建立，初次试点税收政策最多；适用"原则上可再试点"第一种模式的有广东、天津、福建3个自贸区；适用"原则上可再试点"第二种模式的有辽宁、浙江、河南、湖北、重庆、四川、陕西、海南8个自贸区，其中海南可以再试点在先的所有自贸区税收政策，其他7个自贸区再试点上海、广东、天津、福建4个自贸区的税收政策。此后国务院先后分两批次，分别建立6个（山东、江苏、广西、河北、云南、黑龙江）和3个（北京、湖南、安徽）自贸区，这9个自贸区没有规定原则上可再试点在先自贸区的税收政策。

转变为"例外的不可试点"的政策。"例外不试点"的潜在内涵也能够从"可"字推论得出。诸多自贸区总体方案的表述为"原则上可"。"可"即可以，并非应当、必然，存在不可以的选择空间。"原则上"体现了原则与例外的结合，具有重要现实意义：以"全面试点"为原则，有利于协调全国自贸区税收政策，也为服务于"自由贸易"的自贸区税收政策指明了大方向；以"不试点"为例外，为各自贸区预留了例外情形的政策变动选择权，有利于各自贸区充分发挥本区域的社会、经济等优势，使税收政策与当地实际需要相适应。

2. "再试点"的规则意义阐释

政策试点是在一定时期内，上级政府在特定的地域或特定的领域所进行的具有探索与试验性质的改革。[①] 早在中国共产党领导的革命战争时期，我国就有了对政策试点的主动探索，改革开放以后开始大规模将其运用于国家的现代化进程中，使得制度转轨在保持稳定性的同时又不失开拓性。[②] 广义的政策试点是由"先行先试"与"由点到面"两阶段组成，[③] 从少数试点积累经验再扩散至更大范围，是政策试点的重要目标。政策试点与推广的过程从本质上讲是我国政策创新与扩散的过程，遵循典型试验、合法性认可与组织化扩散的线性逻辑。[④] 再试点是一种特殊的政策扩散方式，将已经试点的政策扩散到其他地区。但不同于其他方式，再试点的对象不是已经定型、成为立法模板的政策，而是仍处于试点状态、效果有待进一步观察的政策。

"再试点"在法律性质上属于准用性规则。准用性规则又称"引用条款"。从内容上看，该条款并未规定明确的法律要件或法律后果，其具体内容需要通过援引同一规范性法律文件中的其他法律条文或者其他法律规范中的条文来明确。[⑤] 自贸区借助"再试点"构建税收政策，意味着该自贸区未明确规定本区内的（全部或部分）税收政策，需要援引其他自贸区的税收政策规范才能确定本区内的税收政策。

与既有表述"准用性规则"的引导词相比，"再试点"更接近于"参照"

---

① 参见刘伟：《政策试点：发生机制与内在逻辑——基于我国公共部门绩效管理政策的案例研究》，载《中国行政管理》2015 年第 5 期。

② 参见周望：《中国"政策试点"：起源与轨迹》，载《福州党校学报》2014 年第 1 期。

③ 参见周望：《政策试点是如何进行的？：对于试点一般过程的描述性分析》，载《当代中国政治研究报告》2013 年卷。

④ 参见张勇杰：《渐进式改革中的政策试点机理》，载《改革》2017 年第 9 期。

⑤ 有学者认为，准用性法条是指法律实施者在解决个案时，将原本针对 a 事项且有特定外观标识的法条 A，适用于与 a 具有某种程度类似性但又存有差异的 b 事项的一种特殊的引用性法条形式。参见刘风景：《准用性法条设置的理据与方法》，载《法商研究》2015 年第 5 期。

一词。根据《立法技术规范（试行）（一）》，我国立法中一般用"依照""按照"或"参照"表述准用性规则。①"再试点"的对象并非法律法规，且并不要求完全遵循初次试点政策，因此不同于"依照"；"再试点"的对象属于广义的正式法律渊源，不同于"按照"所针对的非正式渊源；"再试点"与"参照"类似，都是将原本不适用的对象纳入适用范围，且都存在选择空间，只是"再试点"是将不在本地区适用的政策规范纳入适用范围，"参照"是将原本不在调整范围的事项纳入原规范的调整范围。

3. "原则上可再试点"的内在逻辑展开

按照"原则上可再试点"路径构建在后自贸区税收政策，需要遵循"政策对应"与"地域对应"两个方面的逻辑。

在"政策对应"方面，需要遵循"依据'初次试点政策'确定'再次试点政策'"的逻辑。具体展开为三个环节。目前尚未有统一文件对自贸区税收政策进行规定，自贸区也未对全部"初次试点政策"进行梳理，因此首先需要那些适用"原则上可再试点"路径的在后自贸区根据各自需要，具体确定需引用的在先自贸区"初次试点政策"范围。而后，各在后自贸区应进一步审查这些"初次试点政策"是否已经实施，以及是否仍在有效实施。只有同时符合上述两个条件的税收政策，才是"原则上可再试点"路径中所指的"初次试点政策"。在此基础上，在后自贸区依照"初次试点政策"确定本区域"再试点政策"并实施。

在"地域对应"方面，需要遵循"特定政策适用于特殊区域"的逻辑。自贸区内部存在一般区域和特殊区域的划分，有些税收政策只能在作为特殊区域的海关特殊监管区内试点。例如，中国（上海）自贸区总体方案规定，"对设在试验区内的企业生产、加工并经'二线'销往内地的货物照章征收进口环节增值税、消费税。根据企业申请，试行对该内销货物按其对应进口料件或按实际报验状态征收关税的政策"。这些初次试点的税收政策仅在上海自贸区内部的海关特殊监管区实施②，在后自贸区再试点这些政策时，需要遵循"地

---

① "依照"一般用于以法律法规作为依据的规定；"按照"一般用于对约定、章程、规定、份额、比例等的表述；"参照"一般用于没有直接纳入法律调整范围，但是又属于该范围逻辑内涵自然延伸的事项。

② 2013 年上海自贸区总体方案规定，这些税收政策适用于自贸区全部领域（当时自贸区范围涵盖上海外高桥保税区、上海外高桥保税物流园区、洋山保税港区和上海浦东机场综合保税区等 4 个海关特殊监管区域）。但根据 2015 年国务院印发的《进一步深化中国（上海）自由贸易试验区改革开放方案》，上海自贸区扩围至陆家嘴金融片区、金桥开发片区、张江高科技片区，且海关特殊监管区域实施范围和税收政策适用范围维持不变，因此扩围后的三个片区不属于海关特殊监管区，相应的税收政策也不能在其中适用。

域对应"的原则，只能在其对应的海关特殊监管区再试点，不能直接推广到在后自贸区内的非海关特殊监管区域。

（二）"原则上可再试点"路径的价值

1. 缓解在后自贸区税收政策的立法压力

自贸区在全国多地推广建设，但目前尚未进行统一立法，针对自贸区税收政策的专门立法也是付之阙如。仅有《中国（上海）自由贸易试验区总体方案》等自贸区总体方案对所应适用的税收政策进行了具体规定。在先自贸区总体方案比较全面地规定了区内的税收政策，通过"原则上可再试点"路径能够及时满足在后自贸区对税收政策的需要，在实践中也产生了较好的效果；同时，这些税收政策较为合理，具有较好的制度可复制性，[①] 可以作为在后自贸区税收政策的范本。

此外，当前和今后一个时期，立法工作任务重、节奏快、要求高成为常态，[②] 立法资源异常稀缺。每个自贸区制定有针对性的税收政策，需要较长时间、较多人力、较复杂程序，立法资源投入较大。且由于我国正处于变革转型期，国际局势也风云变幻，自贸区的税收政策可能随国内外形势变化而调整，频繁调整税收政策也将耗费大量立法资源。即使启动"快速立法"程序，也受制于相关条件约束，[③] 或以挤压其他立法进度为代价。因此，为确保立法资源得到充分、合理的利用，通过"原则上可再试点"路径将上海等在先自贸区的税收政策在其他自贸区进行再试点，能够有效缓解立法压力，节约立法资源。

2. 提升自贸区税收政策体系的科学性

首先，简单、明确和稳定是良善税收制度的三大基石。自贸区税收政策作为我国税收政策体系的重要组成部分，应当遵循简洁性的要求。如果要求每个自贸区都对当地的税收政策进行详细规定，可能会导致自贸区整体的税收政策文件内容过于冗余繁杂。因此，只要在先自贸区试点的税收条款与在后自贸区的引致性条款的内容足够明确、适用条件足够清晰，那么借助"原则上可再试点"方式，不仅能初步构建完整的自贸区税收政策体系，也可以使税收政策条文规范更简洁明了，以实现自贸区税收环境简明化的目标。[④]

① 张富强：《关于中国自贸区税制设计可复制性的法律思考》，载《社会科学战线》2015年第2期。
② 《在第十三届全国人大常委会第十九次会议上的讲话》，http://www.npc.gov.cn/npc/c30834/202007/064414471ae84043997da43300bb5341.shtml，最后访问时间：2022年3月7日。
③ 参见赵一单：《论快速立法》，载《地方立法研究》2021年第5期。
④ 参见王玮、朱安祺：《我国自贸区的税收政策：问题与优化路径》，载《湖北社会科学》2019年第3期。

其次，适用基本统一的税收政策能够有效避免自贸区之间各自为政、恶性竞争。在我国税收政策公平竞争制度不甚完善的背景下①，通过"原则上可再试点"方式协调各地税收政策的重要价值更加凸显。按照我国设立自贸区的顺序看，最先设立的是上海自贸区，其后的广东、天津、福建自贸区对上海初次试点的税收政策进行再试点，其他自贸区对前四个自贸区的试点政策进行再试点，"由先带后""以先统后"，由此在"原则上可再试点"路径下，各自贸区税收政策体系能够基本保持统一。

最后，"原则上可再试点"路径有助于进一步提升在先自贸区税收政策的科学性。自贸区之所以要"试验"，进行标准化制度的创新，是为了"由点到面，无障碍地复制、推广到更多的试验区，乃至最终推广至全国"②。"原则上可再试点"路径可以在政策筛选和实践经验两方面，促进作为试验标本的在先自贸区税收政策的完善。一方面，在后自贸区再试点在先自贸区税收政策时，经过"原则上"这一筛选机制，可以初步"审查"在先自贸区税收政策的合理性，合理则用，不合理则可以通过适当的渠道反馈到相关机构，为在先自贸区税收政策的完善提供参考。另一方面，更多实践有助于发现政策可能存在的问题。将在先自贸区的税收政策在更多自贸区试点，通过实践运行检验政策的合理性，为政策完善提供更多经验。

三、"原则上可再试点"路径存在的问题

(一) 增加"再试点政策"范围的不确定性

"原则上可再试点"路径引起的首要问题是无法直接、准确地确定"再试点政策"的范围。多个在后自贸区的总体方案规定，中国（上海）等自贸区已经试点的税收政策原则上可在自贸区进行试点，似乎已经明确了"再试点政策"的范围，但若仔细推敲，可发现其所划定的政策范围边界实际上十分模糊。具体言之，其边界的模糊性主要来自该规定中的两个词语："已经试点"和"原则上"。

其一，"已经试点"并不能有效地划定"初次试点政策"的范围。按照字面理解，"已经试点"应当是"已经开始试点且正在试点"的意思，但是对试点政策的范围没有明确。以上海自贸区"已经试点"的税收政策为例，需要进一步判断是否要求该政策在上海自贸区全区范围内试点。那些仅在上海自贸

---

① 参见邓伟：《税收政策公平竞争审查制度的问题及其对策》，载《法商研究》2021年第6期。

② 参见张富强：《关于中国自贸区税制设计可复制性的法律思考》，载《社会科学战线》2015年第2期。

区范围内部分地区试点的税收政策是否包含在内？当前规定未做明确解释。

其二，"原则上"试图为"可再试点政策"划定范围，却产生了巨大的模糊空间。法律规范中原则与例外通常可以在同一款项前后半段、同一法条不同款项，或不同条文之间进行规定，一般采用"但""……除外"等但书条款表述方式，且对于例外规定一般采取严格解释的方式，[①] 由此能够较好区分两者。但"原则上"一词表示原则与例外共存，却没有明确例外的具体事项或判断标准。如此一来，对于任一具体的在先税收政策，是否可再试点都有讨论的空间，都有可能以特殊情况为由而排除在可再试点的范围之外。

综上所述，"已经试点"和"原则上"提升了"原则上可再试点"的实用性和灵活性，但由于缺乏对"初次试点政策"范围的清晰界定，亦未对可试点的"原则与例外"作出明确的指引，为执法机关选择性地裁量适用部分在先自贸区的税收政策提供了可能，增加了"再试点政策"范围的不确定性。

（二）降低"再试点政策"法律效力认定的便利性

"原则上可再试点"路径中，先后政策的法律效力关系是："初次试点政策"有效是"再试点政策"有效的前提，"再试点政策"的效力以"初次试点政策"的效力为基础，两类政策之间存在"效力单向决定关系"。在先自贸区税收政策的分布情况以及效力动态变动，增加了在后自贸区"再试点政策"的法律效力确认难度。

一方面，在先自贸区税收政策的分布较广，降低了在后自贸区税收政策内容与效力认定的便利性。在后自贸区税收政策是对在先自贸区政策的再试点，在先自贸区的数量往往不止一个，且"初次试点政策"并非由单个政策文件统一规定，而是体现在不同的政策文件中。因此，要想确定在后自贸区中特定课税对象的税收待遇，需要追溯到多个不同自贸区，还要整合每个在先自贸区的多个税收政策。"初次试点政策"效力认定的复杂性导致"再试点政策"效力认定的复杂性。

另一方面，在先自贸区税收政策效力的动态变化也增加了在后自贸区税收政策的效力认定难度。基于"效力单向决定关系"，"再试点政策"的效力取决于"初次试点政策"。为确保政策依据有效，在后自贸区执法机关在每次执行"再试点政策"时都要一并审查"初次试点政策"的效力，但该过程十分烦琐，在实际操作中并不会得到预期的施行效果。此外，如果"初次试点政策"基于某种考虑没有事前公布停止效力的日期，而是先在内部规划，待时机成熟时再即时公布，由于自贸区之间可能缺乏有效的协调机制，"再次试点

---

① 参见易军：《原则/例外关系的民法阐释》，载《中国社会科学》2019 年第 9 期。

政策"在初次试点政策突然失效后，可能没有替代政策，陷入两难困境：跟随初次试点政策失效而失效，则可能因缺少预备方案而影响税收政策实施；不跟随初次试点政策失效而继续保持有效，则有违"效力单向决定关系"。

（三）可能加剧自贸区税收政策体系的不协调

"原则上可再试点"有助于在自贸区尚无统一税收立法的情况下，使各自贸区的税收政策能够保持基本一致。但"原则上可再试点"内在的试点规则，可能会加剧自贸区税收政策体系的不协调。

一方面，上海、广东、天津、福建四个在先自贸区之间初次试点政策的差异，可能导致在后自贸区再试点税收政策内部的潜在冲突。第一，如果广东、天津和福建自贸区的初次试点政策不同于上海自贸区的初次试点政策，那么，其他在后自贸区同时对两类自贸区的初次试点政策进行再试点，就会导致两类不同内容的税收政策在在后自贸区同时适用，政策冲突难以避免。第二，广东、天津和福建三个自贸区也可能对同一经济活动试点不同内容的税收政策，其他在后自贸区同时试点这三个自贸区的初次试点政策，也会产生政策冲突。

另一方面，自贸区之间单向再试点方式，也可能导致不同自贸区之间税收政策不协调。目前"原则上可再试点"路径采用的是单向引用方式，即广东、天津和福建自贸区引用上海自贸区的"初次试点政策"，其他在后自贸区引用上海、广东、天津和福建自贸区的"初次试点政策"，但未规定上海、广东、天津和福建自贸区引用其他在后自贸区的"初次试点政策"。实际上，各个自贸区都可能试点适合自身需要的税收政策。因此，如果其他在后自贸区自行试点某些新税收政策，上海、广东、天津和福建则不能引用，那么其他在后自贸区与这四个自贸区的税收政策差异性和不协调性很可能会加剧。

四、"原则上可再试点"路径的完善

（一）短期完善方向

从短期来看，"原则上可再试点"路径可以继续沿用，但为使其发挥应有的作用，解决当前存在的适用问题，需要在以下方面作出针对性调整。

第一，明确初次试点的税收政策范围。在继续沿用当前"原则上可再试点"路径的前提下，为加强可操作性，提高纳税人税收遵从的便利性，同时避免自贸区自由裁量权过大、选择性地执行税收政策，首先需确定"初次试点政策"的内容范围。具体来说，可对上海、广东、天津和福建等自贸区中的"初次试点政策"进行系统梳理，划定明确范围，为进一步选择可再试点的税收政策奠定基础。

第二，明确原则与例外的界限。初次试点政策是否再试点，取决于对

"原则上"的解释与适用。针对"原则上可再试点"规则本身，应当在适用条件上做进一步明确，避免出现理解、适用上的分歧。"原则上"要求以再试点为原则，以不再试点为例外，对于例外的不再试点要有充分的依据和理由。具体而言，例外应属少数情形，在制定税收政策实施细则时，可以通过"……的除外""但……"等但书条款将常见的例外情形列举；在确定某些初次试点政策不再进行试点时，应该说明理由。

第三，在实践操作层面，可构建统一的税收政策平台，为在后自贸区执法机关高效、准确执法提供明确的税收政策依据，也为纳税人了解政策内容提供便利。在在后自贸区的税收政策平台上，既要列明在先自贸区的初次试点政策，也要明确本区内确定适用的税收政策（其中包括再试点政策部分），还要就部分初次试点政策不再试点提供适当的理由。

（二）长期完善方向

从长远来看，无论是初次试点政策还是再试点政策，都是过渡时期的暂时办法。"原则上可再试点"不宜作为自贸区税收政策构建的常规路径，将来应当以"法律法规＋实施细则"的形式规定自贸区税收政策。虽然税收法定是税法领域的一项基本原则，但是不同功能的税收的法定性程度应当有所差异。[①] 自贸区的税收政策以实现该自贸区的功能定位为主要目标，具有调节性税收的属性，应当在一定程度内允许由法律法规之外的实施细则规定税收内容，以便实现因地制宜、相机调节。

一方面，应当由法律法规规定自贸区中普遍性、基础性的税收政策。第一，既可以单独制定自贸区税收法律，也可以在自贸区法中专辟一章。由于我国还没有专门就特定领域进行税收立法的先例，且置于自贸区法中更有利于保持自贸区立法的系统性、协调性，因而后一种方式更具可行性。第二，自贸区税收法律所规定的内容应当具有普遍性和基础性。国家制定的自贸区税收法律不是专为特定自贸区量身打造，也不能对自贸区税收政策进行事无巨细的规定，只有具有普遍性和基础性的税收制度，才有必要由法律法规规定。第三，自贸区税收法律内容的生成路径，既可以是将普遍适用于各个自贸区的重要税收政策上升为法律，也可以是对特定自贸区的试点政策进行总结提炼后再纳入法律。

另一方面，应当以财税主管部门制定的部门规章和地方性法规作为法律法规的实施细则，分别规定地域性明显、变动较大的税收政策。我国幅员辽阔、

[①] 参见邓伟：《消费税的立法逻辑及其展开：功能定位、课税原则与课税要素完善》，载《河南财经政法大学学报》2021年第5期。

各地社会经济条件差异较大，特定自贸区税收政策不可能完全整齐划一，可以由地方性法规规定适应地区要求的税收政策实施细则。此外，美国于1934年制定了《对外贸易区法》，但是至1970年仅建立了9个自贸区，相当长一段时间对外贸易区的发展基本上处于休眠状态。[①] 原因之一是，税收政策未能及时调整，导致无法适应现实需要。即使美国国会在1950—2020年近70年间对该法进行过11次修正，[②] 但对于风云变幻的国际贸易而言，平均6.4年修改一次仍有些迟缓。对于我国来说，今后相当一段时期内仍将处于转型发展阶段，税收政策需要根据形势及时作出调整。因此，可以由中央财税主管机关制定自贸区税收政策实施细则，适时调整非核心的税收规则。

五、结语

在全国统一大市场建设背景下，推动自贸区的发展具有特殊的政策意义。产业升级与社会治理发展到一定阶段，我国需要从多方面找到新的突破口与增长点；全国统一大市场建设指向"全面优化"，自贸区建设意在"单点突进"，以点带面促进，通过自贸区试验成功的新机制、新动能带动全国新一轮高水平发展。从公平竞争市场的角度看，自贸区的发展损害了地区之间的公平竞争，但由于具有上位依据而得以合法化，这实际上是对不同经济政策协调的结果。税收政策是自贸区在政策特殊性方面的重要表现，"沿用既有政策""试点新政策""原则上可再试点"三种自贸区税收政策构建路径各有优势与不足，需要结合各自贸区的功能定位、发展状况恰当运用，这需要更多的经验积累与进一步的理论探讨。

---

① ［苏］M. 科钦：《美国的自由贸易区》，飞鸥译，载《国际经济评论》1979年第10期。

② 《对外贸易区法》修改记录，参见19 U. S. C. 81c – Foreign – Trade Zones。

后　记

人们往往将尚缺少深入研究的具有重要价值的问题作为前沿问题看待。前沿与否是特定时空背景下的综合判断，本书基于现实税制实践与税法理论研究现状，选取了税法规制功能、实体税法的规范优化、程序税法的制度创新、新兴领域的税制探索、区域视角的税制发展等前沿问题作为研究对象。这些研究对象的内在逻辑是：以税法规制为核心，在提出并论证税法规制功能的基础上，研究税法规制在实体税法领域、程序税法领域、新兴领域、区域发展领域的实践及其制度完善。由此而言，本书的税法前沿问题也主要是税法规制方面的前沿问题，只是由于这些问题对税法理论和税法实践而言均具有前沿性，因而书名定为"税法前沿问题研究"。

但是本书的前沿问题研究，毕竟是"选择性的"，限于时间和精力因素，有些前沿问题尚未来得及被展开研究，尤其是税法规制功能理论的提出对税法一系列基础理论产生的影响，比如税法用于非收入目的的情况下，税收概念应该如何界定？传统上基于收入功能而构建的税收法定原则、量能课税原则，在面对税法规制的广泛实践时，应该如何调适？税法规制与其他法律规制工具关系如何？实践中应该如何协调税收制度的不同功能目标进而使税制得以恰当评判与合理优化？这些问题，都是"尚缺少深入研究的具有重要价值的问题"，都是应当进一步研究的前沿问题。后续笔者也将沿着这些税法规制前沿问题深入研究。

在本书相关主题的研究过程中，得到了导师张守文教授、朱大旗教授和其他师友的悉心指导和帮助，在此致以诚挚的谢意。本书能够顺利出版，离不开中山大学出版社熊锡源老师的鼎力相助，在此亦表示真诚的感谢。

邓　伟

中山大学康乐园

2023 年 7 月 31 日